Versuch
einer nähern Anleitung
zur
gründlichen Abfassung
der
Vertheidigungsschriften
für
peinlich Angeschuldigte,
zum Behuf angehender Sachwalter
besonders im Königreiche Sachsen,

entworfen und mit Beyspielen erläutert
von dem
verst. Königl. Sächs. Appellations-Rathe
D. Johann Friedrich Hermann.

Zweyte sehr veränderte und vermehrte Ausgabe.

Nebst einer Abhandlung
über die richterliche Willkühr bey Anwendung der
Strafgesetze 2c.

Grimma,
bey C. F. Göschen-Beyer 1826.

Advocati, qui dirimunt ambigua fata causarum, suaeque defensionis viribus in rebus saepe publicis ac privatis lapsa erigunt, fatigata reparant, non minus provident humano generi, quam si praeliis atque vulneribus patriam parentesque salvarent. Nec enim solos nostro imperio militare credidimus illos, qui gladiis, clypeis et thoracibus nituntur, sed etiam advocatos; militant namque causarum patroni, qui gloriosae vocis confisi munimine, laborantium spem, vitam et posteros defendunt.

L. 14. Cod. de Advocatis.

Vorrede
zur ersten Ausgabe.

Eine Anleitung zu Vertheidigungsschriften soll die Absicht haben, dem Verfertiger einer solchen Schrift, die Fächer und Plätze anzuzeigen, woraus er den Stoff der Vertheidigung entnehmen könne, und die Grundsätze mitzutheilen, nach welchen er diesen Stoff zweckmäßig ordnen, und geschickt vortragen müsse. Diese Absicht haben auch die Verfasser von dergleichen Anleitungen sehr wohl erkannt *), aber sie entweder auf keine für unsere Zeiten noch ganz brauchbare Art erreicht, oder ihr wegen zu großer Allgemeinheit ihrer Lehrsätze nur unvollkommen

*) S. J. Ch. Kochs Anleitung zu Defensionsschriften. Gießen 1779. 8. S. 44.

Gnüge geleistet. Denn außerdem, daß solche Hülfsmittel den neuesten Zeiten angemessen, das heißt, mit Benutzung der durch die trefflichen Schriften neuerer Rechtslehrer, und Philosophen der peinlichen Rechtsgelahrheit angediehenen Aufklärung, und Verbesserung geschrieben seyn müssen, ist es auch zur Erreichung des vorgedachten Endzweckes höchst nöthig, nicht blos Regeln von dem, was allen Schutzschriften gemein ist, vorzutragen, sondern auch speciellere, aus der jeder Gattung eigenen Absicht hergeleitete, und von der jedesmaligen Lage des Processes abgezogene Vorschriften mitzutheilen. Da also der Verfasser die über diesen Gegenstand bereits vorhandenen Schriften in jener doppelten Rücksicht mangelhaft fand, auch in dieser Meinung durch die lauten Aeußerungen vieler, welche ein vollständigeres Hülfsmittel dieser Art benutzen zu können, wünschten, bestätigt ward: so unternahm er es, eine Anleitung zu Schutzschriften auszuarbeiten, welche dem

Geiste und Geschmacke unserer Zeiten angemessener, und für die Bedürfnisse der Anfänger befriedigender seyn möchte. Er hat zu dem Ende die Eintheilung der Defensionen in Haupt- und Nebendefensionen zum Grunde gelegt, und die jeder unter dieser Abtheilung begriffenen Gattung von Schutzschriften eigenen Grundsätze abgehandelt, das Gemeinsame aller aber im ersten Hauptstücke beygebracht. Da die Hauptgründe zur Abwendung eines gewissen Nachtheils aus dem Mangel der zu dessen Zufügung nöthigen gesetzlichen Erfordernisse entlehnt werden mußten: so hielt es der Verfasser der Gründlichkeit und Deutlichkeit für zuträglich, diese gesetzlichen Vorschriften bey jeder Gattung zuvörderst kurz zu bemerken, und sodann die Vertheidigungsgründe daraus unmittelbar abzuleiten. Damit hiernächst Anfänger theils den Beweisquellen meiner Sätze nachgehen könnten, theils Anleitung zum weitern Nachforschen über diesen und jenen Punct der

Vertheidigung bekommen möchten: so ist allenthalben die nützlichste, besonders auch philosophisch-criminalistische Literatur mit beygebracht worden. Um endlich die Anwendung der wichtigsten Grundsätze an Beyspielen zu zeigen, sind einige Defensionsschriften, am gehörigen Orte eingeschaltet worden; die ich nicht als vollendete Muster, sondern als Erläuterungsmittel der vorgetragenen Lehrsätze betrachtet wissen will.

Geschrieben D... im Jahr 1786.

Der Verfasser.

Vorrede
zur zweyten Ausgabe.

Gegenwärtiges Buch, dessen Verfasser die erste Ausgabe nicht benannte, fand bey seinem ersten Erscheinen einen nicht geringen Beyfall (s. die Recension in Hartlebens Bibliothek der neuesten jurist. Literatur, Mainz, 1787. Bd. I. St. 1. No. 26. S. 76. ff.), wodurch der schnelle Abgang desselben dergestalt befördert wurde, daß schon in den neunziger Jahren des vorigen Jahrhunderts dasselbe vergriffen, und die Veranstaltung einer neuen Auflage nöthig war. Es fand sich deshalb mein Vater, der auf dem Titel genannte Autor, auf den Antrag des Buchhändler G..., nachdem der frühere Verleger, der D. Richter, unterdessen verstorben war, nicht ungeneigt, die neuere Literatur nachzutragen, einige Veränderungen mit dem Inhalte vorzunehmen, und in dieser verbesserten Gestalt, durch den erwähnten Buchhändler eine zweyte Ausgabe besorgen zu lassen; allein diese Herausgabe verzögerte sich von Jahr zu Jahr dermaßen, daß mein Vater, ohne den Druck derselben erlebt zu haben, im Jahre 1812. verschied.

Vor Kurzem erst fiel mir das Handexemplar meines Vaters, in welchem derselbe mehrere, der neueren bis zu seinem Tode erschienenen Schriften bemerkt, im Texte einige (jedoch nur unbedeutende) Veränderungen gemacht, und den 31. §. (dieser zweyten Ausg.) dem Inhalte nach ganz hinzugefügt hatte, in die Hände, und es stieg der Wunsch, das Begonnene vollendet zu sehen um so mehr in mir auf, als ich diesen Wunsch mit andern theilte, und meine Besorgniß, daß neuere Werke eine zweyte Ausgabe des gegenwärtigen Buches überflüßig gemacht hätten, durch die Versicherung des Herrn D. Gerstäckers (in der Vorrede zu dessen Anweisung der zweckmäßigen Abfassung gerichtl. Vertheidigungsschr. Leipz. 1821 u. 1822. S. 14.):

„Das Werk des verst. Appellationsrath D. „Hermann ist durch das verdienstvolle" (und unstreitig beste unter den zunächst erschienenen) „Mittermaiersche Werk keineswegs verdunkelt „oder entbehrlich gemacht worden,"

vollkommen gehoben ward. Hierdurch ermuthigt wagte ich es, die zweyte Ausgabe des vorliegenden Buches zu besorgen, und dessen Bearbeitung mit theilweiser Benutzung der erwähnten Notizen meines Vaters selbst zu unternehmen, wenn auch im Gefühl der Schwierigkeiten, welche dabey zu überwinden wären. — Denn wer in neuerer Zeit das Gebiet der Strafrechtswissenschaft betreten, vielleicht selbst es bebaut hat, dem wird es nicht fremd seyn, daß seit den letzten fünf Decennien diese Wissenschaft eine neue Epoche erlebt, in dieser Zeit fast mehr, als früher in drey Jahrhunderten geschrieben, oder wenigstens gedacht worden ist, die frühern Ansichten, da ein System das andere verdrängte, eine fast gänzliche Umwälzung erlitten, und dieses Reiben der Ideen, dieser Kampf der Meinungen bis jetzt noch kein Ende gefunden *). —

*) Hiervon zeugt die neu erschienene Schrift Spangenbergs (D. Ernst) über die sittliche und bürgerliche Besserung der Verbrecher mittelst des Pönitentiarsystems, als dem einzigen zulässigen Zwecke jeder Strafe und über die Unzweckmäßigkeit der früheren Strafrechtstheorien, namentlich der Abschreckungstheorie in ihrer practischen Anwendung, frey nach dem Englischen bearbeitet, Landshut, 1821 — in welcher der Verfasser dem Werke: William Roscoes Observations on Penal Iurisprudence and the Reformations of Criminals etc. London, 1819. gefolgt ist. Man vergl. hierzu die Anzeige und Recension dieser Schriften im Neuen Archiv des Crim. Rechts, Bd. IV. H. 4. S. 583. und Bd. V. H. 3. S. 499. ff.

Wie schwer es mir daher bey den schnellen Fortschritten, welche die Criminalrechtswissenschaft in Kurzem gemacht, werden mußte, ein Werk, welches 1786. zuerst erschien, mit dem Stande der Wissenschaft im Jahre 1825. in Einklang zu bringen, läßt sich aus dem Gesagten leicht abstrahiren, und, wenn man diese Harmonie hin und wieder (wie ich allerdings befürchte) noch vermissen wird, so darf ich wohl die Entschuldigung wagen, daß ich zu Erreichung dieses Zweckes, statt einer Umarbeitung des vorliegenden Werkes, ein völlig neues zu liefern würde genöthigt gewesen seyn; übrigens aber durch Beyfügung der neuesten Literatur diesen Mangel einigermaßen ergänzen zu können glaubte.

Die frühere Ausgabe hat, außer was den Inhalt und die Literatur derselben betrifft, noch einige Veränderungen und Vermehrungen erhalten, unter denen dem Publicum die Hinzufügung zweyer Defensionen, die für den Untercanonier Johann Georg Fischer und Auguste Wilhelmine Strohmin (s. den Anhang II. unter C. und D.) eine höchst willkommne und erfreuliche Erscheinung seyn wird. Der Verfasser derselben ist Herr Obersteuerprocurator Ch. G. Eisenstuck zu Dresden, dem ich für seine Bereitwilligkeit und Humanität, womit er meine Bitte um Erlaubniß, die gedachten

Schutzschriften im vorliegenden Werke mit abdrucken zu lassen, gewährte, hiermit öffentlich meinen gehorsamsten und verbindlichsten Dank abzustatten, mich gedrungen fühle. — Noch ist die Schutzschrift für Heinrich Friedrich Rössel (s. den Anhang II. unter A.), welche schon mein Vater, der Autor derselben, in der neuen Ausgabe mit abdrucken lassen wollte, hinzugekommen, dagegen aber sind die für Johann Caspar Nettern, und Franz Tönnern in der ersten Ausgabe (§. 25 und 33.) enthaltenen, weggelassen, da selbige durch die neu hinzugekommenen überflüssig geworden seyn dürften.

Endlich ist als Anhang I. noch eine Abhandlung meines Vaters über die richterliche Willkühr bey Anwendung der Strafgesetze ꝛc. hinzugefügt worden, welche sich zwar schon in Hagemanns und Günthers Archiv für die Rechtsgelahrheit ꝛc. Th. I. No. 2. abgedruckt findet; allein, da sie die im §. 41. fg. und §. 58. vorliegender Schrift berührten Sätze weiter ausführt und erläutert, jenes Archiv aber den Lesern dieses Buches nicht immer zur Hand seyn möchte, so fand ich es für gut, dieselbe hiermit abdrucken zu lassen, um so mehr als sie durch die Hand meines Vaters, welcher diese Einverleibung bey der zweyten Ausgabe ebenfalls wünschte, noch einige Verbesserungen erhalten hat.

Möge mir es gelungen seyn, durch diese neue Bearbeitung des vorliegenden Werkchens die Zufriedenheit seiner Leser gewonnen zu haben, mögen dieselben aber auch bey deren Beurtheilung gütige Nachsicht mir schenken! — Dies wird mir Muth erwecken zu neuem thätigen Leben.

Geschrieben zu Dresden im September 1825.

Hanns Conrad Hermann.

Inhaltsanzeige.

Einleitung.

Von der Nothwendigkeit der Vertheidigung, Rechtsgunst des Angeschuldigten, dem Vertheidiger und der Literatur.

§. 1. Nothwendigkeit der Vertheidigung abgeleitet aus dem Zwecke des Staates.
§. 2 bis 4. Rechtsgunst des Angeschuldigten.
§. 5. Nothwendigkeit der Trennung der Person des Vertheidigers von der Person des untersuchenden Richters.
§. 6. Begriff und Wirkungskreis des Vertheidigers.
§. 7. Zweck des gegenwärtigen Buches.
§. 8. Literatur.

Erstes Hauptstück.

Von den Schutzschriften überhaupt.

Erstes Capitel.

Vom Begriffe, Eintheilung, Vorbereitungsmitteln, der Form und guten Eigenschaften der Schutzschriften.

§. 9. Begriff der Schutzschrift.
§. 10. Eintheilung der Schutzschriften.
§. 11. Vorbereitungsmittel zur Abfassung einer Defension.
§. 12. Fortsetzung.
§. 13. Von den Haupttugenden einer Schutzschrift.
§. 14. Von der Gründlichkeit.
§. 15—17. Von der Ordnung der Vertheidigungsschriften.
§. 18. Von der Wahrheit.
§. 19. Von der Wohlredenheit.
§. 20. Von der Kürze.

Zweytes Capitel.

Anleitung für Vertheidiger zu gänzlicher Elidirung oder Schwächung eines wider ihre Clienten geführten Criminal-Beweises.

§. 21. Einleitung.

§. 22. 1) Was kann ein Vertheidiger wider die Eigenschaften des untersuchenden Gerichts einwenden, und wie kann er dadurch die Form des Beweises anfechten?
§. 23. 2) Was hat ein Vertheidiger zu thun, um die Kraft der Beweismittel selbst zu vernichten, oder zu schwächen? A) Rücksichtlich des Beweises durch Augenschein.
§. 24. B) Anlangend den Beweiß durch Geständniß.
§. 25—28. C) Rücksichtlich des Zeugenbeweises.
§. 29. D) Rücksichtlich des durch Urkunden und Instrumente geführten Beweises.
§. 30. 31. E) In Betreff auf den durch blose Wahrscheinlichkeits-Gründe geführten Criminal-Beweiß.

Zweytes Hauptstück.

Von den jeder Gattung von Schutzschriften eigenen Grundsätzen.

Erster Abschnitt.

Von den vorzüglichsten Neben-Defensionen.

Erstes Capitel.

Von den Schutzschriften zu Abwendung aller Untersuchung.

§. 32. Gesetzliche Erfordernisse zur Verhängung einer Untersuchung über einen Angeschuldigten.
§. 33. Vertheidigungs-Gründe, welche aus dem Mangel gedachter Erfordernisse zu Abwendung aller Untersuchung hergeleitet werden können.

Zweytes Capitel.

Von den Schutzschriften zu Abwendung oder Milderung der gefänglichen Haft.

§. 34. Erfordernisse zur Gefangennehmung eines Angeschuldigten.
§. 35. Hieraus abzuleitende Vertheidigungsgründe.
§. 36. Milderungsgründe der Gefangenschaft.

Drittes Capitel.

Von der Schutzschrift zu Abwendung des Verhörs über Artikel.

§. 37. Gesetzliche Erfordernisse zur Vernehmung eines Inculpaten über Artikel.

§. 38. Die aus dem Mangel gedachter Erfordernisse abzuleitenden Gründe zu Abwendung der Spezial-Inquisition.

Viertes Capitel.

Von der Schutzschrift zu Abwendung des Reinigungseides.

§. 39. Erfordernisse zu Auflegung des Reinigungseides.

§. 40. Aus dem Mangel gedachter Erfordernisse zu entlehnende Gründe für Unstatthaftigkeit des Reinigungseides.

Zweyter Abschnitt.

Von den Hauptdefensionen.

Erstes Capitel.

Von den Schutzschriften zu Ausführung der völligen Unschuld und Abwendung aller Strafe.

§. 41. Erfordernisse zur rechtlichen Zuerkennung einer Strafe überhaupt.

§. 42. 43. Gründe der Straflosigkeit, abgeleitet aus den Bedingungen der Strafanwendung.

Zweytes Capitel.

Von der Schutzschrift zu Abwendung der ordentlichen Strafe.

§. 44. Von den gesetzlichen Erfordernissen zur Statthaftigkeit einer ordentlichen Strafe.

§. 45 — 50. Aus dem Mangel dieser Erfordernisse fließende Gründe zu Milderung der ordentlichen Strafen. I. Erster Grund (§. 45.)

§. 51. 52. Beyspiele von Milderungs-Gründen.

§. 53. II. Zweyte Quelle der Vertheidigungs-Gründe zu Abwendung der ordentlichen Strafe.

§. 54—57. Dritte Quelle dieser Vertheidigungs-Gründe.

Drittes Capitel.

Von den Schutzschriften bey bevorstehender willkührlicher Strafe.

§. 58. I. Pflichten eines Vertheidigers, wenn wegen eines mit Vorsatz begangenen Verbrechens eine willkührliche Strafe zu erwarten ist.

§. 59. II. Defensions-Gründe bey bevorstehender willkührlicher Strafe wegen eines aus Fahrlässigkeit begangenen Verbrechens.

Anhang I.

Abhandlung über die richterliche Willkühr bey Anwendung von Strafgesetzen ꝛc.

Anhang I.

Sammlung einiger Defensionen als Beyspiele.

A. Schutzschrift für H. F. Rössel, zu gänzlicher Abwendung des wegen einer Uhr-Deube wider ihn erregten Verdachts und verhangenen peinlichen Verfahrens. — S. 202

B. Schutzschrift zu Abwendung der Specialinquisition, so wie zu Verwandlung des Reinigungseides in einen Erfüllungseid, in der wider J. J. Schlegeln, Rechtsconsulenten zu X... wegen eines beygemessenen consilii dolosi verhangenen Untersuchung. S. 217

C. Schutzschrift für George Fischern, um dessen Unschuld an Ermordung und Beraubung des Tischlers Winter, und des Professors von Kügelgen zu beweisen. S. 229

D. Schutzschrift für A. W. Strohmin, wegen des von ihr an D. S. Flügelin begangenen Todschlags. S. 281

E. Schutzschrift zu Milderung der C. E. Erdmannin wegen eines eingestandenen Kindermords bevorstehenden ordentlichen Todesstrafe. S. 307

F. Schutzschrift für S. G. Magern, zu Abwendung der wegen eines ihm beygemessenen homicidii culposi bevorstehenden Strafe. S. 338

Anleitung

zu

Vertheidigungsschriften

für

peinlich Angeschuldigte.

Einleitung.

Von der Nothwendigkeit der Vertheidigung, Rechtsgunst des Angeschuldigten, dem Vertheidiger, und der Literatur.

§. 1.

Nothwendigkeit der Vertheidigung, abgeleitet aus dem Zwecke des Staates.

S. Turin Versuch einer Darstellung der peinlichen Vertheidigung. Chemnitz 1801. Bd. 1. (die zweite Ausgabe ist unter dem veränderten Titel: Anleitung zu Defensionsschriften in peinlichen Fällen. Gießen, 1807. erschienen). Diese Schrift enthält eine philosophische Deduction der Nothwendigkeit der Vertheidigung. — C. J. A. Mittermayer, Handbuch des peinlichen Prozesses. Heidelberg, 1810 — 1813. Bd. II. S. 208. ff.

Dem Staate liegt zu Erreichung seines Zweckes a) die Verbindlichkeit ob, für Mittel zu sorgen, wodurch eine Verletzung der Rechte seiner Mitglieder möglichst verhütet werde. Er droht daher dem, welcher Handlungen vornimmt, wodurch anerkannte Rechte der Staatsbürger verletzt werden, die Zufügung eines Uebels an, und fügt dem, welcher eine dergleichen Handlung beging, zu Erfüllung des Gesetzes das angedrohte Uebel zu [b]). Um jedoch gerecht zu seyn, und nicht in der Absicht, das Recht des einen Theils zu schützen, dem andern Unrecht zu thun, muß der Staat nicht allein alle die Gründe aufsuchen, welche den einer mit Strafe bedrohten Handlung Angeschuldigten überführen, diese Handlung begangen, das Gesetz verletzt und die Strafe verwirkt zu haben, sondern es ist gleiche Pflicht des Staates [c]), mit derselben Sorgfalt zu erforschen, daß der Beschuldigte die Handlung nicht begangen, oder zwar eine dergleichen That verübt, aber kein Strafgesetz dadurch verletzt, oder, wenn er auch ein dergleichen Gesetz verletzt haben sollte, dennoch aus andern rechtlichen Gründen von der Strafe frey sey, um hierdurch ebenfalls die Verletzung des Rechts des Angeschuldigten auf Freyheit von unverschuldeten Uebeln zu vermeiden.

Anmerk. Die vom Naturrechte anerkannte Nothwendigkeit der materiellen Vertheidigung, ist in allen organisirten Staaten ebenfalls anerkannt worden; nur der unumschränkte Despot könnte sie unbeachtet lassen. Im Königr. Sachsen bestimmt das Generale wegen des Verf. in Untersuchungs-Sachen vom 30. April 1783. §. 13. „Hierbey werden Criminal-Richter nochmals ihrer Obliegenheit erinnert, daß sie dasjenige, was zu des Inculpaten Vertheidigung gereichen kann, eben so sorgfältig, als was zu dessen Ueberführung abzielet, klar zu machen sich bemühen.“

a) W. T. Krug philosophisches Handbuch. Leipzig 1822. §. 552. — Anselm Ritter von Feuerbach Lehrbuch des gemeinen in Deutschland gültigen peinlichen Rechts. Gießen, 1823. §. 8.

b) Feuerbach a. a. O. §. 16. und die daselbst angeführte Literatur.

c) Dr. Christoph Carl Stübel, das Criminal-Verfahren in den deutschen Gerichten rc. Leipzig, 1811. 8. Bd. II. §. 591. Bd. III. §. 2253. und Bd. IV. §. 2378. — Dr. C. J. A. Mittermayer Anleitung zur Vertheidigungskunst im Criminal-Prozesse. Landshut, 1814. 8. (zweite Ausgabe 1820.) §. 2.

§. 2.

Rechtsgunst des peinlich Angeschuldigten.

Jo. Ulr. L. B. de Cramer de favore defensionis etc. in Opusc. T. IV. p. 191. sq. auch in Observatt. jur. univers. T. III. p. 974. — widerlegt den Leyser sp. 562. de odio defensionis. — Jo. Matth. Wincop de jure et favore innocentiae. Erfurt, 1710. — Jo. Seb. Otto diss. de favore defensionis reorum in processu crim. Giess. 1718. 4. — de Boehmer ad C. C. C. art. 88. §. 1. und ad Carpzov. qu. 115. obs. 7. — Königlich. Sächs. Generale vom Verf. in Unters. Sachen vom 27. Oct. 1770. §. 10. und anderweites Generale vom 30. Apr. 1783. §. 15. — G. L. Winkler Handbuch des sächs. peinlichen Prozesses. Leipzig, 1802. §. 159. — Mittermayer Vertheidigungskunst. §. 17.

Diese doppelte Obliegenheit des Staates, sowohl die Schuld als Unschuld des, eines Verbrechens Angeschuldigten zu beweisen, ist jedoch nach verschiedenen Grundsätzen zu beurtheilen. Der Beweis der Schuld ist aller Strenge unterworfen, wogegen der Beweis der Unschuld, die Vertheidigung, einer Rechtsgunst sich erfreut, die aus dem doppelten Grunde:

I. Der Voraussetzung der Unschuld nach dem Rechtssatze: Quisque praesumitur bonus. [a])

II. Der Nothwendigkeit der Vertheidigung, welche auf keine Weise, besonders sobald das zu befürchtende Strafübel ein unveräußerliches Recht des Angeschuldigten betrifft [b]), zu beschränken ist,

hergeleitet werden kann.

So wie der Beklagte im Civil-Prozesse vor dem Kläger einer gewissen Rechts-Gunst theilhaftig ist, so muß man, und wohl noch mit größerem Rechte, da im Criminal-Prozesse es sich um Zufügung einer Strafe handelt, auch eine Rechtsgunst des peinlich Angeschuldigten annehmen, die hauptsächlich in folgenden Fällen sich zeigt:

a) Mittermayer Theorie des Beweises. Darmstadt, 1821. Th. I. §. 7. — von Globig Theorie der Wahrscheinlichkeit zu Gründung des hist. und gerichtl. Beweises. Regensburg, 1806. Th. II. S. 199. — Stübel Criminal-Verfahren, Th. II. §. 923.

b) A. E. Wolters, ein Wort über Defensionen. Hamburg, 1805. 8. §. 11.

§. 3.

Fortsetzung.

Zu I. Die Präsumtion der Schuldlosigkeit hat zur Wirkung:

1) Daß bei gleicher Stärke der Beweise und Vermuthungen, die für und wider einen Verbrecher vorhanden sind, erstere über letztere das Uebergewicht behalten.

a) Defensionalzeugen daher unter gleichen Verhältnissen den Vorzug vor Anschuldigungs-Zeugen haben [a]),

b) Die gelindere Meynung in zweifelhaften Fällen für den Beschuldigten anzuwenden ist [b]). Wenn z. B. in den Meynungen der Aerzte und Wundärzte entweder unter sich, oder mit dem Gutachten einer medizinischen Facultät eine Verschiedenheit obwaltet, so ist jederzeit die gelindere Meynung der härtern vorzuziehn [c]).

2) Daß der Mangel prozessualischer Förmlichkeiten ein dem Angeschuldigten dienendes Beweismittel nicht schwächt [d]).

3) Daß schon Gründe der Wahrscheinlichkeit hinreichen, um eine dem Inculpaten entgegenstehende nachtheilige rechtliche Voraussetzung (praesumtio juris) zu entkräften [e]); das hauptsächlichste Beyspiel ist die Voraussetzung der bösen Absicht nach verübtem Verbrechen (§. 47.)

a) Mittermayer Theorie des Beweises, Th. I. §. 119. — Dessen Vertheidigungskunst, §. 17. — Dessen Criminal-Prozeß, Th. II. S. 392. — Globigs Theorie der Wahrscheinlichkeit ꝛc. Th. II. S. 199. — Stübel Criminal-Verfahren, Th. II. §. 931.

b) L. 5. pr., l. 112 D. de poenis. — L. 9, 168, 192. D. de B. J. — L. 10. §. 1. D. de rebus dubiis. — c. 49. de R. J. in VI. — Wernher obs. Tom. III. obs. 13. — Hommel Rhaps. obs. 270.

c) Ch. G. Biener Pr. de fide judiciali circa corporis delicti certitudinem in dissensionibus protocolli judicialis et visi reperti secantiumque inter se, nec non visi reperti aut unius alteriusve secantis et facultatis Medicae recte aestimanda. (Lips. 1800) §. 5 und 6.

d) Stübel a. a. O. Th. III. §. 1095. — Mittermayer Vertheidigungskunst, §. 17.

e) Carpzov def. for. P. IV. C. 8. def. 9. — Wincop a. a. O. §. 29 bis 32. — Quistorp peinliche Rechtsgelahrheit der Deutschen, Th. I. §. 34. Th. II. §. 698. 700. nach der Ausg. von 1783. — Dessen Beyträge S. 313. — Hommel Rhaps. obs. 122. — Berner Preisschrift (von Globig und Huster, Abhandlung von der Criminal-Gesetzgebung). Zürich, 1783. Th. II. Abschn. 10. — J. F. C. Moltzer de causis a reo allegandis, quae doli praesumtionem elidunt. Lugd. Bat. 1810. — Mittermayer Vertheidigungskunst, §. 43.

§. 4.

Fortsetzung.

Zu II. Die Nothwendigkeit, die Vertheidigung auf keine Weise zu beschränken, hat zur Folge:

1) Jedem Verbrecher ist ohne Unterschied der Größe seines Verbrechens eine Vertheidigung zu gestatten [a]).

Anmerk. Bey geringfügigen Sachen, z. B. Injurien und Polizey-Vergehungen ist eine bloße Vorstellung gewöhnlicher als eine förmliche Schutzschrift. Winkler Handb. des peinl. Proz. §. 152.

Jedoch sind im Königreiche Sachsen solenne Defensionen versagt:

a) Den Räubern nach dem Mandat v. J. 1753. §. 3. im C. A. T. I. p. 801.

b) Den Duellanten im Mandat wider die Selbstrache v. J. 1712. §. 40.

c) Den Flöß-Holz-Dieben, vermöge der Mandate vom J. 1743. 1745. 1752. im C. A. T. I. p. 1513. 1517. 1519.

d) Den Soldaten bey Militär-Verbrechen; jedoch sollen diejenigen, welche das Directorium Actorum in dergleichen Fällen führen, alle zu des Inquisiten Vertheidigung gereichende Umstände genau zu den Acten bemerken [b]).

e) Den Tumultuanten, nach dem Mandat wider Tumult und Aufruhr v. 18. Jan. 1791. §. 20.

Anmerk. 1. Diese Fälle sind bey Winkler a. a. O. §. 154. weitläufiger behandelt. — Stübel im Crim. Verf. Bd. IV. §. 2300. ist der Meynung, daß die angeführten frühern Gesetze, durch das Generale vom 30. April 1783. aufgehoben seyen, und eine Beschränkung der Defension mithin nicht mehr angenommen werden könne.

Anmerk. 2. Das Preussische Crim. Recht hat dergleichen Beschränkungen Art. 437. aufgestellt, das Baiersche Gesetzbuch kennt sie nicht, Art. 141 u. 473.

2) In peinlichen Fällen müssen, der Inculpat mag wollen oder nicht, zur Hauptdefension Amtshalber, Vertheidiger vom Richter bestellt werden [c]).

Anmerk. 1. Dieß ist auch dann der Fall, wenn der Verbrecher bereits gestanden hat oder überführt worden ist, auch sonst kein Vertheidigungs-Grund vorhanden zu seyn scheint. Stübel Criminalverf. Bd. IV. §. 2290.

Anmerk. 2. Nach der sächs. Vormundschafts-Ordnung v. J. 1782. Cap. 13. §. 17. muß der Vormund die Defension des Mündels besorgen.

Im Königr. Sachsen sind die Fälle, in welchen Schutzschriften nöthig, oder zulässig, durch das Generale vom J. 1783. §. 13. also bestimmt:

A. Die erste Defension ist in allen Untersuchungen, welche eine Leibes- oder Lebensstrafe nach sich ziehen können, ehe die ergangenen Acten nach rechtlichem Erkenntnisse versendet werden, dem Beschuldigten, er mag solches verlangen, oder nicht, ohne vorgängige Anfrage zu gestatten. Hieraus folgt: [d])

a) Daß bey dergleichen peinlichen Fällen vor jedesmaliger Versendung der Acten eine Schutzschrift ohne Unterschied unter Haupt- und Nebendefensionen Amtshalber, mit Vorlegung der Acten, und Einräumung einer dreywöchentlichen Frist dem Inculpaten nachzulassen sey; was jedoch die zu Abwendung der Special-Inquisition anlangt, mit folgendem Unterschiede: Ist nämlich:

α) das vorliegende Verbrechen so beschaffen, daß mit der Specialinquisition ohne vorgängiges rechtliches Erkenntniß verfahren werden kann, das heißt: (nach Maasgabe des §. 8. des Generale), wenn es nach klarer Vorschrift der Gesetze nothwendig eine Lebensstrafe nach sich zieht, und gegen die beschuldigte Person hinlänglicher Verdacht vorhanden ist: so soll keine defensio pro avertenda inquis. spec. und keine Einsicht der Acten ex officio verstattet werden. Hieraus folgt aber nicht [e]), daß es dem Beschuldigten nicht dennoch frey stehen müsse, sich gegen die articulirte Vernehmung, auch ohne Einsicht der Acten vertheidigen zu lassen, hierbey den vorgeblichen Verdacht zu prüfen, und zu zeigen, daß solcher der hinlängliche nicht sey, welchen das Generale a. a. O. erfordere. Ist aber β) das Verbrechen von der Beschaffenheit, daß mit Vernehmung des Inculpaten über Artikel, so lange bis darauf erkannt worden, anzustehn: (wohin §. 8. gerechnet werden alle fleischliche, auch solche Verbrechen, welche als gemeine Deuben zu betrachten u. s. w.) so muß dem Beschuldigten die defensio pro avertenda Amtshalber, mit Vorlegung der Acten und Verstattung der dreywöchentlichen Frist nachgelassen werden.

b) Daß bey nicht peinlichen Fällen, z. B. in bloßen Injuriensachen, alle Defensionen, so wie die Vorlegung der Acten, vom Inculpat gesucht werden müssen.

B. Die anderweite Defension soll, wenn auf eine Lebensstrafe erkannt worden, Amtshalber, bey zuerkannten Leibesstrafen aber auf Ansuchen des Inculpaten gestattet werden. [f])

3) Es ist weder die zu Einbringung der Defension gesetzte Frist peremtorisch, noch auch, so lange sich neue Vertheidigungs-Gründe hervorthun, ein Schluß in der Sache zulässig. [g])

4) Lossprechende, obgleich zu gelinde Erkenntnisse werden sogleich von Zeit der Publication an rechtskräftig, verdammende dagegen um deswillen nie, weil die Rechtskraft eines Urtels eine stillschweigende Zufriedenheit der Partheyen mit dessen Inhalte voraussetzt, diese aber bey Straferkenntnissen nicht anzunehmen ist. [h])

Anmerk. Man darf jedoch die Rechtskraft freysprechender Urthel nicht auf solche, die null und nichtig sind, extendiren. Boehmer Exercitt. ad Pand. Ex. 87 §. 31. ff. — Stübel Crim. Verf. Bd. IV. §. 3219.

5) Einem Angeschuldigten steht frey, gegen das Rechtscollegium, an welches die Acten versendet werden sollen, zu excipiren, und es kann ein von einem Dicasterium, wogegen der Beschuldigte aus gegründeten Ursachen excipirt hat, gesprochenes Urthel nie zur Vollstreckung gebracht werden. [i])

6) Sachwalter können zur Uebernahme einer Defension gezwungen werden. [k])

Anmerk. Die Ursachen, welche Entschuldigungsgründe abgeben, s. bey Stübel a. a. O. Bd. IV. §. 2322.

7) Der Missethäter kann sich seinen Vertheidiger sowohl, [l]) als die Mittel der Vertheidigung selbst wählen, auch, wenn er dazu geschickt ist, sich selbst [m]) vertheidigen.

Anmerk. 1. Das Recht des Angeschuldigten, sich selbst einen Vertheidiger zu wählen, wird mit Ausnahme des Oestreichischen Gesetzbuches §. 462. beynahe in allen neuern Gesetzgebungen anerkannt, z. B. Preuss. Criminal-Recht, Tit. III. §. 433. ff. — Baier. Straf-Gesetzb. Th. II. art. 141 u. 473.

Anmerk. 2. Wenn der Inculpat sich selbst vertheidigt, so macht dieses in peinlichen Fällen einen andern Vertheidiger nicht überflüssig. Stübel a. a. O. Bd. IV. §. 2312.

8) Auch jeder Dritte, der kein Interesse bey der Untersuchung hat, muß zum Beweis der Unschuld des Inculpaten gelassen werden. [n])

9) Die Behauptungen des Vertheidigers können dem Vertheidigten nie nachtheilig werden. [o])

10) Arme Inquisiten müssen auf Kosten ihrer nächsten Anverwandten, und im Nothfall auf Kosten des Gerichts vertheidigt werden. [p])

a) PGO. Art. 47. 155. — Wernher obs. for. P. V. obs. 163. P. VIII. obs. 274. 471. — Leyser spec. 562. m. 30. — Berger Oec. jur. p. 941.

not. 20. — Quistorp peinliche Rechtsgelahrheit ꝛc. Th. II. §. 653. — de Cramer a. a. O. §. 1. — Mevius P. I. dec. 43. n. 3. P. III. dec. 187. n. 7. — Wincop a. a. O. §. 26. — Feuerbach Lehrbuch des peinlichen Rechts. §. 612. — Mittermayer Vertheidigungskunst. §. 11.

b) Schmieder Kriegsrecht, Th. I. S. 288. §. 7. Th. II. S. 749. — General-Ordre vom 5. Octob. 1770. und 21. Apr. 1785. — Kriegs-Gerichts-Reglement vom 23. Jan. 1789. Abschn. 9. §. 7.

c) Meister peinl. Proz. §. 36. — Quistorp a. a. O. Th. II. §. 654. und Dessen Beyträge zu Erläuterung verschiedener Rechtsmaterien. Leipzig, 1787. No. XLI. S. 594. — Tittmann Handbuch der Strafrechts-Wissenschaft, Bd. IV. §. 776. (Bd. III. §. 808. der 2ten Ausg.) — Grolmann Grundsätze der Crim. Rechts-Wissensch. §. 508. — Kleinschrod im Archiv des neuen Crim. Rechts, Bd. I. St. 3. N. 2. S. 26. ff. — Stübel Crim. Verf. Bd. IV. §. 2288. ff. — Mittermayer Vertheidigungskunst, §. 11. — Feuerbach a. a. O.

d) Winkler a. a. O. §. 153.

e) Stübel Crim. Verf. Bd. IV. §. 2343 — 2345. stimmt vollkommen dieser Auslegung der Stelle des Gener. von 1783 bey. — Man sehe noch Hommel obs. 21. und v. Römer Anleitung zu den Probeschriften ꝛc. S. 85. §. 2.

f) R. Hommels criminalistische Blätter (Leipz. 1800.) 1. Heft, S. 174. ff.

g) C. 6. X. de accus. et inquis. — Hilliger D. de termino fatali defensionibus reorum concedendo Lips. 1718 — Wincop. a. a. O. §. 27. 28. — Leyser sp. 562. m. 18. 30. — Quistorp a. a. O. Th. II. §. 653. 775. — Berger Elect. crim. in Suppl. P. I. obs. 50. P. II. obs. 186. —

Stübel a. a. O. §. 2324. in Verbindung mit §. 2381. — Feuerbach Lehrb. §. 608. — Mittermayer Vertheidigungskunst, §. 119. (128).

h) Hommel Rhaps. obs. 707. — J. H. Böhmer D. de sententia in rem judicatam non transeunte, §. 40. in Ex. ad Pand. T. V. ex. 87. p. 558. — Wernheri obs. for. P. VIII. obs. 267. — Kleins peinl. Recht, §. 571. — Dessen Archiv des Crim. Rechts, Bd. II. St. 3. n. 2. — Dessen Annalen ꝛc. Th. 20. S. 291. — Claproth im peinlichen Prozesse, S. 758. seiner summarischen Prozesse nach der Ausg. vom J. 1785. — Stübel D. de opinione vulgari sententias absolut. in processu inquisit., simulac cum reo communic. sint, in rem judic. transire etc. Viteb. 1798. — F. Gerike Comment. de re judic. sentent. criminal. et de remediis etc. Götting. 1803. — Mittermayer Handb. des peinlichen Proz. Bd. II. S. 572. ff. — Stübel Crim. Verfahren, Th. V. §. 3203. ff., und besonders über die Rechtskraft der freysprechenden Urtheile, die ebenda bey §. 3211. angeführte Literatur.

i) Quistorp Beyträge zur Erläuterung versch. Rechtsmaterien. No. 1. S. 9.

k) Sächsisches Generale wegen des Verf. in Untersuchungs-Sachen vom 30. April 1783. §. 13. — Meister, peinl. Proz. §. 47. — Desselben Einleitung zur peinl. Rechtsgelehrsamkeit, S. 242. — Stübel Crim. Verfahren, Bd. IV, §. 2321. — Mittermayer Vertheidigungskunst, §. 12.

l) PGO. Art. 88. — Angeführtes Generale von 1783. §. 13. — Meister peinl. Proz. §. 36. — Püttmann El. jur. crim. §. 942. — Winkler a. a. O. §. 157. — Stübel Criminal-Verfahren, Bd. IV. §. 2313. — Mittermayer Vertheidigungskunst, §. 13.

m) Meister Einleitung zur peinlichen Rechtsgelehrs. S. 235. — Quistorp Beyträge rc. No. 41. S. 600. — Stübel Criminal-Verfahren, Bd. IV. §. 2311.

n) l. 6. D. de Apellationibus. — Wincop a. a. O. §. 25.

o) Leyser sp. 562. m. 14. — Mevius P. IV. dec. 126.

p) PGO. Art. 47, 154, 163. — Wernher P. IV. obs. 179. — Sächs. Decisio. 36. v. J. 1746. und deren Erläuterung v. 3. Apr. 1750. im C. A. T. I. p. 378. Nach letzterer ist ein Vater zu den Defensions-Kosten für die Kinder, auch sogar dann, wenn letztere ihr Brod selbst zu verdienen im Stande sind, und so lange verbunden, bis sie durch Anstellung eigener Haushaltung, oder Verheyrathung, oder sonst aus väterlicher Gewalt geschieden. Vergl. nach Biener D. de finibus expensarum criminalium. Lips. 1806. §. 1. — Stübel a. a. O. Bd. IV. §. 2372.

§. 5.

Nothwendigkeit der Trennung der Person des Vertheidigers von der Person des untersuchenden Richters.

Willenberger de advocato inquisito non denegando, Gedan. 1720. — Phil Jac. Sahler D. de necessitate defensorum. Argent. 1766. — v. Soden, Geist der peinlichen Gesetzgebung Deutschlands. Frankf. 1792. Th. III. §. 187—189. — Mittermayer Criminal-Proz. Bd. I. S 173 bis 179. — Derselbe, Vertheidigungskunst, §. 1. 2. 9. 10. — Stübel a. a. O. Bd. IV. §. 2250. 2254. ff.

Gründe gegen die Nothwendigkeit der formellen Vertheidigung, s. bey Leyser spec. 562. de odio defensionis. — Fuger, soll man dem eines Verbrechens Beschuldigten in den östreich. Erbstaaten eigene Vertheidiger gewähren? Wien, 1797. — Zeillers jährliche Beytr. zur Gesetzkunde, Bd. II. S. 100.

Die §. 1. erwähnte doppelte Pflicht des Staats, sowohl die Schuld als Unschuld des, eines Verbrechens Beschuldigten zu beweisen, ist auf den Richter übergegangen, welchem der Staat die Criminal-Gerichtsbarkeit übertragen hat. Dem peinlichen Richter liegt demnach ob, nicht bloß denen Beschuldigungen Gehör zu geben, welche dem Angeschuldigten zur Last gelegt werden, sondern durch eignen Forschungsgeist auch das auszuspähen und klar zu machen, was zur Entkräftung jener Beschuldigungen und zur Vertheidigung des Angeklagten dienen kann, und es fragt sich, ob der Richter diese doppelte Pflicht, die er nicht ohne Eingriff in die Rechte der Menschheit verletzen darf, zu erfüllen vermag? Es ließe sich von dem Ideale eines Richters, welcher mit ungetrübtem Geiste und ungeschwächtem Eifer das für und wider erwägt, weder durch hartnäckiges Läugnen des verstockten Bösewichts sich aufbringen, noch durch listige Entstellungen der Wahrheit des schlauen Verbrechers sich irren läßt, wohl denken, daß er Feind und Freund, Angreifer und Vertheidiger in Einer Person vereinigen könne. — Aber die Richter sind Menschen! Sie haben bey diesem wichtigen Geschäfte allenthalben mit menschlichen Unvollkommenheiten, oft auch mit menschlichen Bosheiten zu kämpfen. Sie sind häufig der Gefahr ausgesetzt, durch mehr als wahrscheinliche Beschuldigungen der Verläumdung, durch boshafte, oder falsche und irrige

Zeugnisse, durch einen wunderbaren Zusammenfluß höchst scheinbarer und dennoch grundloser verdächtiger Umstände, durch Irrsal und Stumpfsinn verleitet und getäuscht, Trugschlüsse auf Trugschlüsse zu häufen, und hierauf ungerechte Nachtheile zu bauen. Sie sind oft selbst schwach genug, die Wahrheit verkennen zu wollen, um auf die unterdrückte Unschuld die Stützen der Macht und des Wohllebens zu gründen. Oft sind ihre Leidenschaften durch den schwarzen Gedanken der gerügten Missethat zu sehr gegen den Thäter erhitzt worden, als daß sie geneigt seyn sollten, das, was zu seiner Entschuldigung dient, aufzusuchen, und unter der traurigen Hülle des Verbrechers noch die Gestalt des Menschen mit allen seinen Rechten und Vorzügen zu entdecken. So heilig also die Befugnisse der Unschuld sind, so groß würde die Gefahr ihrer Verletzung dann seyn, wenn man dem untersuchenden Richter die Pflicht ihrer Vertretung allein überlassen, und ihn in Fällen, wobey sein Verfahren in Frage, seine Ehre auf's Spiel kommt, zum Richter seiner eignen Handlungen machen wollte. Es ist daher ein wichtiger Beruf für den Gesetzgeber, den Angeschuldigten eigne, von der Person des Richters verschiedene Vertreter ihrer Unschuld gegen jene Schwächen und Bosheiten der Menschen zuzuordnen, und dieses Geschäft Männern aufzutragen, welchen die Rechte überhaupt, und das gesetzmäßige Verfahren in Untersuchungs-Sachen insbesondere hinlänglich bekannt sind, um die, den Angeschuldigten unrechtmäßig zuzufügenden Nachtheile aus hinreichenden Gründen von ihnen abzuwenden.

Anmerk. Im Königr. Sachsen ist gesetzlich in gewissen Fällen die Anordnung von besondern Vertheidigern vorgeschrieben; in allen übrigen Fällen ist dieselbe wenigstens nachgelassen. S. den vorhergehenden §. No. 1 u. 2., und Winkler Handb. des sächs. peinl. Proz. §. 157.

§. 6.

Begriff und Wirkungskreis des Vertheidigers.

Stübel Criminal-Verfahren, Bd. III. §. 2262. ff. §. 2301. ff. — Mittermayer Criminalprozeß, Einleitung, Abschn. II. §. 12. Bd. I. S. 193. ff. und Bd. II. S. 220. — Dessen Vertheidigungskunst, §. 12, 13, 14, 16. — Gerstäcker Anweisung zu zweckmäß. Abf. von Vertheidigungs-Schriften, Leipz. 1822. 8. §. 6. 7. 8.

Denjenigen Rechtsgelehrten, welcher die Vertheidigung eines Angeschuldigten vor Gericht übernimmt, nennt man einen Vertheidiger, Defensor (ehedem Fürsprecher, Redner). In Sachsen [a]) wird erfordert, daß ein dergleichen Rechtsgelehrter examinirt und befugt sey, die juristische Praxis auszuüben. Die Bestellung desselben hängt von der Wahl des Angeschuldigten und in Fällen, wo dieser die Wahl unterläßt, von der Bestimmung des inquirirenden Richters ab (s. oben §. 4). Das Geschäft des Vertheidigers beschränkt sich nicht blos auf die Fertigung von Schutzschriften, sondern es ist Pflicht des Defensors, seinem Defendendo im Laufe der ganzen Untersuchung beyzustehn. Er muß daher die Untersuchung gänzlich abzuwenden, während derselben vor widerrechtlichen Handlungen den Inculpaten zu schützen, Beweismittel der Unschuld oder mindern Schuld, als ihm möglicher Weise beygemessen werden könnten, herbey zu schaffen, ein nachtheiliges Erkenntniß zu vermeiden, nach gesprochener Sentenz das Unrecht derselben zu zeigen, bey Vollziehung der Strafe eine solche Behandlung, welche dem Erkenntnisse und den Gesetzen zuwiderläuft, zu verhüten, endlich auch alle Rechte und Vortheile, die dem Inculpaten zustehn, [b]) demselben zu verschaffen suchen.

a) Erledigung der Landes-Gebrechen v. J. 1612. Tit. „von Justizien-Sachen", No. 5. — Bauer, Grundsätze des Crim. Prozesses, §. 212. — Stübel a. a. O. §. 2306.

b) Z. B. Bey der Bewerbung um sicheres Geleit. — Kleinschrod Archiv des Crim. Rechtes, Band I. St. 3. No. 2. S. 25. ff., und im Neuen Arch. Bd. V. H. 11. N. 2. S. 283.

§. 7.

Zweck des gegenwärtigen Buches.

Vorliegende Schrift hat nicht den Zweck, dem Vertheidiger eine Anweisung zu geben, wie er seine sämmtlichen Obliegenheiten am besten zu erfüllen vermag, sie hat nicht die Vertheidigungskunst im Allgemeinen zum Stoffe, sondern beschränkt sich auf Regeln zu Fertigung schriftlicher Vertheidigungen.

§. 8.

Literatur.

Die Schriften, welche sich auf die Fertigung der Schutzschriften beziehn und hierbey zu benutzen sind, sind theils allgemeine Lehrbücher über das Criminal-Recht und den P. Criminal-Prozeß, [a]) theils handeln sie von der Vertheidigungskunst, oder von Abfassung der Vertheidigungs-Schriften insbesondere, [b]) theils endlich bestehen sie in Sammlungen von Schutzschriften [c]).

a) Quistorp Grundsätze, Th. II. §. 651. — Danz Grundsätze der sumar. Prozesse, §. 218 u. 223. — Meister ausführliche Abhandlung des peinl. Proz. Th. I. S. 221. — Salchow Lehrbuch 2c. §. 635. —

Grolmann Grundsätze der Crim. Rechts-Wissenschaft, §. 506. ff. — Bauer Grundsätze ꝛc. §. 209. ff. — v. Soden, Geist der peinl. Gesetzgebung, §. 3. ff. — Winkler Handb. des sächs. peinlichen Proz. S. 230. ff. — Feuerbach Lehrb. des peinl. Rechts, §. 611. ff. — v. Globig, System der Gesetzgebung für das gerichtl. Verfahren, S. 232. ff. — Reibnitz Versuch eines Ideals der Gerichts-Ordnung, Th. II. S. 100. — Tittmann Entwurf zu einem Strafgesetzbuch für Sachsen, Th. II. Cap. 11. §. 2393. ff. — Dessen Handbuch der Strafrechts-Wissenschaft, 4 Bde. 1806 — 1810. 8. Bd. IV. §. 774. ff.; die zweyte Ausg. ist von 1822 — 1824. in drey Bänden (Bd. III. §. 806. ff). — Mittermayer Crim. Prozeß, Th. II. Tit. VII. S. 208. ff. — Martin Lehrbuch des Crim. Proz. §. 50. 51. — Stübel Crim. Verf. Bd. IV. §. 2250. ff.

b) Die ältern auf die Lehre von der Vertheidigung Bezug habenden Schriften, sehe man bey Mittermayer Vertheidigungskunst, §. 21. Not. a. Die neuern Schriften sind:

J. Cp. Koch Anleitung zu Defensionsschriften nebst Mustern. Gießen, 1779. 8. (8 Gr.) — Alex. Ockhart kurze Anweisung zu Vertheidigungsschriften ꝛc. Leipzig, 1780. 8. (8 Gr.) — Valli della difesa dei rei nei processi criminali. Venez. 1785. — C. H. Römer Anleitung zu den Probeschriften der Churf. Advocaten. Leipzig, 1786. — G. H. Hodermann vollständige Anleitung zur gründlichen, förml. Abfassung der Verth. Schriften für peinlich Angeklagte, 2 Bde. Leipzig, 1801. — Bd. Turin Versuch einer Darst. der peinl. Vertheid. Chemnitz, 1801. 8. unter dem neuen Titel: Anleitung zu Defensionsschr. in peinlichen Fällen, 1. Bd. Gießen, 1807. 8. (1 Thlr. 8 Gr.) — A. Wolters, ein Wort über Defensionen. Hamburg, 1805. — K. S. Zachariä, über die jurist. Vertheidigungskunst, Leipzig, 1805. 8. — C. J. A. Mittermayer Anleitung zur Vertheidigungskunst im Crim. Prozesse. Landshut, 1814. 8. zweyte Ausg. 1820. 8. (1 Thlr. 12 Gr.) — K. F. W. Gerstäcker Anweisung zur zweckmäßigen Abfassung gerichtlicher Vertheidigungsschr. Leipzig, 1821. u. 22. 2 Theile. 8. (4 Thlr. 18 Gr.)

c) Der größere Theil der Schutzschriften, welche Erschel, Bremer, Kirchhof und Seyfart gesammelt haben. (S. Mittermayer a. a. O. §. 21. Not. e) ist bereits veraltet. Viele der unter b) angeführten Autoren geben auch Beyspiele von Defensionen. Neuere Sammlungen sind: H. Kuppermann Sammlung auserlesener Verth. Schriften rc. Leipzig, 1806, II, 19. (1 Thlr. 12 Gr.) — Gerstäcker a. a. O. Th. I. S. 101. ff. und Th. II. — S. auch unten §. 19. Not. a.

Erstes Hauptstück.

Von den Schutzschriften überhaupt.

Erstes Capitel.

Vom Begriffe, Eintheilung, Vorbereitungsmitteln, der Form und guten Eigenschaften der Schutzschriften.

§. 9.

Begriff der Schutzschrift.

Quistorp peinliches Recht, Theil II. §. 651. — v. Feuerbach, Lehrbuch des peinl. Rechts, §. 611 u. 612. — G. J. F. Meister principia juris criminalis. Götting. 1819. §. 387. — Mittermayer Crim. Prozeß. Abth. III. Tit. VII. §. 2. Bd. II. S. 215. — Dessen Vertheidigungskunst, §. 7. IV. — Gerstäcker a. a. O. §. 3 u. 4.

Eine Schutzschrift, Defension, Vertheidigung (im engern Sinne) nennt man diejenige Schrift eines Rechtsgelehrten, darinnen die zur Abwendung oder Milderung des, einem peinlich Angeschuldigten zu befürchtenden Nachtheils dienliche Gründe, zur Ueberzeugung des Richters an- und ausgeführt werden.

Anmerk. Beschwerdeschriften, welche bey der höheren Behörde wegen Anmaßungen des Unterrichters angebracht werden, und Suppliken, Bittschriften, z. B. um Abolition, welche besonders dann, wenn keine Defension gestattet ist, oder von deren Erfolg nichts mehr zu gewarten steht, Statt finden, sind keine Schutzschriften. S. Grolmann Grunds. der Crim.

Rechts-Wissens. §. 510. — Beyspiele von Suppliken findet man bey Kuppermann Sammlung rc. S. 48. ff. — Gerstäcker a. a. O. Bd. I. S. 169. ff. Bd. II. S. 26. ff.

§. 10.

Eintheilung der Schutzschriften.

Mittermayer Crim. Prozeß. Th. II. Tit. VII. §. 2. — Dessen Vertheidigungskunst, §. 8.

Man kennt hauptsächlich drey Eintheilungen der Schutzschriften, nach deren Inhalt, Form und gesetzlichen Nothwendigkeit.

1) Nach dem Inhalt. So viel es nämlich im peinlichen Verfahren Handlungen giebt, deren Vollziehung einem Angeschuldigten Nachtheil erwecken kann, von so vielfacher Art sind die auf dessen Abwendung zielenden Schutzschriften [a]). Da nun jene Handlungen theils während dem Gange des Untersuchungs-Prozesses über den Inculpaten verhangen werden, theils nach deren Beendigung in Erkennung der Strafe bestehen können: so erwächst hieraus die Haupteintheilung der Schutzschriften in Neben- oder Vorläufige (defensio minus principalis) und Haupt- oder Schlußvertheidigungen (def. principalis). Zu jenen gehören die zur Abwendung aller Untersuchung, der gefänglichen Haft, Confrontation, des Verhörs über Artikel und des Reinigungs-Eides; zu diesen rechne ich die, welche auf Abwendung oder Milderung der Strafe gerichtet sind [b]).

Anmerk. Weil die Benennung Haupt- und Neben-Defension von mündlichen Vertheidigungen auch verstanden werden könne, so schlägt Stübel Crim. Verfahr. Th. IV. §. 2269. statt Haupt- die Benennung Strafstatt Neben-, Prozeß-Vertheidigung vor.

2) Nach der Form theilt man sie in förmliche oder feyerliche (solennes) und minder förmliche, nicht feyerliche (minus solennes) je nachdem sie, was bey wichtigen Criminal-Sachen der Fall ist, in der Form einer systematisch geordneten Abhandlung, die mit einer besondern Rubrik und Ueberreichungs-Schreiben versehen ist, bestehen, oder in der Gestalt eines Ansuchungsschreibens gefertigt und übergeben werden c) (s. unten §. 15).

Anmerk. Von Defensionen in geringfügigen Sachen bedient man sich des Ausdrucks: Vorstellung.

3) Nach der gesetzlichen Nothwendigkeit endlich kann man sie in nothwendige oder willkührliche eintheilen d), je nachdem das Gesetz eine Vertheidigungsschrift vorschreibt, oder blos dem Willen des Inculpaten die Einreichung einer Schutzschrift überläßt. (§. 4.)

a) Meister Einleitung zur peinlichen Rechtsgelahrheit, S. 221. — Quistorp Grunds. des peinl. Rechts, Th. II. §. 654. — Gerstäcker a. a. O. §. 4.

b) Ludovici Einleitung zum peinl. Proz. §. 2. — Bauer Grundsätze rc. §. 209. — Stübel Crim. Verfahren, Th. IV. §. 2268.

c) Tittmann Handb. der Strafrechts-Wissens. Bd. IV. §. 775. (Bd. III. §. 806.) — Stübel a. a. O. Th. IV. §. 2270. — Gerstäcker a. a. O. §. 32.

d) Quistorp Grundsätze rc. §. 654. — Claproth sum. Prozesse, §. 552.

§. 11.

Vorbereitungsmittel zur Abfassung einer Defension.

Stübel Criminal-Verf. Bd. IV. §. 2336 bis 2363. — Feuerbach Lehrbuch 2c. §. 613. — Mittermayer Criminal-Proz. Bd. II. Tit. VII. §. 5 u. 6. — Dessen Vertheidigungskunst, §. 48 bis 71. (§. 72. der 2ten Ausg.) — Gerstäcker Anweisung zu Verth. §. 24 bis 31.

Zu diesen Vorbereitungs-Handlungen gehören:

I. **Das Lesen und Extrahiren der Untersuchungs-Acten.** [a])

Ein Defensor muß bey zweckmäßiger Lesung der verhandelten Untersuchungsacten eine dreyfache Absicht haben:

1) Sich die zur Untersuchung Anlaß gebende Thatsachhandlung nach ihren wesentlichen Umständen bekannt zu machen. Zu dem Ende wird er wohl thun, vor Lesung der Acten sich die Widerholung der Theorie des begangenen Verbrechens angelegen seyn zu lassen, um richtig beurtheilen zu können, ob das Verbrechen wirklich vorhanden sey, welches die Actenrubrik anzeigt, und worin dessen wesentliche Umstände bestehen.

2) Erfahren zu wollen, wie weit der Richter in dessen Untersuchung bereits gekommen sey, worauf es nunmehr ankomme, und was für eine nachtheilige Handlung dem Inculpaten bevorstehe. Hierbey verfährt der Defensor blos nach Grundsätzen der Referir- und Decretir-Kunst in peinlichen Fällen.

3) Zu erforschen, was dem Inculpaten eigentlich beygemessen werde, und was für Gründe zur Ablehnung des hierauf zu bauenden Nachtheils in der Sache selbst und dem Untersuchungs-Verfahren anzutreffen seyn dürften. —

Was auf einen dieser drey Gesichtspunkte in den Acten Beziehung hat, muß ein Vertheidiger sorgfältig zusammentragen.

Anmerk. Ueber die Erlaubniß die Acten sich vorlegen zu lassen, s. Stübel Crim. Verf. Bd. IV. §. 2338. ff. Dem Defensor ist nach dem Mandat vom 23. Jun. 1763. (C. A. T. I. S. 1143.) nicht gestattet die Acten mit sich in die Wohnung zu nehmen. Nach dem Gerichts-Gebrauche wird dieses jedoch nachgelassen. Meister Einleitung zur peinl. Rechtsgelehrsamkeit, S. 250.

a) G. Keyser in prax. crim. p. 500. steht in Kochs Anleitung zu Defensionen, S. 74. f. abgedruckt. — G. Meister in der ausführlichen Abhandlung des peinl. Prozesses in Deutschland. Göttingen, 1758. 1. Th. 4. S. 250—253. §. 50—52.

Just. Claproth im peinl. Prozesse, S. 759. seiner summarischen Prozesse nach der Ausgabe v. J. 1785. giebt dem Vertheidiger die zweckmäßige Anweisung, gleich nach cursorischer Durchlesung der Acten auf eben so viel Blatt, oder Bogen Papier folgende Abschnitte zu machen:

1) Fehler des Prozesses, so die Untersuchung überhaupt angehen. Gerichtsstand. Besetzung der Gerichtsbank.

2) Gewißheit des Verbrechens, und zwar auf gebrochenen Columnen a) was für b) was wider diese Gewißheit nach der Natur eines jeden Verbrechens in den Acten ist.

3) Die Ueberführung des Missethäters, und zwar

A. Durch den unmittelbar auf das Verbrechen gerichteten Beweiß, wieder mit der Abtheilung a) für den Inculpaten, b) wider ihn.

B. Durch Anzeigen, den denn für jede ein besonderes Blatt abermals mit Unterschied der Columnen a) für, b) wider den Beschuldigten, bestimmt werden kann. Hiernächst soll

4) Für jede Einrede,

5) Für jeden allgemeinen Defensionsgrund,

6) Für jede allgemeine und besondere Milderungs-Ursache ein Abschnitt gemacht, und Platz zum Eintragen gelassen werden. Nach Fertigung dieses Plans soll man die Acten nochmals genauer lesen, jeden Umstand mit Bemerkung des Blatts, und Stücks der Acten an seinen Ort eintragen, und dann nach diesem Grundrisse die Defension ausführen.

Ich habe diese Vorschrift in der That bewährt gefunden, und begnüge mich daher, solche als ein sehr zweckmäßiges Vorbereitungsmittel zu empfehlen. — Beyspiele von Acten-Excerpten findet man bey Gerstäker a. a. O. Bd. I. S. 178 ff. 235 ff. Bd. II. S. 85 ff. 276 ff.

§. 12.

Fortsetzung.

II. Die Unterredung mit dem Delinquenten. Oft überlegen die Richter während der Untersuchung nicht reiflich genug, welches die wesentlichen Umstände sind, die zu des Inculpaten Vertheidigung gereichen, und auf deren möglichste Deutlichkeit und Gewißheit bey Beurtheilung seiner Unschuld alles ankommt. Oft sind die Verbrecher selbst zu furchtsam, oder unwissend, diese Umstände anzuführen, oder sie so bestimmt anzuzeigen, daß man nicht weiter nöthig hätte, auf den Grund derselben zu dringen. Der Vertheidiger sucht also zum Unterricht hierüber vergebens in den Acten. Da ihm aber alle Hülfsmittel der Vertheidigung zugestanden werden müssen: so muß es ihm auch vergönnt seyn, sich von dem Inhaftaten über die wahre Bewandtniß der vorgebrachten oder ihm sonst zukommenden Entschuldigungen durch eine mündliche Unterredung die nöthige Auskunft ertheilen zu lassen. [a])

Anmerk. Ist der Inculpat nicht mit Arrest belegt, so ist die Unterredung ganz willkührlich, befindet er sich im Verhaft, so ist die Gegenwart eines Actuarii, welcher über die Registratur ein Protocoll aufnimmt, erforderlich. Gener. v. 1783. §. 13. — Tittmann Handb. der Straf-Rechts-Wissens. Bd. IV. §. 778. (Bd. III. §. 810.)

III. Vervollständigung der Untersuchungs-Acten.

1) Durch Abhörung von Defensional-Zeugen [b]) und Confrontation mit dem wider den Angeschuldigten abgehörten Zeugen. Zu Abhörung der Defensional-Zeugen bedient man sich der Form der Artikel wie beym Beweise des Civil-Prozesses. [c])

2) Durch Herbeyschaffung aller zum Behuf der Vertheidigung nöthigen Acten, Urkunden, Instrumente und anderer Beweismittel der Unschuld. [d])

3) Durch Antrag auf Besichtigung und Würderung durch Kunstverständige, durch Einholung rechtlicher Gutachten in zweifelhaften Fällen 2c.

a) PGO. Art. 14. 73. — Angef. Generale v. 1783. §. 13. — G. Meister Abh. des peinlichen Proz. S. 253 fg. — Kleies peinl. Recht, §. 566. — Dessen Rechtssprüche, Th. I. n. 34. — Kleinschrod, über die Nothwendigkeit, den Defensor zu einer Unterredung mit dem Inquisiten anzuhalten. Im Archiv. Bd. II. St. 2. No. 9. — Ueber denselben Gegenstand von Biedermann, im Archiv. St. 3. No. 7.

b) Generale a. a. O. §. 12. — Hommel Rhaps. obs. 680. n. 4. — Wincop a. a. O. §. 24. — Claproth a. a. O. §. 591. fg.

c) Beyspiele von Defensional-Artikeln, s. in Kuppermanns Sammlung von Verth. Schriften, No. I. S. 19. — Gerstäcker a. a. O. Bd. I. p. 183.

d) Generale a. a. O. — de Cramer de favore defensionis §. 9. — Fr. Aug. Ide diss. de usu attestatorum in defens. inquis. Erfurt, 1717.

§. 13.
Von den Haupttugenden einer Schutzschrift.

Hieron. Fr. Schorch diss. de eo, quod justum, honestum et decorum est circa defensionem inquisiti. Erf. 1734.

Die Fehler, welche theils andere [a]) an den gewöhnlichen Defensionen gerügt, theils ich selbst bey deren Lesung bemerkt habe, bestehen besonders in der Seichtigkeit der Vertheidigungsgründe, verbunden mit Unordnung in Darstellung derselben; in actenwidriger Verdrehung der Wahrheit, schlechter Schreibart, und eckelhafter Weitschweifigkeit. Ich fodere daher zu einer guten

Schutzschrift die entgegengesetzten Eigenschaften der Gründlichkeit, Ordnung, Wahrheit, Wohlredenheit und Kürze.

a) Hommel Rhaps. obs. 582. 893. — Leyser meditt. ad. Pand. spec. 562. m. 12—14. 27. — de Boehmer ad Carpz. qu. 115. obs. 5. — C. G. Klügel pr. de inutilibus, quibus defensores criminales utuntur defensionum argumentis. Vit. 1767. — Abhandlung über einige vorzügliche Mängel der Defensions-Schriften in peinl. Sachen im Archiv des Criminal-Rechts. Bd. I. St. 3. S. 24. — Brissot de Warville sur la decadence du barreau français des inconvéniens de l'ordre des avocats in bibl. philos. Tom. VI. — Mittermayer Crim. Proz. Bd. I. S. 179.

§. 14.

1. Von der Gründlichkeit.

Unter der Gründlichkeit verstehe ich die Wahl und ausführliche Darstellung solcher Vertheidigungs-Gründe, welche zur Ablehnung eines gewissen Nachtheils die zweckmäßigsten und triftigsten sind. Der Vertheidiger muß jedoch sich hüten, daß er nicht, um gründlich zu seyn, weitschweifig werde. Das Merkmal, welches beyde Begriffe unterscheidet, liegt darin, daß da, wo etwas bey Zergliederung des Vertheidigungs-Grundes gesagt wird, was zu sagen überflüssig war, der Fehler der Weitschweifigkeit angeht. Gründlichkeit führt zur Klarheit, artet jedoch die Gründlichkeit in Weitschweifigkeit aus, so wird Dunkelheit nicht selten herbeygeführt, indem der Leser über der breiten Darstellung und Häufung der Sätze den Hauptgesichts-Punct verliert, und das, was der Defensor eigentlich will, kaum zu finden weiß. Bey der Wahl der Vertheidigungs-Gründe werden einen Vertheidiger hauptsächlich, theils die Theorie des peinlichen Rechts überhaupt, theils die in der Folge zu dem Ende einzuschaltenden Lehrsätze des peinlichen Prozesses insbesondere leiten müssen.

§. 15.

2. Von der Ordnung der Vertheidigungsschriften.

Mittermayer Vertheidigungskunst, §. 113. (122 der 2ten Ausgabe). — Gerstäcker Anweisung ꝛc. §. 32.

Die Ordnung, welche in Defensionen herrschen soll, bezieht sich sowohl auf die äussere Form, als den innern Bau derselben.

I. Die äussere Form anlangend, so muß man zwischen solennen und minder solennen Vertheidigungen unterscheiden (§. 10).

1) Die förmlichen Schutzschriften haben eine feyerliche äußere Form, welche darin besteht:

a) Daß die Schrift selbst eine Rubrik [a]) bekommt. In derselben muß

α) der vollständige Name und Stand des Delinquenten,

β) das ihm beygemessene Verbrechen,

γ) die nachtheilige Handlung, mit deren Abwendung oder Milderung sich die Schutzschrift beschäftigen soll,

nothwendig angedeutet werden.

b) Daß darinnen in der dritten Person geredet und

c) dieselbe mit einem Ueberreichungs- (Präsentations)- Schreiben [b]) begleitet wird, worinnen man

α) für Uebertragung der Vertheidigung,

β) für Vorlegung der Acten,

γ) für ertheilte Fristverlängerung und andere Gefälligkeiten dankt, und

δ) den Richter bittet, die Schutzschrift zu den Acten zu nehmen, die angesetzten Gebühren zu ermäßigen oder passirlich zu machen ꝛc.

2) Die minder förmlichen Schutzschriften werden in Form eines Schreibens an den Richter abgefaßt, worin vom Vertheidiger in der ersten Person geredet, die Titulatur des Richters statt der Rubrik gesetzt, und alles das gleich Anfangs, oder beym Schlusse mit hineingebracht wird, was bey solennen in das Präsentations-Schreiben kommt. Die solennen Defensionen pflegen bey wichtigen, die weniger solennen bey geringen Vergehungen und in den Fällen gefertigt zu werden, in welchen solenne den Verbrechern in den Gesetzen versagt sind. [c]) (§. 4.)

Zur leichten Uebersicht des Ganzen ist es nützlich, den bey Ausarbeitung einer Schutzschrift zu Grunde gelegten Plan in der Ausführung dergestalt sichtbar zu machen, daß man ihn entweder vorausschickt, und sich darauf in der Folge bezieht, oder in der Schrift selbst die Haupt- und Unterabtheilungen durch §§., Buchstaben, oder Ziffern ausdrückt, und deren Inhalt über den Absätzen, oder im Eingange jeden Abschnitts, oder auch am Rande kürzlich bemerkt. [d])

Die übrige äußere Form haben die Defensionen mit den Deductionsschriften überhaupt gemein. [e])

Anmerk. 1. Vor dem neuen Stempel-Mandate vom 11. Jan. 1819. (Gesetz-Sammlung vom J. 1819. S. 28. 35. 59.) war es gewöhnlich, kein Stempel-Papier zu Untersuchungs-Sachen zu nehmen, indem erst nach Ausgang der Sache, und wenn der Angeschuldigte bemittelt war, die Stempel-Impost nachgetragen wurde. Gerstäcker (a. a. O. in der Beyspielsammlung Bd. I. S. 101. in der Note) nimmt an, daß jetzt blos zu Schutzschriften, welche das Gericht für notorisch arme Inculpaten selbst aufträgt, Stempelpapier unnöthig sey. In diesem Falle ist es gebräuchlich, an die Stelle des Stempels die Buchstaben U. S. (Untersuchungs-Sachen) zu setzen.

Anmerk. 2. Die Frist, innerhalb welcher der Defensor die Schutzschrift einzureichen hat, beträgt in Sachsen nach dem Generale v. Verf. in U. S. vom 30. April 1783. §. 13. drey Wochen, welche nur im Nothfalle um 14 Tage (der Gerichtsgebrauch gestattet jedoch eine weitere Frist) verlängert werden soll. Versäumt sich der Defensor an dieser Frist, so wird er außer dem Verluste seiner Gebühren mit 10 Thlr., auch wohl nach Beschaffenheit der Verzögerung mit einer größern Geldsumme bestraft, und in die durch seine Saumseligkeit verursachten Unkosten, namentlich die längern Sitz- und Atzungs-Kosten verurtheilt. — S. Verordnung der Landes-Regierung vom 23. Jun. 1819. die Erläuterung des 13. §. des Generale v. 1783. betreffend. (Gesetz-Sammlung vom J. 1819. St. 13. N. 24. S. 187.) — Hilliger de termino fatali defensionum. Lips. 1718. — Winkler Handbuch ꝛc. §. 157. — Mittermayer Vertheidigungsk. §. 119. (128.) — Stübel Crim. Verf. Bd. IV. §. 2323 — 2327.

a) Pütters Anleitung zur juristischen Praxis, §. 116.

b) Beyspiele s. in Kuppermanns Sammlung ꝛc. S. 1. und bey Gerstäcker a. a. O. Bd. I. S. 101. ff.

c) Hommel Rhaps. obs. 101. No. 2.

d) Pütter a. a. O. §. 113. 115. Einen dergleichen Plan, oder Scelet zu einer Defension s. in von

Römer Anleitung zu den Probeschriften ꝛc. unter den Beylagen No. VI. und bey Gerstäcker a. a. O. Bd. I. S. 189. ff. Nur befleißige man sich bey der Ausarbeitung einer geschickten Verbindung der Materialien, damit nicht die Defension selbst mehr einem Extracte, als einer Schrift gleiche.

e) Pütter a. a. O. §. 95.

§. 16.

Fortsetzung.

Mittermayer Criminal-Prozeß, Bd. II. Tit. VII. §. 7. S. 234. ff. — Stübel Criminal-Verfahren, Bd. IV. §. 2272 bis 2275. — Gerstäcker a. a. O. §. 32.

II. Der innere Bau einer Schutzschrift beruht auf der systematischen Darstellung des dazu bestimmten Stoffes. Die zweckmäßigste Anordnung scheint im Allgemeinen folgende zu seyn: Voraus geht

1) Der Eingang (introductio). Soll dieser allenfalls gerechtfertigt werden können, so muß er nicht nur kurz, sondern auch schicklich und passend seyn, das heißt, die allgemeinen Betrachtungen müssen auf den vorliegenden Fall unmittelbar Bezug haben, und von gewissen Eigenheiten desselben abgezogen seyn. Da jedoch dergleichen Betrachtungen gemeiniglich eigene Vertheidigungs-Gründe zum Gegenstande haben; so sind sie mit besserm Erfolge bey der Abhandlung besonders auszuführen. a)

Hierauf folgt:

2) Die Geschichts-Erzählung b) (narratio facti) derjenigen Thatsachen, welche die dem

Inculpat zur Last fallenden Beschuldigungen ausmachen, und die Untersuchung veranlaßt haben. Diese Erzählung muß

a) Die allgemeinen Tugenden des erzählten Vortrags haben;

b) Den Acten conform seyn, und sich daher auf selbige beziehn;

c) Vorzüglich pragmatisch vorgetragen werden; das heißt, sie muß diejenigen Umstände, worinnen der Keim der Vertheidigung liegt, in vollem Lichte glänzen lassen, dagegen die, welche den Angeschuldigten graviren, zwar nicht verschweigen, oder verdrehen, aber doch soviel möglich, im dunkeln Hinter-Grunde und nur von der mildesten Seite blicken lassen. Der Erzähler muß daher auf die Lebens-Umstände, und characteristischen Züge des Verbrechers das Hauptlicht fallen lassen, darin die Triebfedern, und Veranlassungen zu Begehung des Verbrechens mehr, als im kalten Vorsatze gegründet sind. Er muß zu dem Ende die Geschicklichkeit besitzen, in seine Erzählung Umstände aus der genossenen Erziehung, Unterrichtung, Gesellschaft, und andern Verhältnissen seines Clienten in natürlicher Verbindung zu verweben, welche über seine Fähigkeit, oder Unfähigkeit zu den gerügten Thaten lehrreiche Aufschlüsse geben, und viel zur gelindern Beurtheilung derselben beytragen können. c) Hat ein Inculpat mehrere Verbrechen begangen, so werden die schwersten zuerst erzählt, weil sie auch in der Folge zuerst abgelehnt werden müssen und die geringern absorbiren.

Anmerk. Der Vertheidiger wird der Geschichts-Erzählung am zweckmäßigsten die Ordnung geben, daß er 1) mit der Veranlassung zur Untersuchung (Denunciation, öffentliches Gericht rc.) beginnt, 2) sodann auf die Person des Angeschuldigten übergeht, und den Richter mit dessen Lebens-Verhältnissen (Namen, Stand, Geburts-Ort, Alter, Religion, Erziehung, Character, Armuth, Krankheit rc.) bisweilen auch mit den Personen, mit welchen der Inculpat in Verbindung stand, bekannt macht, und hierauf 3) die verbrecherische That selbst mit möglichster Schonung vorträgt.

Mit der Geschichtserzählung verbindet man:

3) Eine kurze Erwähnung dessen, was bereits vom Richter in der Untersuchung gethan worden [d]) (historia processus), um den Leser auf den Punkt zu führen, welcher den Nachtheil enthält, mit dessen Ablehnung man sich beschäftigen will. An diese kurze Erzählung der Geschichte des Prozesses schließt sich

4) Der Vortrag [e]) (status controversiae, quaestio, propositio) an, oder die Bestimmung des Satzes, dessen Erörterung den wesentlichen Inhalt der Schutzschrift ausmachen soll. Jeder, der an eine Schutzschrift Hand anlegt, muß nämlich zuvörderst über den Endzweck einig seyn, den er dadurch erreichen will; denn dieser bestimmt den zu erörternden Satz, und die Gattung der auszuarbeitenden Schutzschrift. Von ihm hängen folglich die Grundsätze ab, nach denen der Vertheidiger seine Arbeit einzurichten hat, er muß Licht und Ordnung über die ganze Schrift verbreiten. Man sagt also, man wolle z. B. zeigen:

> Daß Inquisit den ihm beygemessenen Todschlag vorsätzlich nicht begangen habe, mithin die ordentliche Strafe cassiren müsse!

a) Mittermayer Vertheidigungskunst, §. 114. der ält. Ausg. — Als Beyspiel sehe man den Eingang zu der Defension, die S. 262. der angeführten Schrift von Mittermayer sich befindet, so auch die Vertheidigungen in der Sammlung von Kuppermann, z. B. die 9te und 11te.

b) Mittermayer a. a. O. §. 79—86. (84. 87—93).

c) Ein Meister in dieser Kunst war ohnstreitig Cicero in seinen Vertheidigungsreden, besonders in der für den Milo, Ligarius, König Dejotarus, worin die Geschichts-Erzählung der Beschuldigungen vorzüglich nachahmungswürdig ist, wie denn überhaupt unter den Schriften der Alten die Libri Rhetoricor. ad Herennium, die Bücher des Cicero de inventione, des Quintiliani institt. orat. Libr. V. c. 13. VI. c. 2. und dessen Declamationes vortreffliche Grundsätze über die Erfindung des Stoffes zu einer Vertheidigung und dessen geschickte Einkleidung und Verarbeitung enthalten. Nur darf man bey dessen Benutzung den Unterschied zwischen einer Rede und gerichtlichen Schrift, zwischen Ueberredung und Ueberzeugung von der Wahrheit nicht aus den Augen verlieren (§. 18.) S. Jo. Aug. Ernesti init. Rhetoric. p. 95. — Quintiliani Institt. Orat. Libr. IV. c. 2. — Püttmann de utilitate e lectione scriptorum M. Tullii Cic. praecipueque orationum Tullianarum in disciplina juris criminalis capienda, in dessen Miscell. Lips. 1793. No. 19. — P. Guil. Schindler (praes. Hübnero) spec. observatt. jurid. ad A. Persii Flacci satyras, Lips. 1797. 8. c. IV.

d) Mittermayer a. a. O. §. 87. (94).

e) Derselbe a. a. O. §. 88—92. (95—99).

§. 17.

Fortsetzung.

Hierauf folgt:

5) Die Abhandlung (status causae) oder der Beweis des ausgeworfenen Satzes. [a]) Ein Vertheidiger hat in den meisten Fällen den verneinenden Satz zu behaupten:

„Daß die zur Zufügung des abzuwendenden Nachtheils nöthigen gesetzlichen Erfordernisse im vorliegenden Falle nicht vorhanden.“

Da nun verneinende Sätze nicht besser zu erweisen sind, als durch Widerlegung der für das Daseyn gewisser positiver Bestimmungen geführten Beweise, und Beybringung besonderer, die Abwesenheit dieser Bestimmungen außer Zweifel setzen, der Gegenbeweis-Gründe: so dünkt mir auch die zweckmäßigste Ordnung in Darstellung der Beweisgründe solcher Sätze diese zu seyn, daß man

A. Die zur Zufügung des abzulehnenden Nachtheils nöthigen gesetzlichen Erfordernisse unter Beziehung auf die peinlichen Rechte kurz erwähnt.

B. Bey jedem Erfordernisse dessen Mangel im gegenwärtigen Falle erhärtet. Hierbey kann man

a) Die Beschuldigungen, welche Inculpaten zur Last gelegt werden, und die zur Begründung jener Erfordernisse, und des zuzufügenden Nachtheils dienen sollen, unter gewissen Nummern insgesammt aufführen, (s. im Anhang II. die Schutzschrift unter A.)

b) Jeder Beschuldigung die Widerlegung in der Maase nachordnen, daß man entweder α) Die Beschuldigung an sich für unerheblich erklärt, und zeigt, daß sie, wenn sie auch sollte erwiesen werden können, dennoch zur Zufügung des zu befürchtenden Nachtheils schon ihrer Natur nach unzulänglich sey; indem sie z. B. keinen wahren Verdacht, kein wirkliches Verbrechen enthalte, oder

β) Den für ihre Statthaftigkeit geführten Beweiß entkräftet, und zwar weil selbiger

aa) seiner ganzen Beschaffenheit nach in der Form oder Materie nicht so rechtsbeständig sey, wie er es seyn müsse, wenn der bevorstehende Nachtheil darauf solle gegründet werden können,

bb) falls er auch an sich in der Maase statthaft seyn sollte, dennoch durch die vorhandenen stärkern Beweise des Gegentheils ganz, oder zum Theil geschwächt werde; wobey diese Beweise durch die gehörigen Gründe unterstützt, und gegen alle Einwendungen gerechtfertigt werden müssen,

oder endlich

γ) wenn der Beweis nicht sollte angefochten und die Beschuldigungen nicht ganz geläugnet werden können, die zur Milderung des Nachtheils, und Entschuldigung des Vergehens dienenden Gründe an- und ausführt.

c) Nach kurzer Wiederholung aller dieser Gründe wird daraus die unmittelbare Folgerung (peroratio) gezogen, daß, da die bey Zufügung des abzulehnenden Nachtheils als gegründet vorauszusetzenden Beschuldigungen und Erfordernisse in Ermangelung eines statthaften Beweises derselben, und bey vorhandenen Beweisen des Gegentheils, entweder gar nicht, oder doch nicht in der nöthigen Maase stattfinden, oder Milderungsursachen einträten, auch dieser Nachtheil ganz oder zum Theil nicht Platz ergreifen könne. Diese Abhandlung wird endlich

C. mit einer den ausgeführten Wahrheiten angemessenen Schlußbitte (petitum) beschlossen. b)

Haben mehrere ein Verbrechen begangen: so werden sie in der Ordnung vertheidigt, in der sie mehr oder weniger daran Theil genommen. c)

Zweckmäßigere Modificationen dieser Ordnung muß in einzelnen Fällen die gesunde Urtheilskraft lehren. (Die Defension für die Strohmin unter D, im Arch. II. giebt davon ein treffendes Beyspiel, wie der Vertheidiger in einzelnen Fällen genöthigt ist, von der gewöhnlichen Form abzuweichen und einen eignen Weg einzuschlagen.) — Die Methode, eine Defension als bloße Geschichtserzählung zu behandeln, wobey die Vertheidigungs-Gründe gleich eingeschaltet werden, welche Leyser sp. 562. m. 27. so sehr empfiehlt, scheint mir nicht allgemein, sondern nur dann anwendbar, wenn die Beschuldigungen aus einer genau zusammen hängenden Kette von Thathandlungen gefolgert werden, deren Widerlegung in die Erzählung dieser Handlungen eingewebt werden könnten, welches z. B. in der Schutzschrift im Arch. II. unter F. angegangen wäre. Es ist aber auch diesfalls eine besondre Abhandlung der Vertheidigungs-Gründe ohne Zweifel angemessener.

Anmerk. Die anderweite Vertheidigung unterscheidet sich von der ersten in Hinsicht ihrer innern Anordnung. Der Vertheidiger beginnt mit Aufstellung des in der Sache ergangenen Urthels, oder wenigstens des Haupt-Inhaltes desselben; erzählt hierauf diejenigen Prozeßhandlungen, welche vielleicht, nachdem das erste Urthel bereits gesprochen war, zur nähern Erörterung der Unschuld des Inculpaten vorgenommen worden sind, hebt sodann mit Beziehung auf die Entscheidungsgründe, diejenigen Puncte, wodurch Inculpat beschwert wurde, hervor; stellt sie unter Nummern, sucht hierauf diese Puncte zu widerlegen, und beschließt die Schrift mit der Bitte um Abänderung des Urthels. Vergl. Mittermayer Vertheidigungskunst, §. 120. (129.) Beyspiele s. in Kuppermanns Sammlung von Vertheidigungsschriften, No. I. S. 28. — Gerstäcker a. a. O. Bd. I. S. 159. ff. — Ein Beyspiel einer dritten Schutzschrift s. bey Gerstäcker ebendas. S. 202. ff.

a) Mittermayer Vertheidigungskunst, §. 93 — 109. (100 — 117.)

b) Pütter a. a. O. §. 105 — 111. — Meister a. a. O. S. 270.

c) Kochs Anleitung ꝛc S. 104. — Mittermayer a. a. O. §. 118. (§. 127.)

§. 18.

3. Von der Wahrheit.

Letrosne discours sur l'Etat actuel de la magistrature et sur les causes de la décadence in biblioth. phil. T. IV. p. 121. — Rebmann über die Mißbräuche öffentlicher Vertheidiger im Magazin für deutsche gerichtliche Polizey-Beamten. Bd. I. St. 2. S. 218. — Kleinschrod Neues Arch. des Crim. Rechts. Bd. I. St. 3. No. 2. Bd. VI. St. 1. S. 136. ꝛc. — v. Almendingen über das Schutzverfahren, §. 9. Not. *) — Tittmann Handbuch der Straf-Rechts-Wissens. Bd. IV. §. 778. (Bd. III.

§. 810.) — Stübel Crim. Verfahren, Bd. IV. §. 2274 u. 2328. — Mittermayer Crim. Proz. Bd. II. Tit. VII. §. 4. S. 221. — Dessen Vertheidigungskunst, §. 14. — Gerstäcker a. a. O. §. 7.

So groß auch die Rechtsgunst der Vertheidigung seyn mag: so ist es doch allen Rechten zuwider, und eines redlichen Mannes ganz unwürdig, wenn die Sachwalter in dergleichen Schriften actenkundige und notorische Thatsachen geradezu läugnen oder verdrehen, offenbare Bösewichter zu heiligen, vorsätzlich Trugschlüsse in den Beweisen anzubringen, den Verbrecher durch angedichtete Leibes- und Gemüths-Krankheiten [a]), und andere unerlaubte Künste der verdienten Strafe zu entziehen, und die Richter zu täuschen suchen. Grundlose Beschuldigungen zu widerlegen, und gegründete zu entschuldigen, — dieß ist der gesetzmäßige Beruf des Vertheidigers. Der wärmste Vertreter der Unschuld darf nie die Pflichten des Patrioten vergessen. [b]) Schon die peinliche Gerichts-Ordnung, Art. 88. bestimmt:

„Die fürsprecher solln bei jren eyden die gerechtigkeyt vnd warheyt auch die ordnung diser unser satzung fürdern, vnd durch keynerley geverlicheyt mit wissen und willen verhindern oder verkeren".

Im Königr. Sachsen drohet das Mandat wegen des vorsätzlichen Feuer-Anlegens v. 16. Nov. 1741. §. 10. (C. A. C. I. p. 327.) so wie das Mand. wegen Abtreibung, Umbringung und Wegsetzung der Leibesfrüchte, vom 14. Oct. 1744. §. 3. (ebendas. p. 340.) denen Sachwaltern, welche dergleichen grobe Unwahrheiten in den Defensionen vertheidigen, Suspension und Remotion von der Praxis, und andern Strafen.

a) Ernst. Platner pr. de inanibus amentiae probandae argumentis, ad defensores. Lips. 1798.

b) Selbst Cicero könnte diese Vorwürfe wegen seiner Vertheidigungsreden verdienen, wenn nicht die Kenner des Alterthums wüßten, daß zu seinen Zeiten der Mißbrauch der Beredtsamkeit nie ernstlich gemißbilliget, weniger geahndet wurde. Chr. Garve philos. Abhandlungen zu den Büchern des Cicero, von den Pflichten, Th. 2. S. 154. 55. — Schindler c. l. p. 43.

§. 19.

4. Von der Wohlredenheit.

Mittermayer Vertheidigungskunst, §. 73 — 75. (76 — 78.) — Gerstäcker a. a. O. §. 34 und 35.

Statt aller Regeln hierüber rufe ich meinen Lesern mit dem Quintilian zu: Pectus est, quod disertos facit! — Wer mit Wärme, und wahrer Theilnehmung an dem Schicksale des Clienten eine Schutzschrift schreibt, dem wird ein guter, lebendiger Vortrag weit leichter werden, als es mir ist, Grundsätze [a]) hierüber mitzutheilen. Unter der Wärme im Vortrage darf man jedoch nicht jene antike Beredtsamkeit verstehn, die wohl auf den Rednerbühnen der Alten vor versammelten Quiriten, und jetzt noch in den Gerichtshöfen, wo ein öffentliches Verfahren stattfindet, angewendet werden kann, um das Gefühl der Richter zu beleben, und zu bestechen. In denen Gerichten dagegen, wo bey verschlossenen Thüren über Schuld und Unschuld gesprochen wird, und außer dem Referenten in der Regel Niemand die Defension zu lesen bekommt; würde da nicht der

Redner seine Kräfte nutzlos verschwenden, und mit einem planen, jedoch lebendigen Vortrage vielleicht seinen Zweck wegen der Individualität des Referenten vollkommner erreichen, als durch eine Demosthenische Rede?

a) Wer sie dennoch verlangt, findet einige beym Justi in der Anleitung zu einer guten deutschen Schreibart, S. 510. fg. — Pütter a. a. O. §. 21 — 33. 112. so wie in andern, über die juristische Schreibart erschienen Schriften, z. B. Böschens Abh. über die juristische Schreibart. Halle, 1777. 4. — Aug. Ludw. Schott Vorbereit. zur juristisch. Praxis, besonders in Rücksicht auf die Schreibart. Erlangen, 1784. 8. — Ueber juristischen Styl und Sprachfehler. Quedlinb. 1785. — Ueber allgemeine Grundsätze bey Abfassung juristischer Schriften in Hagemanns und Günthers Archiv, Th. I. No. 1. — Die Lesung der merkwürdigen Rechtshändel in den Sammlungen des Gagott Pitaval (causes celèbres), seines Fortsetzers des de la Ville und Richer, so wie des von Schiller (Jen. 1792 — 95. in 4 Bänden) herausgegebenen deutschen Auszugs jener Rechtsfälle, kann ein gutes Hülfsmittel zu Erwerbung dieser vorzüglichen Tugend einer Vertheidigungsschrift abgeben. Besonders aber enthält die Sammlung merkwürdiger Rechtshändel des l'Oiseau de Mauleon, welche im Jahre 1772 zu Zürich ins Deutsche übersetzt worden, fünf treffliche Schutzschriften, worunter sich die fünfte, welche das Verfahren in dem Calasischen Prozesse untersucht, durch Wohlredenheit vorzüglich auszeichnet, und mit der, im vierten Theile des de la Ville enthaltenen Geschichte jenes Prozesses verbunden werden muß. —

§. 20.

4. Von der Kürze.

Gerstäcker a. a. O. §. 34. (Bd. I. S. 90.)

Hat ein Vertheidiger nicht Kenntnisse und Fähigkeiten genug, den zweckmäßigen Stoff zu seiner Schrift zu erfinden, hat er nicht Gewandtheit genug, sie dem Leser durch einen lebendigen und fließenden Vortrag angenehm zu machen: so erleichtere er ihm wenigstens die Beschwerde des Lesens durch eine erwünschte Kürze. Er vermeide demnach unnütze Wiederholungen — die nothwendige, und daher sehr gewöhnliche Folge eines unordentlichen Vortrags — überflüssige Allegate aus Gesetzen und Schriftstellern, abgeschmackte Ausfälle in die Gebiete der Philosophie und Theologie, Sentenzen und Gemeinplätze, unächte Milderungs-Gründe, und andere Weitschweifigkeiten. — Eine kraftvolle Kürze in Darstellung der sachdienlichsten, aus der Natur, und den Umständen des vorliegenden Verbrechens unmittelbar hergeleiteten Vertheidigungs-Gründe wird für seinen Clienten mehr fruchten, als die längste, und gelehrteste Defension ohne diese Gründe, je fruchten kann.

Zweytes Capitel.

Anleitung für Vertheidiger zu gänzlicher Elidirung oder Schwächung eines wider ihre Clienten geführten Criminal-Beweises.

§. 21.

Einleitung.

Da ich in der Folge oft bemerken werde, daß der Defensor die für die Gewißheit des begangenen

Verbrechens und dessen Thäters, von Seiten des Gerichts geführten Beweise, so viel als möglich, entkräften müsse: so wird es nicht überflüssig seyn, hier die allgemeinen Grundsätze ein für allemal mitzutheilen, nach denen ein Vertheidiger hierbey verfahren muß, um in der Folge hierauf allenthalben zurückweisen zu können. — Es kann aber ein Defensor diesen Beweiß, theils in Rücksicht der Form, theils in Hinsicht auf die Materie anfechten.

Jede peinliche Untersuchung beschäftigt sich nämlich mit dem Beweise des Verbrechens und dessen Urhebers. Hierbey aber kommt alles theils auf die Kraft der, zu dem Ende gebrauchten Beweismittel (auf das Materielle) theils darauf an, ob der untersuchende Richter beym Gebrauche dieser Mittel gesetzmäßig verfahren habe (auf das Formelle des Beweises). — Die Gesetzwidrigkeit dieses Verfahrens aber kann entweder in dem Mangel der gesetzlichen Eigenschaften des die Untersuchung führenden Gerichts liegen, oder in Fehlern bey einzelnen Untersuchungs-Handlungen anzutreffen seyn. Von diesen wird bey den einzelnen Gattungen der Defensionen das Nöthige beygebracht werden, von den Mängeln in den Eigenschaften des Gerichts aber, und der Schwächung des Beweises in Rücksicht der Materie gegenwärtig zum Behuf der Vertheidigung kurz zu handeln seyn.

§. 22.

1. Was kann ein Vertheidiger wider die Eigenschaften des untersuchenden Gerichts einwenden, und wie kann er dadurch die Form des Beweises anfechten?

Mittermayer Vertheidigungskunst, §. 24. — Gerstäcker a. a. O. §. 12.

Diesen Stoff zur Vertheidigung wird er aus folgenden Fächern nehmen, und behaupten können:

a) Der Richter sey zu Führung dieser Untersuchung gar nicht befugt gewesen, weil er entweder gar keine peinliche Gerichtsbarkeit, oder doch keine über vorliegenden Fall, und Verbrecher gehabt, sondern dieser Fall theils nach der Landes-Verfassung selbst, theils wegen vorhandener Prävention, oder Litis-Pendenz vor einen andern Richter gehöre. [a])

b) Er sey verdächtig, weil er

α) gar nicht, oder nicht gehörig, z. B. nicht in Beyseyn der Unterthanen in eidliche Pflicht genommen worden [b]),

β) sonst ein gegründeter Verdacht einer Gefährde und Partheylichkeit obwalte. [c])

c) Er besitze keine von denen zu Verwaltung des peinlichen Richter-Amtes nöthigen Eigenschaften und Geschicklichkeiten. [d])

Anmerk. Man kann in den sub b. und c. genannten Fällen von der höhern Behörde verlangen, daß die Untersuchung commissionsweise auf einen andern Richter übertragen werde. Stübel Criminal-Verfahren, Bd. IV. §. 2257.

d) Das ganze Gericht sey nicht legal bestellt gewesen, weil entweder die gesetzliche Anzahl der Beysitzer, oder deren gesetzmäßige Eigenschaften ermangelt, indem sie z. B. nicht vereydet, der Actuarius nicht Notar gewesen. [e]) (S. die Schutzschrift im Arch. II. unter E. §. 5.)

Anmerk. Was in Sachsen besonders die Besetzung der Gerichts-Bank bey Untersuchungen gegen Militärpersonen anlangt, so ist 1) in der General-Ordnung vom 3. Dec. 1770. die Anzahl der hierzu erforderlichen Personen ebenfalls auf vier, den Auditeur und drey Beysitzer festgesetzt, 2) wegen Vereydung dieser Beysitzer aber in den Rescripten v. 26. Juny 1784. und vom 18. May 1785. die Besetzung der Gerichtsbank in den gegen Militärpersonen anhängigen Untersuchungen btr. (C. A. C. noviss. I. p. 1259 u. 1275), die höchste Entschließung dahin gefaßt und bekannt gemacht worden, daß hinführo in denen bey Militär-Gerichten vorkommenden Untersuchungssachen die zu einem Verhör oder anderer gerichtlichen Handlung jedesmal commandirten Militär-Personen vor der Expedition nicht besonders vereidet, sondern nur auf die nach den Kriegsartikeln ihnen obliegenden Pflichten zuvörderst verwiesen, besonders aber zur Aufmerksamkeit auf alle, bey der vorhabenden Handlung einschlagende Umstände, ingleichen zur Verschwiegenheit und Unpartheylichkeit erinnert, und, wie solches geschehen, in dem darüber zu führenden Protocolle angemerkt werden soll. — Dies alles gilt jedoch nur von dem eigentlichen sogenannten Militärgericht, nicht vom Kriegs- und Standrecht, welche ihre eigne Form haben. S. de Winkler jur. crim. coroll. 17. 18. in Opusc. Vol. I. p. 109. — D. G. L. Winkler Handb. des sächs. peinl. Prozesses (Leipz. 1802. 8.) §. 65. fg.

e) Durch einen dieser Mängel des Gerichts seyen im Verfahren solche unabänderliche Fehler und Illegalitäten verschuldet worden, daß entweder eine gänzliche Cassation desselben, oder doch eine gelindere Behandlung des Angeschuldigten nothwendig sey. f)

Diese Anfechtungen des Gerichts müssen übrigens durch zulängliche Gründe unterstützt, und zwar mit Freymüthigkeit oder auch mit der gebührenden Bescheidenheit und Mäßigung vorgetragen werden.

a) PGO. Art. 1. 2. — Quistorp a. a. O. Th. II. §. 555. fg. §. 569. fg. — Püttmann cl. jur. crim. Libr. II. c. 4. 5. — Joh. Christ. Manns rechtliche Anmerkung von dem Gerichtsstande eines Verbrechers. Halle, 1776. 4. — de Winkler de foro delinquentium. coroll. jur. crim. 1. in Opusc. T. I. p. 1. fg. — Stübel diss. de foro delicti in confinio civitatum commissi. Viteb. 1793. — D. G. A. Bielitz über den Gerichtsstand in Chursachsen, Leipzig, 1801. 8. §. 21. ff. — Winkler Handbuch des peinl. Proz. §. 46. ff. — C. Chr. Wetzel de foro in criminal. competente. Marburg, 1806. — Kleinschrod vollst. Einleitung in die Lehre von der peinl. Gerichtsb. und dem peinl. Gerichtsstande. Frankfurt, 1812. — Feuerbach peinl. Recht, §. 510 bis 517. — Mittermayer Crim. Prozeß, Bd. I. S. 330. ff. — Stübel Crim. Verfahren, Bd. I. §. 196 bis 374. — Verordnung der Landes-Regierung, den Gerichtsstand in Criminal-Sachen betr. vom 7. Febr. 1820. (G. S. v. J. 1820. St. 3. N. 5. S. 9 bis 12.); auch in der Oberlausitz gültig nach der Verordnung der L. R. vom 14. März 1822. In diesem Gesetze sind für Sachsen die frühern gesetzlichen Bestimmungen durchgreifend abgeändert worden, indem daselbst §. 1. verordnet wurde, daß dasjenige Gericht, in dessen Gerichtsbezirke das Verbrechen (die That, welche das Wesen desselben ausmacht) verübt worden, die Untersuchung zu führen allein befugt und verpflichtet sey. Die Ausnahmen rücksichtlich der Persönlichkeit des Angeschuldigten (z. B. Schriftsassen) und der Beschaffenheit der Sache (z. B. fleischliche Verbrechen, Rügen- und Injurien-Sachen) sehe man §. 7. des Gesetzes. — Einen Commentar zu diesem Gesetze hat geliefert J. F. Brückner, Leipzig, 1825. 8.

b) PGO. Art. 3. — Wernher obs. for. P. IV. obs. 203. — Quistorp a. a. O. Th. II. §. 539. —

Erl. Proz. Ordnung ad tit. II. §. 3. — Daß aber ein Criminal-Richter auf die PGO. namentlich verpflichtet werde, ist nicht nothwendig. cf. Quistorp a. a. O. — Koch jur. crim. §. 693. — Püttmann el. jur. crim. §. 703. — Man sehe nach Rescript, die Verpflichtung der Justizbeamten, Amts-Actuarien und Amts-Gerichts-Personen betr. v. 27. Sept. 1798. (C. A. C. noviss. I. 526.) — Wegen der Verpflichtung der Dorfrichter und Schöppen bey Patrimonial-Gerichten s. das Formular in Pfotenhauers Handbuch der Criminal-Gesetze. Leipzig, 1811. S. 199.

c) Leyser Spec. 67. — Quistorp a. a. O. §. 540. — Hartung de advocatis causarum. c. 3. §. 12. Seuffert von dem Rechte des peinlich Angeklagten, seinen Richter auszuschließen. Nürnberg, 1787.

d) PGO. Art. 1. und de Boehmer §. 8. — Jac. Reinhardt Comment. de judicis crim. quatuor virtutibus ad art. 1. C. C. C. Erford. 1734. — G. Meister a. a. O. S. 64. — Püttmanni el. jur. crim. §. 701. fg. und Dessen Advers. Libr. I. p. 73. fg. — Franz Joseph Höfler von den Eigenschaften eines Criminal-Richters. Prag, 1772. 8. — Seuffert a. a. O. — Mittermayer Crim. Prozeß, I. S. 291.

e) PGO. Art. 1. 3. 4. 12. 13. 47. 56. 84. 181. — Decisio Elect. 38. — Generale vom Verf. in Unters. Sachen v. J. 1783. §. 1. wonach ein Defensor die Gerichtsbank jedesmal sorgfältig zu prüfen hat. — Winkler a. a. O. §. 66. — Stübel Crim. Verf. Bd. I. §. 459. ff. und besonders die daselbst ad §. 462. allegirten sächsischen Gesetze.

f) Quistorp a. a. O. Th. II. §. 541. — Meisters Erkenntnisse in peinlichen Fällen, Th. I. n. 32. — Gröning de eo, quod justum est circa nullitatem judic. crim. Götting. 1795. — Mittermayer diss. de nullitat. in caus. criminal. Heidelb. 1809. — Dessen Crim. Prozeß, Bd. I. S. 197 — 222. — Stübel a. a. O. Bd. I. §. 480. ff. — Feuerbach Lehrbuch des peinl. Rechts, §. 523. — v. Almendingen Metaphysik des bürgerlichen Proz. Gießen, Bd. I. No. X. — Martins Lehrbuch des Criminal-Prozesses, §. 11 und 58. Not. 14.

§. 23.

2. Was hat ein Vertheidiger zu thun, um die Kraft der Beweismittel seblst zu vernichten oder zu schwächen?

A. Rücksichtlich des Beweises durch Augenschein.

Mittermayer Vertheidigungskunst, §. 33. 34 u. 35. — Gerstäcker Anweisung zu Vertheid. §. 15. Ueber den Beweiß durch Augenschein vergl. Stryk de jure sensuum. diss. 1. c. 3. — Kleinschrod über den Beweiß durch Augenschein und Kunstverständige im Archiv des peinl. Rechts, Bd. V. St. 3. Bd. VI. St. 1. — Mittermayer Theorie des Beweises, Th. I. Absch. II. — Dessen Criminal-Prozeß, Bd. I. Abschn. II. Tit. 8. S. 564. ff Bd. II. S. 283. ff. — Stübel Crim. Verfahren, Bd. II. §. 701. ff. Bd. IV. §. 2478. ff. — Tittmann Handb. der Strafr. W. Bd. III. §. 749. ff. (der neuern Ausg.)

a) Hat das Gericht allein, absichtlich oder zufällig, die That oder die hinterlassenen Spuren derselben in Augenschein genommen, so dient als Vertheidigungs-Grund:

aa) Wenn dies nicht unter den gesetzlich vorgeschriebenen Förmlichkeiten geschah; [a]) der

Richter vielleicht nur allein die Thäter bey der That (z. B. beym verbotenen Spiele) überraschte, die Spuren des verübten Todschlags nur allein wahrnahm und dieselben nach herbeygeholten übrigen Gerichtspersonen durch fremde Hand schon verwischt waren u. s. w.

bb) Wenn die Besichtigung zu spät erfolgte, wo der Leichnam z. B. schon in Verwesung übergegangen war.

cc) Wenn der Vertheidiger zeigen kann, daß die vorhandenen Spuren nur scheinbare, und um das Gericht irre zu leiten, absichtlich erst durch boshafte Hand hingemacht seyen.

dd) Wenn das Gericht in Fällen, wo Sachverständige nöthig waren, die Hinzuziehung derselben unterlassen, oder ein Urtheil ohne Befragung derselben z. B. ohne Einhohlung eines Gutachtens der medizinischen Facultät sich angemaßt hat. b)

b) War daher der blos richterliche Augenschein nicht hinreichend, und es wurden Kunstverständige zu Rathe gezogen, so gereichen folgende Mängel dem Angeschuldigten zum Vortheile:

aa) Wenn die Hinzuziehung nicht in der gesetzlichen Form geschehen ist, z. B. bey Sectionen ein Arzt ohne Wundarzt, oder umgekehrt, wenn die gehörige Zahl der Sachverständigen nicht vorhanden war, wenn die Vereidung derselben nicht stattgefunden. c) (S. übrigens unten §. 54.)

bb) Wenn die Sachverständigen die erforderlichen Kenntnisse nicht besitzen, z. B. nur ein Bader und kein Chirurgus, ein Arzt statt eines Apothekers, bey Würderungen ein Zimmermeister und kein Maurermeister zugegen gewesen.

cc) Wenn die Besichtigung selbst mangelhaft, und nur oberflächlich geschah, z. B. bey Tödtungen nicht die drey Haupthöhlen geöffnet wurden. [d])

dd) Wenn die angewendeten Mittel keine sichere und untrügliche Probe geben, z. B. die Lungenprobe.

ee) Wenn kein Protocoll [e]) über die Resultate der Besichtigung an Ort und Stelle aufgenommen worden.

ff) Das darauf von den Kunstverständigen gegebene Gutachten [f]) mit dem Protocolle, oder mit dem des andern Kunstverständigen, oder in sich selbst in Widerspruch steht, wenn es nicht auf wissenschaftlichen Gründen beruht, dasselbe falsch und leicht zu widerlegen ist ꝛc.

a) S. den vorigen §. und Stübel Crim. Verfahren, Bd. II. §. 706. — Derselbe über den Thatbestand, §. 313.

b) Rescript, die von den Dicasterien vor dem Verspruche der Criminal-Sachen, mit den medicinischen Facultäten zu pflegenden Communicationen betr. v. 8. Apr. 1797. (C. A. C. noviss. I. p. 521.)

c) Winkler Handbuch des peinl. Rechts in Sachsen, §. 116 u. 117.

d) Generale, die Section der drey Haupthöhlen eines Getödteten betr. vom 6. Sept. 1806.

e) Winkler a. a. O. §. 119.

f) Generale, die Anweisung der Physicorum über die von ihnen auszustellenden visa reperta betr. v. 8. April 1797. (C. A. C. noviss. I. 519.) — Tittmanns Handbuch der Straf-Rechts-Wissens. Th. IV. §. 734. S. 404. (Th. III. §. 754. S. 302. ff.) —

g) Ill. Bieneri Prol. de fide judiciali circa corporis delicti certitudinem in dissensionibus protocolli judicialis et visi reperti secantiumque inter se, nec non visi reperti aut unius alteriusve secantis et Facultatis medicae recte aestimanda. Lips. 1800.

§. 24.

B. Anlangend den Beweis durch Geständniß.

Mittermayer Vertheidigungskunst, §. 36 u. 37. — Gerstäcker a. a. O. §. 18.

Ueber die Erfordernisse eines vollgültigen Geständnisses vergl. nach: PGO. Art. 47. 48. 53 bis 56. — Willenberg de inefficaci criminis confessione. Gedan. 1721. — Heineccii diss. de religione judicantium circa reorum confessionem. Francof. 1730. — Cras disp. de confessione rei et revocatione confessionis. Amstelod. 1794. — v. Soden, Geist der peinl. Gesetzgeb. S. 161. ff. — Kleinschrod über Geständniß im Archiv, Bd. IV. St. 4. N. 3. — Mittermayer Theorie des Beweises, Bd. I. Abschn. III. (nach der neuern Ausg. Abschn. IV.) — Desselben Crim. Prozeß, Bd. II. S. 293. ff. — C. A. Tittmann über Geständniß und Widerruf in Strafsachen. Halle, 1810. — Dessen Handbuch, Th. III. §. 830. ff. der zweyten Ausg. — Stübel Crim. Verfahren, Bd. II. §. 711. ff. —

Derselbe über den Thatbestand, §. 199. ff. §. 314 ff. — Vorzüglich s. man die Vertheidigungsschrift für Fischern im Anh. II. unter C.

Wenn der Beschuldigte einen Umstand, aus dem er Nachtheil zu erwarten hat, für wahr erklärt, so sagt man von ihm, er gesteht; und weil man annehmen kann, daß Niemand etwas für wahr ausgeben wird, wodurch er sich in Schaden bringt, ohne daß es sich wirklich so verhält: schenkt man einem solchen Geständnisse Glauben, und der Richter gründet darauf seine Entscheidung. Um daher den Nachtheil, welcher aus einem Geständnisse erwachsen möchte, abzuwenden, muß der Vertheidiger darthun:

a) Der Beschuldigte habe für wahr gehalten, was nicht wahr sey. Hierher gehören:

aa) Alle mögliche Sinnestäuschungen, sie mögen nun in der Person des Angeschuldigten (subjectiv), als Beobachtenden, z. B. wegen ungesunder Sinne, oder in der beobachteten Sache (objectiv), wie z. B. der Beschuldigte einen getödtet zu haben glaubt, der schon todt war, ihren Grund haben. [a])

bb) Alle Mängel im Gebrauche der Verstandes-Kräfte, z. B. Blödsinn, Kindheit, Krankheitszustand, besonders, Seelen- und Gemüths-Krankheiten.

b) Der Beschuldigte habe von seiner Aussage keinen Schaden, vielmehr einen Vortheil erwartet, daher demselben nicht zu glauben sey [b]), z. B. Befreiung von langwierigem, lebenslänglichem Gefängniß [c]), den Tod aus Lebensüberdruß. [d])

c) Die Abnahme des Geständnisses sey nicht in der gehörigen Form erfolgt; es sey nämlich der Richter nicht competent, die Gerichtsbank nicht besetzt gewesen, vielleicht gar nur außergerichtlich [e]), und vor der Polizeybehörde gestanden worden; das Geständniß sey erzwungen [f]), oder durch captiöse Fragen [g]), Suggestionen [h]), Furcht, Schrecken [i]) bewirkt worden; man habe dem Gestehenden vorher Hoffnung auf Straflosigkeit unter der Bedingung des Geständnisses gemacht [k]) ꝛc.

d) Die Fassung der Worte, welche das Geständniß enthalten sollen, sey viel zu allgemein, unbestimmt, dunkel, nach dem individuellen Sprachgebrauche des Beschuldigten anders zu deuten.

e) Der Inhalt des Geständnisses sey unmöglich, unwahrscheinlich, mit andern Umständen und Beweismitteln in Widerspruch stehend [l]), nur Nebenpuncte betreffend.

f) Es sey wohl gestanden worden, aber mit einem Zusatze, der das Geständniß unschädlich macht, (qualificirtes Geständniß) z. B. Tödung aus Nothwehr. [m])

g) Das Geständniß sey mit Grund widerrufen worden. [n])

a) S. §. 25. a. — Globig Theorie der Wahrscheinlichkeit ꝛc. Th. I. Abschn. 7. Th. II. Abschn. 6. — Grolmann Grundsätze der Crim. Rechts-Wissens. §. 442. — Tittmann über Geständniß und Widerruf, §. 2. ff.

b) Stübel Crim. Verf. §. 712 und 734. Bd. II.

c) Als Beyspiel sehe man die treffliche Abhandlung des

D. Pfotenhauer, von der Wirkung eines von einem Angeschuldigten während seiner Aufbewahrung im Zuchthause gethanen Geständnisses, daß er der Urheber des vorher von ihm abgeläugneten Capitalverbrechens sey, in Zachariä Annalen. Leipzig, 1806. Bd. I. N. III. S. 57. ff.

d) Besecke de homicidio ex vitae caedio commisso non mortis poena sed perpetuis carceribus puniendo. Halle, 1772. in Plitt, Annal. jur. crim. No. 4. — Hoffbauer, die Psychologie in ihren Hauptanwendungen auf die Rechtspflege. Halle, 1808. §. 19 und 22.

e) Martin Crim. Prozeß, §. 74. — Tittmann Handbuch der Straf-Rechts-Wiss. Bd. IV. §. 800. (Bd. III. §. 832.) —

f) Arnims Bruchstücke über Verbrechen und Strafen, Th. I. S. 32.

g) Grolmanns Grundsätze ꝛc. §. 469. — Kleinschrod im Archiv des Crim. Rechts, Bd. I. St. 1. N. 1. S. 15. — Martins Crim. Prozeß, §. 73.

h) S. §. 25. Not. i). — Strecker de inductione judicis ad confitendum inculpatum delictum. Erf. 1733. — Hommel obs. 544.

i) PGO. Art. 47.

k) Decisio El. XCI. v. J. 1661. — Hommel Rhaps. obs. 386. — Bastineller pr. num reo, ut sua sponte delictum fateatur impunitas promitti potest, Vit. 1726. —

l) L. 23. §. 11. l. 24. D. ad leg. Aquil. — PGO. art. 6. 20. 54. 60. 131. — Const. El. 33. P. IV. — Heil process. inquis. p. 503. sq. — Leyser sp. 561. — Wernher obs. 4. P. IV. — Meisters Erkenntnisse, Th. II. No. 60. 65. — Hommel Rhaps. obs. 9. — Stübel über den Thatbestand, §. 216. — Tittmann Handbuch, Bd. IV. §. 799. (Bd. III. §. 834). — Mittermayer Handb. des peinl. Proz. Th. II. S. 320.

m) Gräffen de confessione qualificata. Gött. 1769. — Gönner Handb. des Proz. Bd. II. S. 385. — Quistorp Grundf. §. 683. — Bauers Grundsätze ꝛc. §. 143. fg. — Borst über die Wirkungen des beschränkten Geständnisses im Neuen Archiv des Crim. Rechts, Bd. 1. H. II. N. 10. S. 279. — Mittermayer a. a. O. Bd. II. S. 323. ff.

n) Tittmann a. a. O. Bd. III. §. 836. ff. der neuen Ausg. — Stübel Crim. Verfahren, Bd. II. §. 756. ff. — Grolmann a. a. O. §. 445. — Bauer a. a. O. §. 144. — Martin a. a. O. §. 75. — Mittermayer Crim. Prozeß, Bd. II. S. 330. ff. — Kleinschrod über den Widerruf ꝛc. im neuen Arch. des Crim. Rechts, Bd. IV. H. 2. N. 8. S. 194. ff. — Mandat, den Widerruf des in Untersuchungs-Sachen von dem Angeschuldigten abgelegten Bekenntnisses betr. v. 17. April 1810. im Pfotenhauer S. 258.

§. 25.

C. Rücksichtlich des Zeugenbeweises.

Anweisung den Zeugenbeweis zu elidiren, geben: Mittermayer Vertheidigungskunst, §. 38 u. 39. — Gerstäcker a. a. O. §. 16. Uebrigens vergleiche man wegen der Erfordernisse eines solchen Beweises: PGO. Art. 62 bis 72. — v. Cramer, von dem klugen Ermessen eines Richters, ob? und was? einem Zeugen zu glauben sey? in Wetzl. Nebenstunden P. 105. S. 52. fg. — Strecker de qualitate testium ad probanda crimina productorum. Erf.

1747. — Leyser sp. 283 — 288. — Hommel Rhaps. obs. 210 — 211. — v. Soden Geist der peinl. Gesetzgebung, Th. II. S. 210. ff. §. 598. ff. — v. Globig und Huster Abhandl. von der Crim. Gesetzgebung (Berner Preisschrift), Zürich, 1783. Bd. II. S. 302. ff. — Globig Theorie der Wahrscheinlichkeit rc. Th. I. Abschn. 7. Th. II. Abschn. 7. — Mittermayer Theorie des Beweises, Th. I. Abschn. IV. — Dessen Crim. Prozeß, Th. II. S. 345. ff. — Kleinschrod über den Beweis durch Zeugen in peinl. Sachen, im Arch. des peinl. Rechts, Bd. VI. St. 3. Bd. VII. St. 2. — Stübel Crim. Verfahren, Bd. I. §. 840. ff. bis §. 935. — Tittmann Handbuch rc. Th. III. §. 850. ff. der neuern Ausg. v. 1824.

Sind in dem gegen den Angeschuldigten geführten Criminal-Beweiße Zeugen gebraucht worden, so liegt dem Defensor ob, zu erweisen:

a) Der Zeuge sey untüchtig, indem er die zu beweisende Thatsache nicht richtig beobachten konnte. Er wird daher sich bemühen darzuthun:

aa) Daß dem Zeugen der zur Wahrnehmung des zu bezeugenden Umstandes erforderliche Sinn fehle oder geschwächt sey; der Zeuge sehe, höre schlecht, könne die Farben nicht unterscheiden.

bb) Der Zeuge sey unfähig, das sinnlich wahrgenommene geistig richtig aufzufassen; er sey z. B. trunken, im Affect, oder in einem schmerzhaften Zustande begriffen gewesen, er sey noch ein Kind [a]), oder im hohen Alter, blödsinnig, wahnsinnig, habe nicht darauf Achtung gegeben rc.

cc) Der Gegenstand sey dem Sinne des Zeugen entrückt gewesen, zu fern, als daß eine genaue Wahrnehmung hätte stattfinden können; Dunkelheit, Geräusch und andere Hindernisse einer deutlichen Beobachtung seyen vorhanden gewesen.

dd) Der Zeuge habe sich im Gegenstande, in der Person geirrt, es sey eine Recognition darauf nicht erfolgt.

a) Leyser sp. 283. m. 4. — Hommel voc. infantes. — Wiesand de aetate ad jurandum in causa crim. idonea. Viteb. 1791.

§. 26.

Fortsetzung.

Gesetzt der Defensor könnte einen Mangel dieser Art nicht rügen, so vermag er vielleicht darzuthun:

b) Der Zeuge sey verdächtig, indem reine Wahrheit von ihm nicht zu erwarten stehe. Solche Zeugen sind:

aa) Die gesetzlich als ehrlos Erklärten. bb) Nahe Anverwandte des Angeschuldigten. [a]) cc) Bestochene Zeugen und überhaupt solche, die Schaden oder Nutzen von ihrem Zeugnisse zu erwarten haben. [b]) dd) Personen die mit dem Angeschuldigten in erklärter Feindschaft leben. [c]) ee) Personen, welche ihre Aussage nicht zu beschwören vermögen. [d]) ff) Minderjährige. [e]) gg) Personen, welche mit dem Beschuldigten in genauer Freundschaft leben. hh) Völlig unbekannte Menschen. [f]) ii) Personen, die schon wegen früherer Verbrechen das Zutrauen des Staats verloren haben. kk) Mitschuldige. g) ll) Denuncianten des Verbrechens. h)

Anmerk. Die von aa — ee. genannten Personen sind als ungültige Zeugen anzusehen, wogegen die übrigen zwar als Verdächtig präsumirt werden, jedoch kann dieser Verdacht durch andere Umstände gehoben werden, daher der Vertheidiger vorzugsweise die erstern fünf Eigenschaften an einem Zeugen hervorsuchen muß.

c) Die Aussage sey nicht freywillig abgelegt worden, denn

aa) man hat physische Zwangs-Mittel angewendet.

bb) Durch Drohungen, Erweckung von Furcht, Abnahme von Eiden, das Gemüth des Zeugen zu schrecken gesucht.

cc) Durch captiöse Fragen und Suggestionen ihn irre geleitet. i)

a) L. 6. D. de testibus. — L. 6. Cod. de testibus. — Hommel voc. consanguineus, affines.

b) L. 3. §. 5. D. de testibus. — L. 1. §. 1. 2. D. ad leg. Cornel. de falsis. — PGO. Art. 64. — Hommel Rhaps. obs. 120. reg. 4. — Wernher p. VI. obs. 416.

c) L. 3. pr. D. de testibus. — L. 17. Cod. ib. — Mittermayer Theorie des Beweises, Th. I. S. 286.

d) Quistorp a. a. O. §. 699. — Hommel voc. injuratus.

e) L. 3. 20. D. de testibus. — Wiesand l. c. — Böhmer ad art. 66. §. 2. 3. — Claproth im peinl. Proz. S. 108. — Hommel voc. impuberes.

f) PGO. Art. 63.

g) Creutzing de nominat. socii. crimin. Jen. 1735. — Hommel ad art. 31. C. C. C. de nominat. socii. crim. Lips. 1745. — Hommel voc. complex. — Zeillers jährl. Beyträge zur Gesetz-Kunde ꝛc. Th. III. S. 38. f. — Mittermayer Crim. Prozeß, Th. II. S. 368. ff.

h) Ranft über den Beweis. Freyberg, 1801. 8. §. 5. — Paalzows Commentar, Th. II. S. 59. — Kleinschrod Abh. aus dem peinl. Rechte, Th. I. N. 6. S. 261. f. (Erlangen, 1797.)

i) Parst über Suggestionen, §. 16. — Kleinschrod über Suggestionen a. a. O. Bd. I. No. 2. Mittermayer Crim. Prozeß, Bd. I. S. 673. ff. — C. K. Stübel c. 1. 2. de interrogatt. sugg. et captiosis in quaestionibus Vitt. 1811. 4. — C. A. Stecher über captiöse Fragen im Criminal-Prozesse. Wittenb. 1816. 8.

§. 27.

Fortsetzung.

d) Die Aussage selbst sey

aa) logisch betrachtet zu allgemein, dunkel, im Verhältnisse α) zu andern Aussagen desselben Zeugen, β) zu Aussagen anderer Zeugen, γ) zu Aussagen des Beschuldigten und δ) zu den übrigen Beweismitteln, widersprechend. [a])

bb) In Rücksicht auf ihren Inhalt α) unvollständig, β) sie werde durch andere Beweismittel keinesweges unterstützt, γ) gründe sich nicht auf eigne Wahrnehmungen, sondern auf Hörensagen (testes de auditu deponentes) [b]), δ) sie sey nur subjectives Glauben und Dafürhalten (de credulitate) [c]), ε) betreffe nur Nebenumstände, nicht das Wesen der Sache [d]) ζ) sey unmöglich, oder wenigstens unwahrscheinlich, η) sie enthalte endlich ein (dem Zeugen nicht zukommendes) Urtheil, statt einer wahrgenommenen Thatsache, worauf dem Richter den Schluß zu bauen gebührt.

a) Georgi de singularib. test. Argent. 1722. — Leyser de testib. contrar. spec. 287. med. 1. — Richter de teste singulari. — Hommel Rhap. obs. 259. — Mittermayer Criminal-Prozeß, Th. II. S. 386. ff.

b) PGO. Art. 65. und de Böhmer ad hunc art. §. 1. — Beck de probatione per testem de auditu alieno deponentem. Altorf. 1711. — Hommel voc. auriti.

c) PGO. Art. 65. 67. — Brunquell diss. de ratione dicti testium. Jen. 1732. — Wernher obs. for. P. V. obs. 65.

d) PGO. Art. 67. — de Böhmer ad Art. 30. §. 1. — Wernher P. V. obs. 120.

§. 28.

Fortsetzung.

e) Endlich liegt dem Vertheidiger noch ob, den Mangel der gesetzlichen Form der Abhörung [a]) darzuthun, indem die Zeugen nicht

aa) vor competenter Obrigkeit,

bb) besetzter Gerichtsbank,

cc) nach vorhergegangener Ermahnung zur Aussage der Wahrheit,

dd) Die Interrogatorien ihnen nicht vorgelegt,

ee) Die Registratur richtig nicht abgefaßt,

ff) Dieselbe nicht vorgelesen,

gg) Die Vorlesung nicht bemerkt,

hh) Die Zeugen nicht vereidet worden sind.

f) Und zuletzt, daß die Zeugen in der gesetzlich bestimmten Zahl nicht vorhanden seyen, nachzuweisen. [b])

Der Gründe mehrere, um einen Zeugenbeweis anzugreifen, wird der Vertheidiger im einzelnen Falle finden, indem die angeführten immer nur als Beyspiel dienen können.

a) PGO. Art. 70—72. — Quistorp a. a. O. Th. II. §. 703. 704. — Generale vom 30. April 1783. §. 9 u. 10. — Martin Criminal-Prozeß, §. 77. — Tittmann Handbuch, Th. IV. §. 764. (Th. III. §. 858. der zweyten Ausg.) — Stübel Criminal-Verfahren, Th. IV. §. 2451. ff.

b) Mandat v. 27. Jul. 1719. (C. A. T. I. p. 1901). — Instruction der sächs. Dicasterien von 1770. §. 2. (C. A. C. novissi. P. I. S. 329.) — Stübel a. a. O. Bd. II. §. 907. — Ueber die Wirkung des Zeugenbeweises, je nachdem Zwei, oder nur Ein classischer Zeuge, oder mehrere verdächtige da sind, vergl. Mittermayer Criminal-Prozeß, Th. II. S. 392. ff. — Tittmann a. a. O. Th. III. §. 857.

§. 29.

D. Rücksichtlich des durch Urkunden und Instrumente geführten Beweises.

Mittermayer Vertheidigungskunst, §. 40. — Gerstäcker a. a. O. §. 17.

Ueber den Urkundenbeweiß sehe man noch: Jac. Reinhardt de eo, quod justum est circa probationem delicti per documenta. Erford. 1732. — von Soden a. a. O. §. 590. ff. — Mittermayer Theorie des Beweises, Abschn. V. — Dessen Criminal-Prozeß, Th. II. S. 401. ff. — Kleinschrod über den Beweiß durch Urkunden in peinlichen Fällen, im Archiv des peinl. Rechts, Bd. V. St. 2. N. 3. — Feuerbach Lehrbuch rc. §. 578. ff. — Stübel Crim. Verf. Bd. II. §. 1032. ff. Bd. V. §. 2671 bis 2737. — Tittmanns Handbuch rc. Th. IV. §. 814. ff. (Bd. III. §. 847. ff.)

Ist wider den Angeschuldigten ein Beweiß durch Urkunden und Werkzeuge geführt worden, so wird ein Vertheidiger zu dessen Zerstörung oder Entkräftung beybringen können:

a) Daß die öffentlichen Urkunden und gerichtlichen Protocolle, nach denen der Client verurtheilt werden soll, gegründeten Verdacht einer Verfälschung wider sich hätten, oder von Personen verabfaßt worden wären, denen kein gerichtlicher Glaube, indem sie z. B. zum Registriren nicht verpflichtet gewesen, oder ihnen keine Kunstkenntniß beyzulegen sey. [a])

Anmerk. Der Beweiß durch öffentliche Urkunden kann besonders beym Verbrechen des Meineids vorkommen, wo die Aussage eines Zeugen protocollirt, und nachher falsch befunden worden ist.

b) Daß die wider den vermeinten Thäter des Verbrechens producirten Privat-Urkunden

aa) in formeller Hinsicht keinen Glauben verdienen, eine Verfälschung derselben wahrscheinlich, sie in wesentlichen Stellen radirt, ausgestrichen, corrigirt, theilweise, oder ganz zerrissen sey, überhaupt auch nur eine Abschrift vorliege rc.

bb) von dem Beschuldigten nicht anerkannt, noch deren Richtigkeit auf andere Weise ausser Zweifel gesetzt worden. [b])

cc) Der Inhalt den fraglichen Umstand nicht zu beweisen vermöge, indem er undeutlich abgefaßt sey, sich auf ein Anderes beziehe, ohne daß das Bezogene vorliege, günstiger für Inculpaten ausgelegt werden könne rc. [c])

Anmerk. Urkunden können in mehrfacher Hinsicht beym Beweiß gegen den Angeschuldigten producirt werden: 1) Indem in der Urkunde selbst das Verbrechen liegt, z. B. bey Verfälschungen, Pasquillen, Brandbriefen. 2) Indem die Urkunde ein Bekenntniß zu einem Verbrechen, 3) eine Anzeige (indicium) enthält. Dieser Unterschied ist vom Defensor fest ins Auge zu fassen.

c) Daß die vorgeblichen Werkzeuge des Verbrechens an sich nur eine Anzeige, und keinen völligen Beweiß bewirkten, [d]) deren Beweiskraft auch noch dadurch gänzlich elidirt werden könne, daß

aa) diese Instrumente, weder dem Inculpat zur Recognition vorgelegt, noch durch Kunstverständige untersucht worden,

bb) sie auch zur Vollziehung des in Untersuchung befangenen Verbrechens gar nicht geschickt, und cc) von dem Beschuldigten zur Zeit des vorgefallenen Verbrechens auf keine unerlaubte, und verdächtige Art und Weise geführt, oder sonst bey ihm angetroffen worden wären.

a) Püttmann elem. jur. crim. §. 843. not. a. — Hommel Rhaps. obs. 20. 573.

b) PGO. Art. 62.

c) Heil in jud. et defens. Cap. IV. §. 40 und 41.

d) PGO. Art. 33. 37. 41.

§. 30.

E. In Betreff auf den, durch bloße Wahrscheinlichkeits-Gründe geführten Criminalbeweis.

Mittermayer Vertheidigungskunst, §. 41. — Gerstäcker Anweisung zu Fertigung von Vertheid. §. 19. —

Von den Anzeigen überhaupt s. die Literatur §. 31. Not. c). Hat endlich ein Vertheidiger mit Entkräftung eines auf bloße Anzeigen (indicia) gegründeten Beweises zu thun, so werden ihm hierbey folgende Grundsätze zu einiger Anleitung dienen können. — Da nämlich nach der gemeinen Meynung der Criminalisten durch Anzeigen ein mehr, als ein halber Beweiß des zu erhärtenden Satzes bewirkt werden kann, und dessen Kraft nach der Stärke, Anzahl und Harmonie derjenigen Erscheinungen zu beurtheilen ist, welche mit der Wahrheit jenes Satzes als Ursache, Wirkung, Mittel, oder Kennzeichen einen Zusammenhang haben: so muß ein Vertheidiger, der die Unwahrscheinlichkeit der für wahr angenommenen Behauptung darthun will, die Stärke und Anzahl dieser Phänomene zu vermindern, und ihren Zusammenhang unter einander, und mit der Hypothese selbst aufzuheben suchen. Ich habe mich bemüht, die verschiedenen Grade dieser Wahrscheinlichkeit unter folgende sechs Hauptsätze zu bringen, und überlasse es nun jedem Vertheidiger, zu untersuchen, welcher davon auf seinen Fall anwendbar sey. Er wird nämlich nach Verschiedenheit der Fälle behaupten können:

1) Daß zwar zwischen einigen äußerlichen Umständen, und der Hypothese eine Uebereinstimmung obwalte, daß aber andere Umstände, und erwiesene Ausflüchte vorhanden wären, welche jener Hypothese schlechterdings widersprächen, und selbst alle reelle Möglichkeit derselben ausschlössen.

2) Daß mit dem zu beweisenden Satze gar kein Phänomen übereinstimme, oder das vorgebliche Indicium mit demselben keinen deutlichen und sichern Zusammenhang habe, weder als Ursache, noch als Wirkung, Mittel oder Kennzeichen, — daß jedoch auch keines ihm widerspreche, mithin er zwar an sich möglich, aber doch nicht im geringsten wahrscheinlich sey;

3) Daß zwar viele Erscheinungen mit der Voraussetzung harmonirten, daß sich aber solche eben so gut auch auf das Gegentheil anwenden ließen, oder eben so viel andere Umstände vorhanden wären, die sich mit der Wahrheit der Voraussetzung äußerst schwer vereinigen lassen wollten; weshalb die Wahrscheinlichkeit des zu erweisenden Satzes weit herabsinke;

4) Daß die Hypothese durch den einstimmigen Zusammenfluß vieler Phänomene an sich wahrscheinlich werde, aber ein einziger widersprechender, und das Gegentheil begründender Umstand verursache, daß nur ein geringer Grad von Wahrscheinlichkeit für sie übrig bleibe;

5) Daß zwar Anzeigen für die Hypothese, auch keine wider sie vorhanden, daß aber jene nur schwache und entfernte, oder zwar nahe, aber sehr unerwiesene Vermuthungen wären, woraus keine, zur Stärke eines halben Beweises ansteigende Wahrscheinlichkeit resultire.

6) Daß die Voraussetzung durch nahe, und erwiesene Anzeigen zwar sehr wahrscheinlich werde, daß aber diese Wahrscheinlichkeit, theils durch Disharmonie jener Anzeigen unter einander, theils durch wahrscheinliche Einreden des Angeklagten, und fast eben so gegründete Vermuthungen für die Wahrheit des Gegentheils wiederum ganz, oder zum Theil überwogen, und in der Stärke des erforderlichen halben Beweises geschwächt würden.

§. 31.

Fortsetzung.

Da ich im vorigen §. erwähnt habe, daß die, wider einen Verbrecher vorhandenen Anzeigen durch gegenseitige, für ihn günstige Vermuthungen geschwächt werden können; hiermit auch die P. G. O. Art. 28. übereinkommt: so ist es nöthig, diese Anzeigen der Unschuld [a]) (Gegenindizien, indicia innocentiae, praesumtiones innoc.) näher kennen zu lernen. Ich theile sie mit Gmelin, welcher in seinen Grundsätzen der Gesetzgebung über Verbrechen und Strafen (Tübing. 1785. 8.) §. 225 — 233. zuerst ausführlicher davon gehandelt hat, in allgemeine, oder bey jedem Verbrechen anwendbare, besondere d. h. einzelnen Gattungen von Verbrechen eigene, und ganz besondere, oder solche, die nur einzelnen Verbrechen eigenthümlich sind, ein.

1. Allgemeine Anzeigen der Unschuld sind z. B. folgende:

a) Ein solcher guter Lebenswandel des Angeschuldigten, der sich besonders durch Erfüllung der Pflichten eines Staatsbürgers, und Unterlassung aller der öffentlichen Wohlfahrt und Sicherheit zuwiderlaufenden Handlungen ausgezeichnet, und nicht blos durch Beobachtung der äußern Ceremonien des Gottesdienstes, Genuß der Sacrorum, oder andere täuschende Scheinheiligkeit geäußert hat. Zum Beweiß eines solchen Lebenswandels können daher, wie schon Hommel Rhaps. obs. 582. 893. bemerkt, Zeugnisse der Obrigkeit und Mitbürger von des Inculpaten Wohlverhalten weit besser dienen, als die des Beichtvaters.

b) Ein moralischer Character des Beschuldigten, der dem Intresse ganz entgegengesetzt ist, das man aus der Begehung des in Untersuchung befangenen Verbrechens etwa ziehen, und hoffen konnte. [b])

c) Eine zur Vollziehung der verbrecherischen That schlecht qualificirte Leibes-Beschaffenheit.

d) Ruhige Gemüthsbeschaffenheit nach dem Verbrechen, daher unerschrockenes Verhalten, während der Untersuchung, und auf inneres Bewußtseyn der Unschuld gegründete Standhaftigkeit bey allen gerichtlichen Handlungen, daher offenherziges Betragen gegen den Richter, freymüthiges Beharren auf seiner Schuldlosigkeit gegen ihn, und besonders gegen solche Personen, denen man sonst sein Innerstes zu entdecken gewohnt war.

e) Keine, dieses Verbrechen gemeiniglich zur Folge habende Veränderung in den äußern Umständen, der ganzen Lebensart, und den sonstigen Verhältnissen des Beschuldigten.

f) Oeffentliche Unternehmung der Handlung, welche zum Verbrechen angerechnet wird, verbunden mit einer Gewohnheit, bisweilen ähnliche Handlungen in unschuldigen Absichten frey zu unternehmen u. s. w.

2. Besondere Anzeigen der Unschuld.

Diese lassen sich nach Verschiedenheit der möglichen Triebfedern zu Vergehungen unter folgende Hauptgattungen bringen:

a) Bey Verbrechen, welche aus Haß, Feindschaft und Rache begangen zu werden pflegen, begründet es eine starke Vermuthung der Unschuld, wenn der Angeschuldigte ein Freund des Beleidigten, auch sonst verträglich, versöhnlich, und menschenfreundlich gesinnt ist.

b) Bey Verbrechen, deren gewöhnlichste Triebfeder der Eigennutz ist, können vermögende Umstände, ein größerer Hang zur Freygebigkeit als zu ungerechtem Geiz und dergleichen, gute Anzeigen der Unschuld abgeben.

c) Bey Verbrechen, wozu man durch die Wollust verleitet wird, sind kränkliche Umstände, Alter, Leibesschwachheit, Unfähigkeit, und andere eine gewisse Abneigung von fleischlichen Vergehungen bewährende Umstände sichere Kennzeichen der Unschuld für beyde Theile.

d) Bey Verbrechen, die durch Gewaltthätigkeiten verübt werden, kann ein schwacher Körper, eine furchtsame Seele, ein stiller friedliebender Character für den Beschuldigten eine Vermuthung der Unschuld erregen.

e) Bey Vergehungen, welche Verachtung der Gottheit, und Verletzung der Religion des Staats als Triebfeder voraussetzen, werden Beweise einer ungeheuchelten Frömmigkeit, aufrichtigen Verehrung der Gottheit, und Religion des Staats, Anzeigen der Unschuld an die Hand geben können.

Was dagegen

3. Die ganz besondern Anzeigen der Schuldlosigkeit

anlangt, welche jedem einzelnen Verbrechen, noch überdem etwa eigen seyn können, so wird ein Vertheidiger theils in belobten, D. Gmelins Abhandl. §. 230 — 233. einige Anleitung hierzu finden, theils mit Hülfe der Menschenkenntniß, und nach Anleitung des Vorhergehenden dergleichen Anzeigen leicht selbst erfinden können. c)

a) G. J. F. Meister principia jur. crim. Götting. 1819. §. 103. — Feuerbach Lehrbuch rc. §. 561. ff. — Bauers Grundsätze rc. §. 162 bis 165. — Ihnen widerspricht Mittermayer im Criminal-Prozesse, Bd. II. S. 475. ff.

b) PGO. Art. 25. 37. 143. — Leyser sp. 634. m. 4. — Kuppermanns Sammlung von Vertheidigungsschriften, No. X. S. 275. ff.

c) Von den Anzeigen überhaupt sehe man PGO. Art. 18 bis 44. — Leyser sp. 634. — Quistorp a. a. O. Th. II. §. 612. fg. — C. F. Walch diss. de verisimilitudine criminis. Jen. 1785. — Püttmann diss. de lubrico indiciorum. Lips. 1785. — Thom. Nani de indiciis eorumque usu in cognoscendis criminibus liber sing. Par. 1781. 8. — Auch ist von der Natur und Stärke der Criminalbeweise und der Vermuthungen auf Veranlassung der 2ten der von der öconomisch. Societät zu Bern im Jahre 1777. aufgegebenen drey Preisfragen viel vortreffliches gesagt worden in der gekrönten Abhandlung von der Criminalgesetzgebung des v. Globig und Huster. Zürich, 1783, wozu im Jahre 1785 zu Altenburg vier Zugaben erschienen sind. — Wielands Geist der peinl. Gesetze, Th. II. §. 534 — 550. und andere bey dieser Gelegenheit erschienene Schriften — Literatur des Crim. Rechts, §. 144. — Von den Neuern vergleiche man Weindler über Vermuthungen. Landshut, 1802. — v. Globig Versuch einer Theorie der Wahrscheinlichkeit zu Gründung des hist. und gerichtl. Beweises. Regensb. 1806. 8. Th. II. Abschn. IV. — J. M. Pagano logica de probabili applicata a gindizi criminali. Milano, 1806. — Feuerlein über Vermuthungen in Gönners Archiv, Bd. IV. H. 1. N. 1. — Mittermayer Theorie des Beweises, Abschn. VI. — Dessen Crim. Prozeß, Bd. II. S. 430. ff. — Stübel Crim. Verfahren, Bd. II. §. 936. ff. — Derselbe über den Thatbestand, §. 243. ff. — Feuerbach Lehrbuch, §. 544 bis 564. — Tittmann Handbuch ꝛc. Bd. III. §. 865. ff. (der 2ten Ausg.)

Zweytes Hauptstück.

Von den, jeder Gattung von Schutzschriften eignen Grundsätzen.

Erster Abschnitt.

Von den vorzüglichsten Nebendefensionen.

Erstes Capitel.

Von den Schutzschriften zu Abwendung aller Untersuchung.

Gerstäcker a. a. O. §. 23. a. b. — Als Beyspiel sehe man unter den angefügten Schutzschriften, die sub A. in Gerstäckers Sammlung den 2. Band, die Schutzschriften sub O und P. S. 106 und 130.

§. 32.

Gesetzliche Erfordernisse zur Verhängung einer Untersuchung über einen Angeschuldigten.

S. v. Soden, Th. II. §. 474. ff. — Eschenbach ausführliche Abhandlung der General-Inquisition, Schwerin und Wismar, 1795. Hauptst. III. S. 68. Kleinschrod über die Veranlassungen, eine General-Inquisition anzustellen im Archiv des Crim. Rechts, Bd. IV. St. 2. N. 1. — v. Globig und Huster a. a. O. Bd. I. S. 394. ff. — Winkler Handbuch des sächs. peinl. Proz. §. 76. ff. — E. F. Hagemeister Erörterungen über General- und Special-Inquisition. Berlin, 1804. 8. — Mittermayer

Crim. Proz. Bd. I. S. 432. ff. besonders S. 443. u. 450. — Stübel Crim. Verf. Bd. III. §. 1360. ff. — Feuerbach Lehrbuch, §. 524. 624. 625. ff. — Tittmann Handbuch ꝛc. Th. III. §. 732. ff. (2te Ausgabe).

Soll gegen einen Staatsbürger wegen eines verübten Verbrechens eine Untersuchung verhangen werden, so muß

I. Dem Richter überhaupt erlaubt seyn, bey dieser Art von Verbrechen von Amtswegen zu inquiriren.

II. Ist das Verbrechen von dieser Art, so muß eine gegründete Wahrscheinlichkeit vorwalten, daß das Verbrechen, welches die Untersuchung veranlassen soll und seiner Größe nach dazu geeignet ist, wirklich vorgefallen sey. [a])

III. Der Verdacht gegen die in Untersuchung zu ziehende Person muß auf hinreichenden Gründen beruhen, und sich wie Wirkung zu einer ihrer wahrscheinlichen Ursachen verhalten. [b]) (§. 30.)

IV. Es darf kein Grund vorhanden seyn, weshalb das zu untersuchende Verbrechen für unstrafbar oder erloschen zu halten ist.

V. Die Nachricht von einem vorgefallenen Verbrechen, und dem Verdacht wider eine gewisse Person muß zur Wissenschaft des competenten Richters gesetzmäßig gebracht worden seyn, das heißt:

a) Der gemeine Ruf von einem Verbrechen und dessen Thäter muß durch hinlängliche Wahrscheinlichkeits-Gründe unterstützt werden. [c])

b) Der Denunciant eines Verbrechens muß entweder seine Anzeige durch ein sattsam gegründetes Gerücht wahrscheinlich zu machen, oder die Richtigkeit derselben mittelst körperlichen Eides zu erhärten erbötig, und im Stande seyn, oder selbst die Eigenschaften eines unverwerflichen Zeugen haben. [d])

Anmerk. Noch giebt es zwey Mittel, wodurch die Nachricht von einem Verbrechen und dessen Thäter zur Wissenschaft des Richters kommen kann: c. Die eigne Wahrnehmung des Richters, und d. Die Selbstanzeige des Thäters. Die Defensions-Gründe, welche aus der Mangelhaftigkeit dieser Erkenntnißquellen entspringen, lassen sich von den §. 23. und 24. gegebenen Regeln leicht abstrahiren.

VI. Die Art der gerichtlichen Bekanntwerdung eines Verbrechens, als der Grund der Untersuchung, muß genau und mit Beobachtung der gesetzlichen Form zu den Acten verzeichnet worden seyn. [e])

a) PGO. Art. 6. — Die Erledigung der Landes-Gebrechen v. J. 1612. tit. von Justiziensachen, §. 5. (C. A. T. I. p. 174.) gebietet: Wider ehrliche, unbeschuldete Leute, ohne vorhergehende genugsame indicia und Verdacht ꝛc. nicht alsobald mit der Inquisition zu verfahren, zuvörderst aber jedesmal fleißige Erkundigung de corpore delicti einzuziehn ꝛc. — Heil a. a. O. cap. I. §. 3. — F. A. Hommel diss. an et quatenus certitudo corpor. del. in proc. crim. necessaria sit? Lips. 1737. §. 4—9. — Liv. Drusus, von der Behutsamkeit des Richters bey peinl. Beschuldigungen. 1766. — Claproth im peinl. Proz. §. 451—453. 553. S. 649. fg. seiner summar. Prozesse nach der Ausg. v. J. 1785. — Quistorp a. a. O. Th. II. §. 597. — Püttmann a. a. O. §. 758.

b) PGO. Art. 28. — Wieland a. a. O. Th. II. §. 532—33. — v. Globig u. Huster a. a. O. Th. III. Abschn. 3. — Erled. der Landesgebr. a. a. O.

c) PGO. Art. 6. und de Böhmer daselbst §. 4. — Befehl vom 22. März 1588. (C. A. I. p. 1050.) — Struben rechtliche Bedenken, Th. V. Bd. 80. — Quistorp Th. II. §. 593. — G. A. Kleinschrod a. a. O. — Winkler a. a. O. §. 82.

d) Wernher P. IV. obs. 144. — de Böhmer l. c. und ad Carpzov. quaest. 108. obs. 6. — Koch jus. crim. §. 714. — Richter diss. de probabilitate ex argumentis, quae profert denuncians rite determinanda. Altorf, 1743. Quistorp a. a. O. Th. II. §. 594. und Desselben rechtl. Bemerkungen. Leipzig, 1793. 4. Bem. LXXI. — Mandat wegen Abtreibung, Umbringung und Wegsetzung der Leibesfrüchte, vom 14. Oct. 1744. §. 6. und Generale v. 30. April 1783. §. 19. — Stübel Crim. Verf. §. 2887. ff. — C. Ch. Collmann, die Lehre vom Strafrecht, als Theil der Judicialie. Leipzig, 1824. S. 261—287.

e) PGO. Art. 7. 20. 61. de Böhmer ad Carpz. qu. 108. obs. 7. Claprvth a. a. O. §. 500. — Quistorp a. a. O. Th. II. §. 596. — v. Soden, Geist der peinl. Gesetzg. Th. II. §. 477. — Klein peinl. Recht, §. 505. — Winkler a. a. O. §. 81.

§. 33.

Vertheidigungs-Gründe, welche aus dem Mangel gedachter Erfordernisse zu Abwendung aller Untersuchung hergeleitet werden können.

In einer Schutzschrift zu gänzlicher Abwendung oder Niederschlagung eines Criminal-Prozesses muß ein Vertheidiger einen von nachstehenden Gründen ausführen und nach Maßgabe der im vorigen §. bemerkten Erfordernisse darthun können:

Zu I. Dem Richter sey bey dem zu untersuchenden Verbrechen gesetzlich verboten, ex officio zu inquiriren, [a]) z. B. bey dem Diebstahle unter Ehegatten und nahen Verwandten. [b]) Dem Ehebruch, [c]) auch in gewisser Hinsicht der Nothzucht. [d])

Zu II. Es habe

a) weder durch zurückgelassene Spuren, noch durch Zeugnisse, gegründete Anzeigen, oder das Geständniß des Inculpaten auch nur einigermaßen wahrscheinlich gemacht werden können, daß das Verbrechen, dessen die in Untersuchung gezogene Person verdächtig seyn solle, wirklich vorgefallen sey.

b) Wenn auch über die Wirklichkeit des Verbrechens kein Zweifel obwalten möchte: so sey solches dennoch an sich zur Untersuchung zu gering. So soll z. B. nach der sächsischen Gesinde-Ordnung vom J. 1769. Tit. IV. §. 3—5. gegen Dienstherrschaften, welche bey Züchtigung des Gesindes die Gebühr überschritten, keine förmliche Vernehmung und Untersuchung verhangen werden.

Zu III. In Hinsicht dieses Erfordernisses wird ein Vertheidiger sich bemühen müssen, darzuthun, daß zwischen der Wirkung des vorgeblichen Verbrechens und der, als Ursache desselben verdächtigen Person gar kein wahrscheinlicher Zusammenhang statt finde, indem die Eigenschaften jener Wirkung, welche auf diese Person als Ursache ganz besonders auszeichnend passen sollten, nichts weniger als ausschließend, vielmehr vielen anderen moralischen Ursachen gemein wären, mithin der Verdacht gegen Inculpaten nicht einmal wahrscheinlich, sondern blos möglich sey. (§. 30. Schutzschrift unter A.)

Zu IV. Das Verbrechen, welches der Richter in Untersuchung ziehen wollen, sey schon untersucht, der Inculpat deshalb schon bestraft worden, derselbe habe Abolition, Begnadigung erhalten, es sey der Zeitraum, welcher zur Verjährung erforderlich ist, immittelst verflossen ꝛc.

Zu V. Aus der Abwesenheit dieses Erfordernisses kann der Defensor folgenden Stoff entlehnen, und zwar wird er

zu a. in dieser Rücksicht etwa darthun können:

1) Das fliegende Gerücht beruhe auf höchst zweifelhaften Gründen, indem es z. B. von Menschen herrühre, denen wenig Glauben beyzumessen sey, [e]) und nur durch schwankende Umstände unterstützt werde.

2) Man werde von dessen Ungrunde durch besondere Umstände und Vermuthungen, welche das Gegentheil der Beschuldigung weit wahrscheinlicher machten, völlig überzeugt; indem es z. B. einen Menschen bezüchtige, zu dem man sich seines bekannten guten Lebenswandels wegen dergleichen Verbrechen gar nicht versehen möge. [f])

Zu b. Unter Beziehung auf dieses Erforderniß wird der Defensor vielleicht rügen können:

1) Daß der Denunciant seine Anzeige entweder durch gar nichts wahrscheinlich und glaubwürdig machen können, oder die zu dem Ende angeführten Umstände in der Wahrheit nicht gegründet befunden würden.

2) Daß er ein, dem Gericht unbekannter, leichtsinniger und unwissender Mensch sey. g)

3) Daß er dem Denunciaten aus Feindschaft, Rache und Verläumdung, Verbrechen andichte, oder von andern dazu gezwungen, oder gedungen worden. h)

4) Daß er die Hauptumstände der gerügten Missethat, oder die Nebenumstände besonders der Zeit, und des Ortes, welche doch jedes Verbrechen überhaupt, und das in Untersuchung befangene insbesondere zu begleiten pflegten, entweder gar nicht, oder doch nicht richtig anzugeben vermocht. i)

5) Daß er den Grund seiner Wissenschaft um das gerügte Verbrechen nicht genau angeben können, sondern sich nur durch ein schwankendes Gerücht zu der Anzeige habe verleiten lassen.

6) Daß er sich nicht zur eidlichen Bestärkung der Anzeige erboten, oder diesfalls nicht gehörig bedeutet worden sey, besonders in Sachsen nicht nach Vorschrift des Generale vom 30. April 1783. §. 19. k)

7) Die Denunciation sey anonym geschehen, und ein näherer Grund, worauf diese Denunciation sich stütze, dem Richter nicht bekannt. l)

Zu VI. Fehler gegen diese Verordnungen können Anlaß geben, zu erweisen:

a) Daß die Denunciation nicht gehörig, z. B. nicht unter der vorgedachten Bedeutung, nicht vor besetzter Gerichtsbank aufgenommen worden.

b) Daß der Bewegungs-Grund zur Anordnung einer Untersuchung, z. B. das Gerücht gar nicht, oder nicht richtig und genau genug registrirt worden, mithin es zweifelhaft bleibe, ob ein gesetzmäßiger Grund dazu vorhanden sey, der Client aber, dieser Mängel ohngeachtet bey der Generalinquisition nicht bloß als Zeuge abgehört, sondern als Selbstthäter des gerügten Verbrechens summarisch vernommen, oder sonst als solcher bereits behandelt worden sey. m)

a) F. Ziegler diss. de delictis nonnisi ad laesi querelam coërcendis. Götting. 1806.

b) PGO. Art. 165.

c) de Böhmer obs. ad Carpz. qu. 51. obs. 1. in fin. et ad Art. 120. §. 18. — Leyser sp. 576. — Cramer obs. Tom. IV. obs. 490.

d) PGO. Art. 119, wo es heißt: „Auf Beklagung der Benöthigten". —

e) Schurpft sagt in den Consil. No. 90.: Fama orta a malevolis non est sufficiens ad inquisitionem.

f) Breuning qu. jur. contr. an vitae bene actae probatio sit defensionis inculpati argumentum? Lips. 1778. — de Böhmer ad Art. VI. §. 7. C.C.C. — Hommel Rhaps. obs. 671. — Wieland a. a. O. Th. II. §. 534—37. — v. Globig und Huster a. a. O. Th. II. S. 265 — 272.

g) PGO. Art. 63. de Böhmer ad art. VI. §. 6. und ad Carpz. qu. 108. obs. 6.

h) Heil a. a. O. Cap. I. §. 1. — Wernher P. III. obs. 57. IV. 144. — Hommel obs. 279. — Quistorp a. a. O. Th. II. §. 594. Not. f.

i) de Böhmer ad C.C.C. Art. VI. §. 9.

k) Wieland a. a. O. Th. II. §. 529—30.

l) Wieland ebend. — Winkler Handb. des sächs. peinl. Rechts, §. 81.

m) Heil l. c. Cap. I. §. 12. 15. — Ludovici im peinl. Prozesse, Cap. I. §. 20.

Zweytes Capitel.

Von den Schutzschriften zu Abwendung oder Milderung der gefänglichen Haft.

Gerstäcker a. a. O. §. 23. c. — Als Beyspiel s. unter den angefügten Schutzschriften die sub A. und in der Beyspielsammlung von Gerstäcker die Schutzschrift unter GG. Th. II. S. 365. ff.

§. 34.

Erfordernisse zur Gefangennehmung eines Angeschuldigten.

Richter de carcere et custodia reorum. Jen. 1650. — Martini de carcere ad custodiam. Viteb. 1671. — Stryck de carcere ad custod. Francof. 1667. in dessen Dissertt. Francof. Vol. I. No. 4. — Danz summarische Prozesse, §. 174. fg. — von Globig und Huster Abhandlung von der Criminal-Gesetzgebung, Bd. I. Th. III. S. 505. ff. — Servin über die peinliche Gesetzgeb., aus dem Franz. übersetzt von J. H. Gruner. Nürnb. 1786. S. 420. ff. — v. Soden, Geist ꝛc. Th. II. S. 117. ff. §. 505. — Winkler Handbuch ꝛc. §. 85 u. 86. — Tittmann Grundlinien der Straf-Rechts-Wissens. §. 419. — Dessen Handbuch ꝛc. Bd. III. §. 696. ff. (2te Ausg.) — Meister princ. jur. crim. §. 380. — Feuerbach Lehrbuch, §. 524. ff. — Mittermayer Crim. Prozeß, Th. II. S. 50. ff. — Stübel Crim. Verfahren, Bd. IV. §. 1707. ff.

Die peinlichen Rechte setzen Folgendes voraus, wenn zur Gefangennehmung eines Angeschuldigten soll verschritten werden können:

I. Das begangene Verbrechen muß zu den peinlichen Fällen gehören, das heißt, es muß in den Gesetzen eine Leibes- oder Lebensstrafe, oder eine der Leibesstrafe gleich zu achtende körperliche Züchtigung, besonders eine Zuchthausstrafe darauf gesetzt seyn. a)

II. Die Wirklichkeit dieses peinlichen Verbrechens muß keinem gegründeten Zweifel unterworfen, sondern wenigstens genugsam wahrscheinlich seyn. b)

III. Die wider den zur Haft zu bringenden Menschen, vorhandenen Anzeigen, müssen der Stärke eines halben Beweises gleichkommen. c)

IV. Der Inculpat muß noch überdem bey geringern Verbrechen der Flucht verdächtig seyn, und ein gelinderes Sicherheitsmittel nicht geleistet werden können, oder nicht hinreichend erscheinen, ihn von der Flucht abzuhalten. d)

a) Landesordnung vom J. 1555, tit. was zu Ober-, Nieder-, und Erbgerichten gehört. (C. A. T. I. p. 49.) — Responsum des Leipziger Schöppenstuhls beym Carpzov qu. 109, und hieraus in Hommel Rhaps. obs. 791. auch quaest. 111. n. 5. fg. — de Böhmer ad Art. 2. 11. §. 2. C. C. C. — Leyser sp. 563. — G. Engelbrecht diss. de jurisdictione super. et infer. secundum mores Germanorum. Halle, 1738. — Meister princ. jur. crim. §. 77. — v. Bülow und Hagemann practische Erörterungen, Bd. 2. No. 31 u. 32. — Stübel Crim. Verf. Th. I. §. 152. ff.

b) PGO. Art. 2. 6. 11. 20. — Wernher P. X. obs. 470. — Quistorp a. a. O. Th. II. §. 599. — Koch jur. crim. §. 756.

c) PGO. Art. 6. 12. 218. — de Böhmer ad art. 11. §. 3 und ad Carpzov. qu. 111. obs. 2. — Meister Erkenntnisse resp. 87. Th. 2. — Claproth a. a. O. §. 536. S. 729. — Quistorp a. a. O. Th. II. §. 647. Tittmann Handbuch, Th. IV. §. 680. (III. §. 698.) — Feuerbach peinl. Recht, §. 524.

d) Heil a. a. O. Cap. II. §. 5. — Leyser spec. 563. m. 4. — Koch jus crim. §. 758. — Mittermayer Crim. Prozeß, Th. II. S. 54.

§. 35.

Hieraus abzuleitende Vertheidigungs-Gründe.

Will ein Vertheidiger einen zur Haft zu bringenden Inculpaten gegen diesen Nachtheil, oder die Fortdauer desselben schützen, so kann er die Gründe dazu aus folgenden Quellen schöpfen, und

Zu I. zu erweisen suchen:

a) Die dem Inculpaten zur Last fallenden Beschuldigungen würden, wenn sie auch gegründet wären, doch noch kein solches Verbrechen ausmachen, worauf nach den Gesetzen eine peinliche Strafe verordnet sey, sondern sie würden schon in Thesi unter die geringern Frevelthaten gerechnet.

b) Obwohl die gerügte That in Thesi zu den peinlichen Fällen gezählt werde: so sey doch aus allen Umständen, besonders aus dem Mangel eines gegründeten Verdachts gegen den Angeschuldigten im Voraus abzunehmen, daß es in gegenwärtigem Falle zu keiner peinlichen Strafe kommen werde. [a])

Zu II. c) Es sey zur Zeit noch ganz ungewiß, ob die vermeinte peinliche That wirklich vorgefallen; indem hierüber entweder gar kein Beweiß vorhanden, oder selbiger ganz zu entkräften sey.

Zu III. d) Die wider den gefänglich Einzuziehenden streitenden Verdachts-Gründe seyen theils an sich unzulänglich, auch vom Richter weder genau untersucht, noch summarisch bescheiniget worden, theils werde ihre Kraft durch stärkere gegentheilige Vermuthungen in der Maase geschwächt, daß die erforderliche Stärke eines halben Beweises gänzlich ermangele.

Zu IV. e) Das Verbrechen sey gering, der Inhaftant ein begüterter [b]) Mann, und deshalb sowohl, als in Rücksicht anderer Umstände, besonders seiner Rechtlichkeit, der Flucht wegen gar nicht verdächtig.

f) Wenn er auch diesfalls verdächtig seyn sollte, so vermöge man ihn doch durch Cautions-Bestellung, und andere Mittel, besonders durch das in Sachsen übliche Handgelöbniß davon abzuschrecken und zurückzuhalten. [c])

g) Wenn er auch äußersten Falls entfliehen sollte: so werde doch die Strafe an seinem Vermögen vollzogen, und dadurch der Endzweck derselben größtentheils noch erreicht werden können. [d])

Anmerk. Der Vertheidiger kann auch hier außer dem Mangel dieser Erfordernisse mit Erfolg das Daseyn von Gründen, aus denen das Recht auf Strafe hier nicht anwendbar, oder für erloschen zu halten, erweisen, z. B. daß Inculpat nicht zurechnungsfähig sey, daß er im Stande der Nothwehr die That vollbracht, daß das Verbrechen durch Verjährung erloschen, Generalpardon in Bezug auf diese Arten von Verbrechen ausgesprochen worden sey, u. dergl. mehr. — Um Wiederholungen zu vermeiden, bemerke ich hier zugleich, daß dasselbe auch bey der Vertheidigung zu Abwendung des Verhörs über Artikel und des Reinigungs-Eides gilt. Der Defensor muß sich jedoch, wenn solche Gründe vorhanden sind, bemühen, deren Existenz sogleich möglichst liquid zu machen, denn je nachdem sie mehr oder weniger erwiesen sind, wird der untersuchende Richter die Mittel (Gefängniß, Verhör über Artikel u. s. w.), welche das Recht des Staates auf Bestrafung des Verbrechens verwirklichen helfen sollen, anzuwenden haben, oder nicht.

a) Quistorp a. a. O. Th. I. §. 30. Th. II. §. 535. 645. — Püttmann el. jur. crim. §. 699. 803. not. a). — Meister princ. jur. crim. §. 383. — Feuerbach Lehrbuch rc. §. 530.

b) Duellmandat vom J. 1712. §. 54. (C. A. I. 1585.)

c) Martini diss. de cautione criminali. Butz. 1777. — Danz a. a. O. §. 175. — Generale vom 30. April 1783. §. 18. — Vorzüglich aber sehe man die Abhandlung „Ueber das Handgelöbniß, gegen welches Inculpaten während der Untersuchung der Haft entlassen werden können" in Zachariä's Annal. Bd. II. No. 18. S. 210.

d) de Böhmer ad Carpzov. qu. 111. obs. 1.

§. 36.

Von den Milderungs-Gründen der Gefangenschaft.

Müller de relaxatione carceratorum. Jen. 1680. — Besonders sehe man die gekrönte Preisschrift: Des prisons, de leur régime et de ses moyens de l'améliorer par M. E. Danjou. Paris 1821. 8.

Im Fall ein Vertheidiger diese, auf gänzliche Abwendung der gefänglichen Einziehung, oder Befreyung daraus abzweckenden Gründe nicht sollte beybringen können, so muß er wenigstens die aufsuchen, welche eine Milderung des Zustandes eines Gefangenen zu bewirken vermögend sind: Zu dem Ende kann er

I. Eine Schilderung des gegenwärtigen harten Standes seines Clienten vorausschicken,

II. sodann zeigen, daß demnach die Lage des Clienten der menschenfreundlichen Verordnungen der wegen des Verfahrens in Untersuchungs-Sachen ergangenen Mandate vom J. 1770. §. 11. und vom J. 1783. §. 14. wo die Beschaffenheit der Gefängnisse genau vorgeschrieben wird, keineswegs angemessen sey, ferner

III. Erweisen, daß im Laufe des Untersuchungsprozesses die dem Inhaftaten gravirenden Anzeigen beseitigt worden und Milderungs-Gründe vorhanden wären, wonach das demselben angesonnene Verbrechen in einem milderen Lichte erscheint, so daß es eines so harten Gefängnisses, und besonders der Ketten und Banden nicht bedürfe, endlich

IV. Erhärten, daß wegen des Standes und Vermögens des Arrestaten eine Flucht nicht zu befürchten wäre, und die strenge Haft füglich gemildert werden könne, daß die Gesundheit desselben es erfodere, und überhaupt die Gefängnisse (mit der PGO. Art. 11. zu reden) zu Behaltung und nicht zu Peinigung der Gefangenen gemacht und zugerichtet seyn sollen. [a])

a) Kleinschrod im Archiv des Crim. Rechts, Bd. II. St. 2. No. 5.

Drittes Capitel.

Von der Schutzschrift zu Abwendung des Verhörs über Artikel.

Henr. Meyer diss. de defensione pro avertenda inquisitione speciali. Lips. 1738. — Heil l. c. Cap. III. — Hilliger de termino fat. def. reor. conced. §. 17. — Danz a. a. O. §. 197. 198. — Meister princ. jur. crim. §. 397. — Mittermayer Crim. Prozeß, Bd. II. S. 23. — Dessen Vertheidigungskunst, §. 122—124. (§. 131—133.) — Mittermayer versteht jedoch unter der Vertheidigung wider die Spezial-Inquisition, weniger die, welche das schimpfliche Verhör über Artikel, als die, welche die Untersuchung wider eine bestimmte als verdächtig angenommene Person (im Gegensatz der General-Inquisition) abwenden soll. — Gerstäcker a. a. O. §. 23. d.

Als Beyspiel s. man unter den angefügten Schutzschriften die sub B. und bey Gerstäcker in der Beyspielsammlung die Schutzschrift sub D. 2. Bd. I. S. 240. ff.

§. 37.

Gesetzliche Erfordernisse zur Vernehmung eines Inculpaten über Artikel.

Meister l. c. §. 396. — Tittmann Grundlinien §. 455. — Dessen Handbuch, Bd. III. §. 785. (2te Auflage.) — Feuerbach Lehrbuch ꝛc. §. 637. ff. — Stübel Crim. Verfahren, Bd. V. §. 2742. ff.

Da die Special-Inquisition so mancherley nachtheilige Wirkungen [a]) für Glück und Ehre eines Bürgers hat; so wollen die Gesetze und peinlichen Rechte, daß sie nur unter gewissen Voraussetzungen statt finden solle. Diese sind:

I. Wenn ein peinliches Verbrechen [b]) und im Königreiche Sachsen [c]) besonders ein solches, worauf gesetzlich eine Todesstrafe steht, begangen worden ist. (§. 34.)

II. Wenn die Gewißheit des in Untersuchung befangenen Verbrechens wenigstens halb bewiesen worden. [d])

III. Wenn die wider den Angeschuldigten vorhandenen Anzeigen wenigstens die Stärke eines halben Beweises der Gewißheit des Thäters ausmachen. [e])

IV. Wenn die General-Inquisition legal expedirt, und nicht etwa durch hierbey vorgefallene Fehler gedachte Erfodernisse zweifelhaft gemacht worden. [f])

a) de Böhmer ad art. 20. §. 6. — Hommel obs. 676. — Bauers Grundsätze, §. 129. — Quistorp a. a. O. Th. II. §. 674. — Winkler Handbuch, §. 149. — Stübel Crim. Verfahren, Bd. V.

§. 2949. ff. — Von der Ungerechtigkeit dieser Wirkungen s. v. Globig und Huster Abhandl. von der Crim. Gesetzgebung, Bd. I. Th. III. S. 411. ff. — Mittermayer Crim. Prozeß, Th. II. S. 21.

b) PGO. Art. 6. 20. — de Böhmer ad Art. XX. §. 10. — Erledigung der Landes-Gebrechen vom J. 1612. tit. v. Justiziensachen, §. 5. (C. A. T. I. p. 174.) — Leyser spec. 560. m. 13. 19. — Hommel Rhaps. obs. 653.

c) Winkler Handbuch §. 146. — Hommel criminalistische Blätter, S. 163. ff. — Stübel Crim. Verf. Bd. V. §. 2751. ff. jcto. §. 394. ff.

d) de Böhmer ad Art. 6. §. 13. art. 20. §. 8. C. C. C. — Quistorp a. a. O. Th. II. §. 599. — Hommel Rhaps. obs. 632. — Stübel Crim. Verf. Bd. V. §. 2766. — Mittermayer Crim. Prozeß, Bd. II. S. 11 u. 18.

e) PGO. Art. 6. 20. 23. 30. — Wernher obs. for. P. I. obs. 50. — Koch jus. crim. §. 782. — Meisters Erkenntnisse, Th. I. resp. 3. n. 11—13. — Quistorp a. a. O. Th. II. §. 667. — Püttmann a. a. O. §. 881. — Stübel a. a. O. — Mittermayer a. a. O. Th. II. S. 11. u. 20.

f) de Böhmer ad Art. XX. §. 13. C. C. C.

§. 38.

Die aus dem Mangel gedachter Erfordernisse abzuleitenden Gründe zu Abwendung der Spezial-Inquisition.

Wer einen Verbrecher gegen die Nachtheile des articulirten Verhörs schützen will, muß einen von folgenden Gründen ausführen, und daher darthun können:

Zu I. a) Das vorhandene Verbrechen sey weder in Thesi von der Beschaffenheit, daß nach den Gesetzen oder der Observanz der Dicasterien, die Spezial-Inquisition statt finden könne, noch werde auch in vorliegendem Falle zu einer peinlichen und resp. Todesstrafe zu gelangen, diese vielmehr geringer, als der Nachtheil des Verhörs über Artikel selbst seyn. [a])

Zu II. b) Es sey der Thatbestand nicht ausgemittelt worden, mithin ganz ungewiß, ob das vorgebliche Verbrechen in der Wirklichkeit beruhe.

c) Es erreiche der diesfalls geführte Beweiß die Stärke eines halben Beweises bey weiten noch nicht, indem weder ein vollgültiger Zeuge die wesentlichen Umstände des Verbrechens bestätige (§. 25—28) noch die vorhandenen Anzeigen die Kraft eines halben Beweises (§. 30.) hätten.

Zu III. d) Die Vermuthung, Client sey Thäter des Verbrechens, habe weder durch Zeugen, noch durch andere Beweismittel zur Stärke eines halben Beweises gebracht werden können.

Zu IV. e) Es seyen bey der General-Inquisition in dem richterlichen Verfahren, und besonders bey Eruirung des Thatbestandes Fehler vorgefallen, welche gegründete Zweifel erregten, ob im vorliegenden Falle ein inquisitionsmäßiges Verbrechen wirklich vorhanden sey.

f) Der Inculpat sey ein Mann, dessen Stand und Verhältnisse es erheischten, daß man seine Ehre vor den Nachtheilen der Special-Inquisition möglichst zu schützen suche. [b])

g) Dies könne um so eher deshalb geschehen, weil der Endzweck des articulirten Verhörs theils durch die summarischen Vernehmungen schon erreicht, und alles in das gehörige Licht gesetzt, mithin nichts neues zu erforschen sey, theils durch die Abhörung des Angeschuldigten über gewisse Puncte auf eine dessen Ehre unnachtheilige Weise noch zu erreichen stehe. c)

a) Leyser sp. 560. m. 33. corol. 2. sp. 262. m. 32. sp. 626. m. 6. — Rescript vom 9. Dec. 1774, abgedruckt in Winklers Handbuche, §. 146.

b) Kästner pr. de inquisitione circumspecte et non facile decernenda, in Dessen programatt. Lips. 1736. n. 19. — Bauer diss. 1. de emendando jure crim. Lips. 1769. §. 19. fg. — G. J. F. Meisters Abhandl. über den Einfluß, welchen der Stand des Verbrechers auf die Strafen, und das Verfahren in Strafsachen hat. Göttingen, 1784. §. 6. in Plitts Repertor. p. 16. — Hommel Rhaps. obs. 676. v. Globig und Huster a. a. O. Bd. I. Th. III. S. 411 u. 12.

c) Leyser sp. 560. m. 25. sp. 626. m. 6. — de Böhmer ad art. 20. §. 19. C. C. C. — Püttmann elem. jur. crim. §. 821. 22. — Hommel obs. 668. — Quistorp a. a. O. Th. II. §. 758. — Klein peinl. Recht, §. 560. und Dessen Rechtssprüche Th. III. S. 159. — Von der Frage: Ob dem Vertheidiger bey Fertigung der Schutzschrift pro avertenda die Acten zu communiziren? S. Hommel Rhaps. obs. 21. — J. G. Reinmann diss. de edendis a judice actis ad formandam defensionem pro avertenda inquisitione. Erf. 1721. — Stübel Crim. Verf. Bd. IV. §. 2343. ff.

— Nach dem sächs. Generale v. J. 1783. §. 13. werden dem Vertheidiger in Fällen, die nach §. 8. ohne vorgängiges rechtliches Erkenntniß mit der Spezialinquisition nicht verfahren werden darf, die Acten vorher zur Einsicht vorgelegt, in den übrigen Fällen aber nur nach der Antwort auf die Artikel (s. oben §. 4. ad. 2.)

Viertes Capitel.

Von der Schutzschrift zu Abwendung des Reinigungs-Eides.

Gerstäcker a. a. O. §. 23. e. — Als Beyspiel s. man unter den angeführten Schutzschriften, die sub C. und bey Gerstäcker in der Beyspielsammlung die Schutzschrift sub H. II. Bd. II. S. 376. ff. Ueber die Zulässigkeit einer solchen Schutzschrift s. Quistorp a. a. O. §. 758. — Dorn Commentar über das peinl. Recht, §. 399. S. 441.

§. 39.

Erfordernisse zu Auferlegung des Reinigungs-Eides.

J. H. Böhmer diss. de usu juram. purgatorii in criminal. Hal. 1732. (in Ex. ad D. Tom. III. Ex. 48.) — Wiesand de usu et effectu jurisjurandi purg. Viteb. 1796. — Dorn a. a. O. §. 398 — 400. — Malblank de jurejurando Lib. IV. c. 4. — Danz summar. Proz. §. 221. — J. T. Werner über den Eid, insbesondre die rechtliche Zulässigkeit des Erfüllungs- und Reinigungs-Eides in Crim. Sachen, im Archiv des Crim. Rechts, Bd. VI. St. 1. No. 3. — Tittmann Grundlinien,

§. 491. — Dessen Handbuch, Bd. III. §. 863. fg. (2te Ausg.) — Mittermayer Crim. Prozeß, Bd. II. S. 425. ff. — Stübel Crim. Verfahren, Bd. III. §. 1248 bis 1273.

Da, wie bekannt, der gute Ruf dessen leidet, welcher sich in peinlichen Fällen eines gewissen Verdachts mittelst eines Reinigungs-Eides entledigte, so billigen die Gesetze und Rechtslehrer dessen Erkennung nur unter folgenden Umständen:

I. Wenn das vorliegende Verbrechen an sich nicht ungewiß, und überhaupt von der Beschaffenheit ist, daß die darauf erfolgende außerordentliche Strafe für den Verdächtigen nachtheiliger seyn würde, als der Vorwurf, einen Reinigungs-Eid abgelegt zu haben. [a])

II. Wenn der wider den Angeschuldigten obwaltende Verdacht auf vernünftigen Wahrscheinlichkeits-Gründen beruht.

Anmerk. zu I. u. II. Der wider den Inculpaten geführte Anschuldigungs-Beweiß muß den Grad des halben, oder mehr als halben Beweises erreichen. Kann die Anschuldigung nicht bis zu diesem Grade bewiesen werden, so ist Inculpat in Ermangelung mehrern Verdachtes noch zur Zeit frey zu sprechen. Stübel Crim. Verfahr. Bd. III. §. 1260. — In Sachsen ist durch die Instruction für die Dicasterien vom 2. Dec. 1770. (C. A. C. noviss. Abth. I. S. 329.) der Grad des Beweises, welcher zu Erkennung des Reinigungs-Eides erforderlich ist, genau angegeben, und dabey der Unterschied zwischen sehr harten, schweren und minder schweren Verbrechen gemacht worden. Bey sehr harten Verbrechen (§. 3. u. 4. wobey man jedoch die Instr. v. 1783. §. 10. und die Abhandl. von Pfotenhauer über die Erläuterung dieser Gesetzstellen in Zachariä Annal. Bd. II. N. 15. S. 189. ff. vergleichen muß!) soll schon bey geringem Verdachte und minderem als halben Beweise der Reinigungs-Eid auferlegt werden; bey halbem und mehr als halbem Beweise der Reinigungs-Eid nicht zulässig seyn. Bey schweren Verbrechen (§. 5. der Instr. v. 1770.) soll, wenn die Schuld halb bewiesen ist, der Reinigungs-Eid nicht statt finden; wenn nicht einmal halber Beweiß vorhanden ist, „nach Beschaffenheit der Indicien" auf zeitige Lossprechung, oder auf den Reinigungs-Eid erkannt werden. Sind endlich die Verbrechen nur minder schwer (§. 6.), so ist nach Beschaffenheit der Umstände, wenn halber, oder mehr als halber Beweiß vorhanden, auf den Reinigungs-Eid, oder sogleich auf poenam extraord. zu erkennen, und bey geringerem Beweise das Beschuldigte gänzlich zu absolviren. Vergl. Stübel a. a. O. §. 1261 a bis g) und 1262.

III. Wenn man von der Unschuld des Verdächtigen durch ein gelinderes Mittel nicht überzeugt werden kann.

IV. Wenn in der Persönlichkeit des Angeschuldigten kein Hinderniß zur Eides-Ablegung liegt, daher derselbe das erforderliche Alter [c]), und die nöthigen Geistesfähigkeiten haben muß.

a) Heil l. c. Cap. IV. §. 10. — de Böhmer ad Carpz. qu. 116. obs. 6. 7. — v. Soden a. a. O. §. 655. fg.

b) Const. Elect. 21. P. I. „wo ein rechtlicher Verdacht wider einen ausgeführt" — und Carpzov. def. 1. — Hommel Rhaps. obs. 287. n. 4. obs. 632. — Leyser sp. 142. m. 6. 7.

c) Nach gemeinem Rechte ist das 14te Jahr erforderlich. Heil l. c. Cap. IV. §. 8. — Hommel Rhaps. obs. 205. — Claproth a. a. O. §. 618. — Danz a. a. O. §. 221. — G. S. Wiesand Progr. de aetate ad jurandum in causis crim. idonea. Viteb. 1791. — Quistorp Grundf. des peinl. Rechts. Th. II. §. 758. — Tittmann

Handbuch, Th. IV. §. 827. (III. 863.) — Die sächs. Criminalisten halten nach Analogie der Eidesfähigkeit in Civil-Sachen (Erl. Proz. Ord. Tit. 18. §. 4.) erst das 18te Jahr zu Ablegung eines Reinigungs-Eides für hinreichend. Stübel Crim. Verf. III. §. 1265.

§. 40.

Aus dem Mangel der gedachten Erfordernisse zu entlehnende Gründe für Unstatthaftigkeit des Reinigungs-Eides.

Will ein Vertheidiger darthun, daß die Sache seines Clienten sich zum Reinigungs-Eide nicht qualifizire; so kann er zu Unterstützung dieser Behauptung an- und auszuführen suchen:

Zu I. a) Das Corpus delicti sey noch ganz ungewiß, und wenn es auch gewiß seyn sollte, das Verbrechen doch an sich so unerheblich, daß die etwanige geringe Strafe dem Verdächtigen weit weniger Nachtheil erwecken, als die Ablegung eines Eides in der Absicht ein so geringes Uebel abzuwenden der Gewissenhaftigkeit des Beschuldigten nachtheilig seyn würde.

Zu II. b) Wenn schon das Verbrechen an sich außer Zweifel beruhen, auch peinlich seyn sollte: so sey doch wider den Angeschuldigten kein rechtlicher Verdacht vorhanden; indem die gravirlichen Umstände, theils an sich einiges Gewicht nicht hätten, theils durch keinen auch nur minder vollkommnen Beweiß dargethan worden wären, theils auch durch gegentheilige Vermuthungen der Unschuld gänzlich entkräftet würden, mithin nicht erst durch Leistung eines Reinigungs-Eides elidirt zu werden brauchten. [a])

Zu III. c) Der für die Unschuld des Clienten, und den Mangel des Vorsatzes geführte Beweiß sey halb vollführt, auch durch Gegengründe nicht geschwächt worden, noch sey auch Verdacht eines Meineides vorhanden; welchenfalls bewährter Rechtslehrer Meinung nach, Inculpat zum Erfüllungs-Eide zugelassen und mit Leistung eines purgatorii verschont werden möge. [b])

d) Die vom Inculpat vorgebrachten Entschuldigungen seyen gar nicht gehörig untersucht, und widerlegt worden, und doch sey es höchst wahrscheinlich, daß dadurch die Unschuld an den Tag kommen werde. Der Reinigungs-Eid könne also eher nicht statt finden, als bis der Richter jener Schuldigkeit Genüge geleistet, und den Ungrund der Einrede des Beschuldigten außer Zweifel gesetzt habe.

Zu IV. e) Die Jugend des Angeschuldigten, dessen Verstandesschwäche oder zerrütteter Gemüthszustand, vielleicht auch dessen Religion, oder gegen einen Eid vorgefaßte Meinungen machten ihn zu Leistung eines purgatorii entweder überhaupt, oder doch für den gegenwärtigen Zeitpunct ganz unfähig.

Außer dem Mangel der im vorigen §. aufgestellten Erfordernisse kann der Vertheidiger noch anführen:

f) Inculpat sey überhaupt ein Mann, an dessen ungekränkter Ehre dem Staate mehr gelegen seyn müsse, als an der Gewißheit des gerügten geringen Vergehens.

g) Der Reinigungs-Eid ziehe überhaupt in den meisten Fällen entweder Meineide, oder unverdiente Ehrenrührungen nach sich, und es sey daher dessen Gebrauch möglichst einzuschränken. c)

a) Leyser spec. 142. m. 6—8.

b) de Böhmer ad C. C. C. art. 141. §. 2. p. 678. Quistorp Abhandl. von der Zulässigkeit des Erfüllungs-Eides in peinlichen Fällen, in dessen Beyträgen zur Erläuterung versch. Rechtsmaterien. No. 19. (nach der Ausg. v. J. 1787.) — Dessen Grundsätze, §. 618. — Westphals Crim. Recht, §. 141. Anm. 13. — Engau jus crim. Lib. I. tit. 3. §. 36. — Dorns Commentar, §. 371. — Claproth summar. Prozesse, §. 572.

c) Leyser sp. 142. m. 9—10. — Malblanc doctrina de jurejurando T. II. p. 174. sq. — J. H. Böhmer c. l. §. 25. v. Globig und Huster a. a. O. Th. II. S. 364 u. 365. — v. Globig Theorie der Wahrscheinlichkeit zu Gründung ꝛc. Th. II. S. 99. — Meister über den Eid, S. 105. — Mittermayer Crim. Prozeß, Th. II. S. 428 u. 430.

Zweyter Abschnitt.

Von den Hauptdefensionen.

Erstes Capitel.

Von den Schutzschriften zu Ausführung der völligen Unschuld und Abwendung aller Strafe.

Als Beyspiele sehe man unter den angeführten Schutzschriften die sub C. und D., auch bey Gerstäcker in der Beyspielsammlung, und bey Kuppermann a. a. O. findet man viele Schutzschriften dieser Gattung.

§. 41.

Erfordernisse zur rechtlichen Zuerkennung einer Strafe überhaupt.

Meister princ. jur. crim. §. 20. — Tittmann Grundlinien §. 28. — Dessen Handbuch Th. I. §. 54. 56. ff. (2te Ausg.) — Feuerbach Revision, Th. II. Cap. 6 u. 7. — Dessen Lehrbuch, §. 20. und 79. ff. — Kleinschrod Grundzüge der Lehre von der Zurechnung der Verbrechen, im neuen Archiv des Crim. Rechts. Bd. I. H. 1. N. 1. — E. Henke Handb. des Criminal-Rechts und der Criminalpolitik. Berlin u. Stettin, Th. I. 1823. 8. §. 33. ff. S. 183. ff.

Soll Jemand überhaupt für strafbar gehalten werden, so sind folgende Bedingungen nothwendig:

I. Es muß ein Gesetz auf eine zu Recht beständige Weise gegeben, in demselben eine Handlung verboten, und die Ausübung der Handlung mit einer Strafe bedroht werden, [a]) überhaupt aber das gegebene Gesetz noch anwendbar seyn (nulla poena sine lege).

II. Es muß eine dergleichen gesetzlich verpönte That wirklich vorhanden, und äußerlich erkennbar (nulla poena sine crimine), so wie diese That von dem Beschuldigten vollbracht worden seyn (Gewißheit der That und des Thäters).

III. Der Thäter muß unter dem Strafgesetze stehen, und das Recht einer solchen Person, welcher das Gesetz Schutz gewähren sollte, verletzt haben.

IV. Demselben muß die Handlung zugerechnet werden können, hierzu wird erfordert:

a) Daß er die Strafbarkeit der Handlung gekannt habe, oder wenigstens davon, daß die verübte That strafbar sey, sich habe unterrichten können.

b) Daß er zu Begehung dieser Handlung nicht berechtigt war.

c) Daß er zur Zeit ihrer Vollziehung physisch und geistig frey war.

d) Daß er demohngeachtet die straffällige Handlung mit selbstthätiger Bestimmung darzu, mithin nach Triebfedern der Bosheit vollzogen, oder aus Mangel an nöthiger Aufmerksamkeit, aus Fahrlässigkeit, verursacht habe. [b])

V. Es muß in dem vorliegenden Falle der Beweiß dieser Erfordernisse nach Form und Inhalt rechtsbeständig geführt, endlich

VI. Das Recht des Staats auf Bestrafung nicht bereits erloschen seyn.

Anmerk. Feuerbach (Lehrbuch §. 79.) nennt diese Gründe, von welchen die rechtliche Möglichkeit der Anwendung eines Strafgesetzes überhaupt abhängt: Gründe der absoluten Strafbarkeit, und theilt sie in subjective und objective, jenachdem sie auf die That oder den Thäter sich beziehn.

a) Ueber die Natur der Strafgesetze, vergl. Stübel System des peinl. Rechts, Th. I. §. 1 — 28. — Grolmann über die Begründung des Strafrechts ꝛc. Gießen, 1799. S. 106. ff. — Feuerbach Revision, Th. I. Cap. 2.

b) E. Henke a. a. O. §. 54. 55.

§. 42.

Gründe der Straflosigkeit, abgeleitet aus den Bedingungen der Strafanwendung.

Mittermayer Vertheidigungskunst, §. 23. ff. — Gerstäcker Anweisung zu Vertheidigungs-Schriften, §. 11.

In einer Vertheidigungsschrift, deren Absicht auf Abwendung aller Strafe gerichtet ist, muß demnach einer von folgenden Gründen ausgeführt werden können:

Zu I.

1) Es sey die gerügte That, z. B. der versuchte Selbstmord, in keinem Strafgesetze verboten, [a]) daher und weil die Sicherheit der aus dem Staats-Vertrage fließenden bürgerlichen Rechte nicht gestört, sondern nur eine Pflicht der Moral, oder Religion [b]) verletzt worden sey, kein Verbrechen vorhanden.

2) Das Gesetz, in welchem die verübte That mit einer Strafe belegt, sey nicht legitim abgefaßt, indem bey Abfassung desselben der Gesetzgeber der in dem Staate bestehenden Verfassung nicht gefolgt, oder das Gesetz von einer Macht, die vom Staate nicht anerkannt, und despotisch sich aufgeworfen hatte, gegeben sey.

3) Das Gesetz sey dunkel und unverständlich abgefaßt, könne nur mittelst einer extensiven Auslegung, welche im Criminalrecht unerlaubt ist, auf den vorliegenden Fall angewendet werden, in demselben sey auch die verübte That nur gemißbilligt, ohne ausdrücklich verboten, vielweniger mit einer Strafe belegt zu seyn. [c])

4) Die gesetzliche Bestimmung sey auf die vorliegende Handlung überhaupt nicht anwendbar, oder doch für die jetzigen Zeit-Umstände veraltet, [d]) z. B. die strengen auf Zauberey, Gotteslästerung, Ehebruch rc. sich beziehenden Gesetze.

Zu II.

5) Es ermangele an dem Daseyn des Thatbestandes, [e]) indem die Merkmale des Verbrechens, welche das Gesetz aufstellt, bey der fraglichen Handlung nicht gefunden würden.

6) Es sey die vermeinte verbrecherische That gar nicht bis zur äußerlichen Erkennbarkeit gediehen, sie sey nichts als vermutheter Entwurf und Idee eines Verbrechens, worüber kein Mensch zu richten habe. [f])

7) Es seyen keine hinreichenden Gründe vorhanden, warum man den Beschuldigten für den Thäter halten wolle, oder die vorhandenen Gründe ließen sich durch eben soviel Gegengründe widerlegen; z. B. das Geständniß des Beschuldigten

verdiene keinen Glauben, indem es erzwungen, aus Lebensüberdruß oder in dem Glauben, es werde ihm wenig Nachtheil bringen, abgelegt worden sey (s. die Schutzschrift im Anh. II. unter C.)

Zu III.

8) Die im Gesetze verpönte Handlung sey von einer über das Gesetz erhabenen Person, g) oder zwar von einem Unterthan, aber doch außerhalb des Staats-Gebietes, in dem das Gesetz gilt, und an einem Fremden verübt worden. h)

a) Feuerbach Lehrbuch, §. 80 u. 83. — Mittermayer Vertheidigungskunst, §. 25.

b) C. F. Hommels Vorrede und Anmerkungen zu dessen deutscher Uebersetzung des Beccaria. Leipzig, 1778. 8. — Ejusd. Rhaps. obs. 330. n. 9. 441. n. 4. 478. 519. n. 5. auch Dessen philosoph. Gedanken über das Crim. Recht. Herausgegeben von Rössig. Breslau, 1784. 8. §. 53. 60. 67. 85. — Wieland Geist der peinl. Gesetze, Th. I. §. 224—232. — Stübel diss. quatenus actiones religioni non convenientes poenis criminalibus coërceri possint? Vit. 1791. — Meister princ. jur. crim. §. 20. not. c). — Tittmann Grundlinien, §. 31. und Dessen Handb. Th. I. §. 42. — Feuerbach a. a. O. §. 21. — E. Henke Handb. des Crim. Rechts, Th. I. §. 34.

c) Es kommen hier die allgemeinen Regeln über Anwendung und Auslegung der Gesetze in Betracht. Man sehe deshalb: C. Eckhard hermen. jur. cura C. W. Walch. Lips. 1802. — Zachariä Versuch einer allgemeinen Hermeneutik des Rechts. Meißen, 1805. — Thibaut Theorie der logischen Auslegung. Altona, 1806. — Hufeland Lehrbuch des Civil=Rechts. — F. G. Georgi Beytrag zur Lehre von der Rückanwendung neuer Gesetze im Archiv für die civilist. Praxis, Th. III. N. 12. S. 145—194. Ueber Auslegung der Strafgesetze, besonders s. Kleinschrod systemat. Entwickelung, Bd. II. S. 312. — Tittmann Handbuch, Th. I. §. 14. 15. u. die dort §. 15. Not. l. angeführten Schriften.

d) Mittermayer a. a. O. §. 25. c und d. — Siehe auch unten §. 51. und den Anhang I. §. 6.

e) Feuerbach Lehrbuch, §. 80 bis 83. — Stübel über den Thatbestand, §. 303. ꝛc. besonders §. 374 u. 375.

f) L. 53. §. 2. l. 225 D. de V. S. — L. 18. D. de poenis. — L. 14. D. ad leg. Cornel. de Sicariis. Wegen Auslegung der letztern Stelle sehe man Becker über lex cit. im Leipziger Magazin für Rechtsgelehrte, St. 1. v. Jahre 1786. S. 1 bis 17. — PGO. Art. 178. — Corn. van Bynckershoek solus animus quemadmodum aestimetur in criminibus in Obs. jur. Rom. Lib. III. c. 10. — v. Soden a. a. O. Th. I. §. 7. — Glück Commentar, Bd. I. S. 62. — Stübel peinl. Recht, Th. II. §. 182. — Derselbe über den Thatbestand, §. 5. — Feuerbach a. a. O. §. 32 und 42. Not. c. — Mittermayer im Neuen Arch. des Crim. Rechts, Bd. II. S. 610. — Dessen Vertheidigungskunst, §. 26. — E. Henke Crim. Recht, Th. I. §. 33. S. 185. §. 35. S. 198.

g) C. F. G. Meister de jure quod in delictis personarum illustribus obtinet. Gött. 1748. — Feuerbach Lehrbuch, §. 29.

h) Böhmer El. jur. civ. T. III. ex. 20. — Rudolph de poena del. extra territor. admiss. Erlang. 1790. — Martin Crim. Prozeß, §. 20. — Tittmann Handbuch I. §. 62. (§. 30. ff. der 2. Ausg.)

— Derselbe die Strafrechtspflege in völkerrechtlicher Hinsicht, mit besonderer Beziehung auf die deutschen Bundesstaaten. 1817. — Feuerbach a. a. O. §. 32 u. 40. — Mittermayer Vertheidigungskunst, §. 25. — Vergleiche noch die zum folgenden §. unter f) angeführten Schriftsteller.

§. 43.

Fortsetzung.

Zu IV.

9) Es sey dem Angeschuldigten eine Verbindlichkeit zur nothwendigen Enthaltung der verübten That gänzlich unbekannt gewesen. Denn

a) Diese That sey in natürlichen Gesetzen entweder gar nicht verboten, oder doch dieses Verbot zu tief in der Natur der Handlung, und ihrem Verhältnisse zum Endzwecke des Staats verborgen, als daß der Angeschuldigte bey seinem geringen Maase von Kenntnissen und Denkkraft durch das bloße Licht der Vernunft, und ohne andere Belehrungen etwas davon zu entdecken, hätte im Stande seyn können. [a])

b) Das in positiven Gesetzen enthaltene Verbot sey dem Angeschuldigten erweislich, oder höchst wahrscheinlich nicht bekannt geworden. Diese gänzliche Unwissenheit kann eintreten, und dem Verbrecher wenigstens gegen die Härte der positiven Strafen zu statten kommen,

α) wenn dieß Gesetz entweder noch gar nicht, oder doch nicht mit Beobachtung der gesetzlichen Form pranulgirt worden ist. Dafern also z. B. im Königreiche Sachsen das Mandat wegen des vorsätzlichen Feuer-anlegens ꝛc., das wegen Umbringung und Wegsetzung der Leibesfrüchte, ingleichen das Duellmandat zu den darin vorgeschriebenen Zeiten nicht von den Canzeln verlesen, [b]) die Constitution vom anvertrauten Gute den Einnehmern nicht nach der gesetzlichen Vorschrift bekannt gemacht, [c]) sowohl die Kriegsartikel monatlich nicht verlesen und von dem Auditeur bey Desertions-Fällen beglaubte Nachricht davon nicht zu den Acten gebracht worden seyn sollte [d]): so könnte bey den diesen Gesetzen zuwider laufenden Handlungen die Härte der darin festgesetzten Strafen ganz oder zum Theil nicht in Anwendung gebracht werden. [e])

β) Wenn der Inculpat ein neuer lange abwesend gewesener, oder nur ein zeitiger Bürger ist, das in den positiven Gesetzen eines Landes zum Verbrechen gemachte und stark verpönte Factum aber den natürlichen, oder den Gesetzen seines Landes entweder gar nicht zuwiderläuft, oder doch hierinnen mit einer weit gelindern Strafe belegt wird. [f])

γ) Wenn das positive Gesetz in einer dem Inculpaten ganz unverständlichen Sprache abgefaßt ist. [g])

10) Er sey zu dieser Handlung berechtigt gewesen, denn er habe sie auf Geheiß des Gesetzgebers [h]) (z. B. Tödung im Kriege) oder, bey veräußerlichen Rechten, mit dem Willen des Berechtigten vollzogen [i]); das Recht des Verletzten sey mit

den eignen Rechten des Verletzenden in Collision gekommen. (Nothwehr, [k]) Diebstahl in höchster Noth), der Verletzte habe das Recht, woran sich Inculpat angeblich vergriffen, schon verloren gehabt, z. B. eine solche Verletzung eines Todten, welche bey dem Lebenden den Tod zur Folge gehabt hätte. [l])

11) Es sey dem Inculpaten die Unterlassung der gesetzwidrigen Handlung unmöglich worden, indem

a) seine physischen Kräfte zur Vollziehung einer gebotenen Handlung zu schwach gewesen.

b) Seine Willensfreyheit durch äußern Zwang, durch Collision der Pflichten und Gesetze, durch gänzlich behinderten Gebrauch der Seelenkräfte und moralischen Fähigkeit in ganz unwillkührliche Thätigkeit versetzt worden sey, und alle Zurechnung und Strafe ausschließe, indem er z. B. unter die Rasenden, Wahnsinnigen, Melancholischen, Mondsüchtigen, Kinder und kindischen Personen, unvermeidlich Irrenden [m]) u. s. w. zu rechnen. [n])

12) Die That sey nicht aus böser Absicht, noch aus Fahrlässigkeit begangen oder unterlassen worden [o]), vielmehr sey ein unglücklicher Zufall die Ursache.

Zu V.

13) Der für die Statthaftigkeit einer straffälligen Handlung, und zu Ausmittelung ihres Thäters von Seiten des peinlichen Gerichts geführte Beweiß, sey theils an sich nach Form und Materie ganz unbeständig und kraftlos, theils

könne er durch liquide Schutzreden, und unläugbare Beweise der Unschuld gänzlich vernichtet werden; indem z. B. der Angeschuldigte zur Zeit des vorgefallenen Verbrechens abwesend, oder zu dessen Vollbringung seinen Kräften, Fähigkeiten und äußern Verhältnissen nach, ganz unfähig gewesen. p)

Zu VI.

14) Der Beschuldigte sey bereits schon, z. B. im Auslande, wegen des daselbst verübten Verbrechens bestraft worden, der Staat habe sich seines Rechts auf Bestrafung nach ertheilter Abolition oder Begnadigung begeben; dieses Recht sey durch die abgelaufene Verjährungszeit erloschen. q)

a) Leyser sp. 532. m. 9. — Wieland a. a. O. §. 218.

b) St. Wiesand Opusc. sp. XI. n. 6. S. 162. — Erhardts peinl. Recht, Th. I. §. 159. fg. — Seit dem Rescripte v. 17. Jul. 1798. (C. A. C. noviss. I. 525) hat jedoch das Unterlassen des Ablesens der Gesetze von den Canzeln keinen Einfluß mehr auf die Bestrafung.

c) de Winkler corol. jur. crim. VIII. in Opusc. Vol. I. p. 38. fg. — Erhardt a. a. O. §. 115. fg. — Rescript die Verpflichtung auf die Constitution vom anvertr. Gute betr. v. 22. Aug. 1786. (C. A. C. noviss. I. 489.) und Mandat vom anvertr. Gute v. 23. März 1822. §. 2. (G. S. v. J. 1822. St. 16. N. 28. S. 339 — 341.) — Noch ein Beyspiel zu Abwendung oder resp. Milderung der in dem Gesetze bestimmten Strafe giebt die geheime Instruction an die Dicasterien v. 30. Apr. 1783. Da dieselbe öffentlich nicht publizirt worden ist, so finden auch diejenigen Abänderungen früherer Gesetze, wodurch höhere Strafen verordnet sind, (z. B. wegen des Gesindediebstahls §. 5.) keine Anwendung. Die Wittenberger Dicasterien und das Landgericht in der Niederlausitz sprachen ehedem nach diesen Verschärfungen, gingen jedoch davon ab, nachdem in Leipzig auf geführte Defension ihre Erkenntnisse mehrmals reformirt worden waren. Daß die Leipziger Dicasterien diese Erhöhungen der Strafen nicht annehmen, bezeugt Hommel in den criminalist. Blättern, I. Heft 1. S. 115.

d) Schmieder Kriegsrecht, Th. I. S. 91. §. 4. — Strafgesetzbuch für die Königl. Sächs. Truppen (G. S. St. 4. N. 5. S. 23.) Art. 51. und die am Schlusse des Strafgesetzbuches S. 92. befindliche Verordnung.

e) Jos. Herr, über die Bekanntmachung der Gesetze. Freyb. 1783. 8. — Quistorp, Th. I. §. 32. — Schott diss. de ignorantia populi circa poenas earum vim impediente. Lips. 1788. — v. Soden a. a. O. Th. I. §. 30. — Generale, das Verfahren bey Publication der Mandate und Generalien betr. d. d. 13. Jul. 1796. — Mandat, die Bekanntmachung und Sammlung der Gesetze betr. v. 9. März 1818. (G. S. St. 1. N. 1. S. 1.)

f) Joh. Jac. Moser von der Landeshoheit in Ansehung derer Unterthanen, Personen und Vermögen. Leipz. 1773. S. 30. fg. — de Böhmer ad Carpz. qu. 149. obs. 4. — Strubens rechtliche Bedenken, Th. II. Bd. 113. Th. IV. Bd. 28. — Quistorp a. a. O. Th. I. §. 48. — Hommel Rhaps. obs. 677. — Wieland a. a. O. §. 95 bis 98. — G. L. Böhmer de delictis extra territorium admissis §. 21 bis 23. in El. jur. civ. T. III. ex. 20. — Kleinschrod a. a. O. Th. II. §. 122. fg.

g) Wieland a. a. O. §. 44—48. §. 214—217. — Kleinschrod a. a. O. Th. I. §. 49.

h) Feuerbach Lehrb. §. 33. — Tittmann Handb. Th. I. §. 121. — Mittermayer Vertheidigungskunst, §. 27.

i) Krug's Bruchstücke der Lebensphilosophie S. 81. — Feuerbach a. a. O. §. 35. — Mittermayer a. a. O. — Henke Handb. des Crim. Recht's, §. 38. Th. I.

k) J. C. Quistorp diss. de homicidio permisso et speciatim de moderamine inculp. tutelae. Rost. 1765. — Hellfeld diss. de violenta rerum nostrarum defensione. Jen. 1768. — Meister princ. jur. cr. §. 72 u. 139. — Grattenauer über die Nothwehr. Breslau 1806. (die Hauptschrift.) — van der Maesen de justa sui defensione cum caede aggressoris. Utrecht 1807. — Grävell, Kleinschrod und Oersted im neuen Arch. des Crim. Rechts, Bd. III. H. 2. N. 10. H. 3. N. 15. Bd. V. Heft 3. N. 15. S. 345. u. H. 4. N. 25. S. 625. — Tittmann Handbuch, Th. I. §. 163. ff. (135. ff.) — Dessen Grundlinien, §. 108. ff. — Feuerbach a. a. O. §. 317. ff. — Mittermayer a. a. O. — E. Henke Handb. des Crim. Rechts, Th. I. §. 36. ff.

l) Stübel über den Thatbestand, §. 9. — Klein Annalen der Gesetzgebung, B. 10. S. 362. — Feuerbach Lehrbuch, §. 34. — Mittermayer a. a. O. §. 26.

m) Feuerbach Critik des Kleinschr. Entwurfs S. 288. — Dessen Lehrbuch, §. 55. und 88. — Tittmann Grundlinien, §. 28. — Dessen Handbuch, Th. I. S. 231. (§. 85 u. 93 der 2ten Ausg.) — Mittermayer a. a. O. §. 28.

n) Puffendorf de officio hominis et civis c. 17. §. 13. und Sam. Treuer daselbst. — Quistorp a. a. O. Th. I. §. 38. fg. — Wieland a. a. O. §. 280—89. — L. Harscher v. Almendingen Darstellung der rechtlichen Imputation. Gießen, 1803. — (H. E. v. Globig) Entwurf eines Maasstabes der gesetzlichen Zurechnung und der Strafverhältnisse. Dresden, 1808. 8. — Ueber die einzelnen Zustände, in denen einem Beschuldigten die That nicht zugerechnet werden kann, genüge es hier Meister princ. jur. crim. §. 92. — Tittmann Grundlinien, §. 28. 106. und dessen Handbuch, Th. I. §. 85. ff. — Feuerbach, §. 84 bis 90. und Mittermayer Vertheidigungskunst, §. 28. anzuführen, und auf die bey diesen Schriftstellern angeführte Literatur zu verweisen. Noch vergl. man über die neusten Bearbeitungen dieser Lehre Mittermayer im Neuen Arch. des Crim. Rechts, Bd. IV. H. 3. N. 17. S. 410. und Henke Crim. Recht, Th. I. §. 46. ff.

o) Meister princ. jur. crim. §. 38. ff. — Feuerbach a. a. O. §. 53. ff. — Dessen Revision, Th. I. Cap. 6. — Dessen Betrachtungen über dolus und culpa ꝛc. in der Bibliothek, Bd. II. St. 1. N. 5. — Kleinschrod im Neuen Arch. Bd. VI. H. 1. N. 2. S. 45. — Mittermayer ebend. Bd. II. H. 4. N. 28. S. 516. — Dessen Vertheidigungskunst, §. 27. 43 u. 44.

p) PGO. Art. 47. — Wieland a. a. O. Th. II. §. 542. — Mittermayer a. a. O. §. 24. und 30. ff.

q) Meister l. c. §. 74. 466. ff. — Feuerbach Lehrb. §. 61. ff. — Mittermayer a. a. O §. 28. ff.

Zweytes Capitel.

Von der Schutzschrift zu Milderung der ordentlichen Strafe.

Als Beyspiel s. man die Schutzschrift im Anhang II. unter E.

§. 44.

Von den gesetzlichen Erfordernissen zur Statthaftigkeit einer ordentlichen Strafe.

Meister princ. jur. crim. §. 105. — Mittermayer Vertheidigungskunst, §. 45.

Eine ordentliche Strafe (poena ordinaria) findet nur dann eine gerechte Anwendung, wenn alle Erfordernisse und Bedingungen zusammentreffen, welche der Gesetzgeber bey deren Zufügung vorausgesetzt wissen wollte. Es sind aber vorzüglich und im Allgemeinen folgende drey:

I. Das Verbrechen, welches mit der ordentlichen Strafe belegt werden soll, muß in dem Grade von Vorsatz und Bosheit, oder innerer Zurechnung gegründet seyn, welchen sich der Gesetzgeber bey Festsetzung der gesetzlichen Strafe als die gewöhnliche Triebfeder desselben dachte.

II. Der Thäter muß auf Antrieb dieses Grades von Bosheit die gesetzwidrige Handlung nach ihrem ganzen Umfange vollzogen und den Schaden in seiner ganzen im Gesetz angenommenen Größe gestiftet haben.

III. Sowohl die Gewißheit des Verbrechens, als die des Thäters muß dergestalt erwiesen seyn, daß alle diesem Beweise von dem Vertheidiger entgegen gesetzte Einwendungen einen Widerspruch enthalten werden. [a])

Wenn also eine Missethat mit Eintretung dieser Bedingungen vollzogen worden; so ist mit Beyfall der strengsten Gerechtigkeit anzunehmen, daß das volle Maas von Leiden, welches in der ordentlichen Strafe liegt, dem Thäter nothwendig zugefügt werden müsse, weil eine Verminderung desselben dem Willen des Gesetzgebers entgegen laufen würde. — Und hierauf zielt der Satz des peinlichen Rechts: Poena, quam lex determinavit, maxima illius criminis censenda est. Koch jus. crim. §. 83. Klein a. a. O. §. 164.

a) PGO. Art. 6. 22. 67 und 69. — Generale v. 30. April 1783. §. 2. — Koch l. c. §. 83 bis 90. — Quistorp a. a. O. Th. I. §. 83. — Meister l. c. §. 105 und 403. — Bauers Criminal-Prozeß, §. 134. — Kleinschrods Entwickelung des peinl. Rechts, Th. II. §. 55. 62. 125. — Derselbe im Arch. des Crim. Rechts, Bd. III. St. 2. N. 5. §. 5.

§. 45.
Aus dem Mangel dieser Erfordernisse fließende Gründe zu Milderung der ordentlichen Strafe.

S. Mittermayer Vertheidigungskunst, §. 45. 46. 47. 105. (112) und Gerstäcker a. a. O. §. 20 u. 21. — Uebrigens vergl. man die Schriftsteller, welche §. 51. sub a.) genannt sind.

Ein Vertheidiger, der die Milderung einer ordentlichen Strafe zur Absicht hat, kann also die Gründe hierzu aus folgenden Quellen schöpfen:

I. Wird er darzuthun suchen: Daß der zur Erkennung der ordentlichen Strafe nach dem Willen des Gesetzgebers erforderliche hohe Grad von Vorsatz und innerer Zurechnung bey gegenwärtigem Verbrecher nicht wirksam gewesen sey. —

Da jedoch die zweckmäßige Benutzung dieses Vertheidigungs-Grundes ganz von der Frage abhängt:

Ob der Richter nach dem Sinne des Gesetzgebers bey einer ordentlichen Strafe den gewöhnlich höchsten Grad von Vorsatz wirklich voraussetzen, und in dessen Ermangelung eine Milderung jener Strafe als seinem Willen gemäß ansehe, und statt finden lassen müsse?

So werde ich mich zuvörderst mit Erörterung dieser Frage beschäftigen.

§. 46.

Beantwortung dieser Frage.

Philosophische Betrachtungen über den Ursprung des gesellschaftlichen Lebens zur Verbesserung der peinl. Gesetzgebung, aus dem Franz. des Adv. de la Croix durch G. E. K. Link. Nürnberg, 1783. — Wieland a. a. O. Th. I. §. 294—96. — v. Globig u. Huster, Abhandl. über die Crim. Gesetzgebung, S. 48. 59. — Servin über die peinl. Gesetzgeb. rc. Buch I. §. 3. ff. — Tittmann Grundl. §. 94. — Feuerbach Revision rc. Th. I. S. 226. — Ejusd. diss. de causis mitigandi ex capite impeditae libertatis. pag. 5. ff. — S. auch den Anhang I. dieses Buches §. 1.

Jeder Beleidigte ist berechtigt, gegen den Beleidiger die wirksamsten Mittel seiner künftigen Sicherheit vorzukehren. Jeder Beleidiger hat aber auch das natürliche Befugniß, zu verlangen, daß diese Mittel keine größern Uebel enthalten, als der Endzweck der Vertheidigung nothwendig macht. Beleidigt also der Bürger die bürgerliche Gesellschaft durch Verbrechen, so ist zwar ihr Beschützer befugt, durch wirksame Vertheidigungsmittel sie gegen den Beleidiger in Sicherheit zu setzen. Aber der Verbrecher kann mit gleichem Rechte fodern, daß diese Mittel die natürlichen Grenzen und Grade der Vertheidigung nie überschreiten, daß sie nie härter seyen, als es zu Erreichung des Endzweckes, dem sie untergeordnet sind, in Rücksicht seiner nothwendig ist, sondern daß das Maaß der Strafübel gegen den Grad von Gefahr, welcher dem beleidigten Staate von ihm zu befürchten steht, in das gerechteste Verhältniß gesetzt werde. —

Aber die Beschützer der Staaten gegen ihre Beleidiger sind genöthigt, die ihrem Endzwecke zuwiderlaufenden Handlungen der Bürger durch allgemeine Strafgesetze zu verbieten, genöthiget für alle Uebertreter ihrer Gesetze Ein Maaß von Uebeln zu bestimmen und ordentliche Strafen festzusetzen. Ohnmöglich können sie bey diesen allgemeinen Regeln das Maaß von Leiden, welches für jeden einzelnen Fall zur Erlangung des Endzwecks der Sicherheit hinreichend werden kann, im Voraus bestimmen, ohnmöglich auf jene Foderungen einzelner Beleidiger hierbey Rücksicht nehmen. Aber jene Foderungen sind dennoch gerecht, sie sind zu heilig, als daß nicht von den auch unter diesen Umständen nach, möglichen Mitteln ihrer Befriedigung der sorgfältigste Gebrauch gemacht werden müßte. [a]) — Diese möglichen Mittel sind in der

Anwendung der allgemeinen Strafgesetze auf einzelne Fälle zu suchen. Ihr Gebrauch ist also in den Händen des Richters. — Diesem liegt es ob, bey jedem vorkommenden Verbrechen zu untersuchen, ob die Erfordernisse, welche der Gesetzgeber bey Erkennung der ordentlichen Strafe vorausgesetzt wissen wollte, in vorliegendem Falle wirklich eintreten, und den Maasstab, wonach jener die gesetzliche Strafe bestimmte, auch zur Richtschnur seiner Bestimmungen zu machen. Da nun Vorsatz und Bosheit auf der einen, und Schaden für die Gesellschaft auf der andern Seite diesen Maasstab ausmachen; so müssen Richter und Vertheidiger wissen, in welchem Grade der Gesetzgeber jene Maase voraussetzte, als er die ordentliche Strafe bestimmte, und unter welchen Umständen diese rechtmäßig statt finden könne. — Nun läßt sich aber aus der Absicht dessen, welcher einem Uebel allgemein vorbeugen will, folgern, daß er sich dieses Uebel in seiner gewöhnlichen Größe gedacht, und das Mittel dagegen so eingerichtet haben werde, daß es auch gegen den höchsten Grad des Uebels stark und wirksam genug sey. — Man muß also auch annehmen, daß der Gesetzgeber bey Bestimmung einer zu Verhinderung gewisser Verbrechen möglichst wirksamen Strafe sich den gewöhnlich höchsten Grad der Quantität und Qualität des zu verhindernden Verbrechens gedacht, und diesen als Bestimmungsgrund jener Strafe vorausgesetzt habe. — Da nun (was die Moralität anlangt) einem Staatsbürger bey Begehung eines Verbrechens im Allgemeinen dieses am schwersten zur Last fällt: daß er eine Handlung vollbracht, wovon ihm theils seine eignen natürlichen Einsichten und Erfahrungen, theils der erkannte Wille des Gesetzgebers, und dessen Strafverbot hätten abrathen sollen, daß er keine, oder nur die gewöhnlichen und eben deswegen leicht zu unterdrückenden Anreizungen zu Vollziehung der gesetzwidrigen That gehabt, daß er sie folglich mit einem hohen Grade von Freyheit, und bösem Vorsatz ausgeführt hat: so muß sich auch der Gesetzgeber diesen hohen Grad von Bosheit bey Anordnung der ordentlichen Strafe als Wirkursache des Verbrechens gedacht, und zu dessen Beugung die gesetzliche Strafe als das allgemein höchste Abschreckungs-Mittel ohne Minderung nothwendig erachtet haben.

a) Auf diese Sätze stützt sich das Paradoxon: Rigor in ferendis, lenitas in applicandis legibus, indem der Gesetzgeber ein hohes Uebel im Allgemeinen androhen muß, um möglichst Alle von der Uebertretung des Gesetzes abzuschrecken, im einzelnen Uebertretungs-Falle dagegen der Richter das gedrohte Uebel, wenn es zu hart befunden wird, zu mildern hat.

§. 47.

Folgerungen aus dem erwiesenen Satze.

Aus den erörterten Wahrheiten erwachsen diese Folgerungen, zum Behuf der Vertheidigung gegen eine ordentliche Strafe:

1) Jener Grad von böser Absicht wird zwar bey Jedem, der ein Verbrechen begangen zu haben, geständig, oder überführt ist, im Zweifelsfalle vermuthet, [a]) aber diese Vermuthung läßt den Beweiß des Gegentheils zu, und dieser erwiesene mindere Grad von Vorsatz ist eine nothwendige Milderungssache der ordentlichen Strafe.

2) Der Vertheidiger kann und muß die Gründe aufsuchen und darthun, woraus sich jener geringere Grad von dolus erweisen läßt.

3) Die meisten Milderungs-Gründe der ordentlichen Strafe, welche die Criminalisten in ihren Systemen aufführen, sind Ausflüsse dieser Grundsätze der innern Zurechnung, und eben deswegen nothwendige Milderungsursachen. Andere sind an sich nicht so nothwendig, sondern werden es erst durch ausdrückliche Gesetze, oder einen standhaften Gerichtsgebrauch.

a) L. 1. C. ad leg. Corn. de Sicariis. — Grolmann in der Abhandl.: Wird der dolus bey begangenen Verbrechen vermuthet, in der Bibliothek für das peinl. Recht, Bd. I. St. 2. N. 3. — van Reesema de praesumtione doli in delictis, Lugd. Bat. 1807. — Stein de dolo praesumto. Rostock, 1812. — Kleinschrod a. a. O. Th. I. §. 50. — Globig's Entwurf eines Maasst. der Zurechnung, S. 22. ff. — Walcker in den letzten Gründen v. Recht, Staat und Strafe, S. 572. not. — Feuerbach Lehrbuch, §. 60. — Wening über die Vermuthung des bösen Vorsatzes nach Röm. Rechte, im neuen Arch. Bd. II. H. 2. N. 9. S. 194. — E. Henke, Crim. Recht, Th. I. §. 57. — Dagegen ist Mittermayer Crim. Prozeß, Th. II. S. 510. ff. — Tittmann Handbuch, Th. I. §. 104. (94.) — Tastinger Idee einer Crim. Gesetzgebung, §. 36. f. S. auch den Moltzer u. Vollgraff (Not. a) zu §. 48.)

§. 48.

Erste Folgerung.

Alle die Gründe bewirken eine Milderung der ordentlichen Strafe nothwendig, welchen diese Kraft aus dem Inhalte und Geiste des Strafgesetzes mitgetheilt werden kann; und in einem Gesetze ist auch das enthalten, was durch Erforschung der Willens-Meynung und Absicht des Gesetzgebers mittelst einer vernünftigen Auslegung sich daraus folgern läßt. Da nun im vorigen §. dargethan worden, daß die Verordner einer gesetzlichen Strafe, bey deren Anwendung auf einen Verbrecher den vorgedachten hohen Grad von Dolus als Wirkursache vorausgesetzt wissen wollen; so fließt hieraus nothwendig, daß in den Fällen, da der Vertheidiger einen mindern Grad von Vorsatz aus statthaften Ursachen darzuthun vermag, auch die ordentliche Strafe des vorliegenden Verbrechens, selbst nach dem Willen des Gesetzgebers, mithin gerechter und nothwendigerweise einer Milderung fähig, und der Richter als Ausleger und Anwender der Gesetze zu deren Erkennung berechtigt seyn müsse. [a])

a) PGO. Art. 160. 172. 176. — Heil l. c. p. 498. sagt sehr richtig: Mitigatio poenae fit ex justa causa, estque species interpretationis legum, et aestimationis delictorum. — de Böhmer ad art. 105. §. 3. 7. und ad Carpzov. qu. 133. obs. 1. qu. 142. obs. 1. An letzterem Orte erklärt sich derselbe hierüber also: Non omnis dolus capitalis est, sed habet suos gradus quorum summus uti ex praemeditato diu ante delictum consilio, aut ex insidiis, quas evitare difficillimum, colligitur, ita intermedius delictis, scienter quidem et ex proposito, sed sine praedeliberatione aut singulari proditione commissis respondet, infimus denique ex concurrente cum proposito imbecillitatis ratione, vel juris probabilis persuasione cognoscitur. Prouti itaque alteruter horum delicto cohaeret, nunc gravius, nunc excusatius delinquitur, et sic vel paulo acerbior ordinaria, vel communis, vel moderatior poena locum habet. — Leyser sp. 3. m. 7. sp. 645. — Hommel Rhaps. obs. 439. 505. — Quistorp a. a. O. Th. I. §. 35. 65 — 67. 98 bis 101. und im Gesetzbuche Th. I. §. 83. 118. 133. 152. 198. 298. 306. 312. Th. II. §. 89. — v. Soden, Geist ꝛc. Th. I. §. 26. — Kleinschrod peinl. Recht, Th. II. §. 58. — Grolmann a. a. O. §. 151. — Tittmann Grundlinien, §. 100. ff. — J. F. C. Moltzer de causis a reo allegandis, quae doli praesumtionem elidunt. Lugd. Batav. 1810. — Wening im Neuen Arch. a. a. O. — Borst ebend. Bd. II. H. 3. N. 21. u. H. 4. N. 35. — Vollgraff in den vermischten Abh. hauptsächlich in das Gebiet des Crim. Rechts, 1. Band. Marburg, 1822. No. III. S. 217. — Mittermayer Vertheidigungskunst, §. 43. 44. 102. (109.) — Der Anhang I. dieses Buches §. 1.

§. 49.

Zweyte Folgerung.

Da, wie gedacht, der bey Auferlegung einer gesetzlichen Strafe in dem Verbrecher als Triebfeder voraus zu setzende gewöhnliche hohe Grad von Bosheit darin besteht, daß er die vom Verbrechen abrathenden Beweggründe, die er wohl erkannte, mehr durch kalten Vorsatz, als durch vorzüglich anreizende Motiven unterdrückt werden lies; so wird sich ein Vertheidiger zu Schwächung dieses Grades von Bosheit mit Abwägung der Gründe, welche seinen Clienten zur Unterlassung oder Vollziehung des begangenen Verbrechens bestimmten, und die man aus äußerlichen, sichtbaren Kennzeichen, und

Umständen der Handlung herleiten kann, nützlich zu beschäftigen, und die überwiegende Stärke der letztern möglichst anschaulich zu machen wissen. Er wird zu dem Ende

a) zu erweisen suchen, daß die Kenntnisse seines Clienten von dem positiven Willen des Gesetzgebers, oder der natürlichen Schädlichkeit seiner Handlung äußerst eingeschränkt gewesen, daß unläugbare Umstände, z. B. Fehler bey Bekanntmachung des Strafgesetzes (§. 43.) gänzlich unterlassene, oder nur sehr mangelhafte Ausbildung der Seelenkräfte, natürliche Schwäche des Verstandes, Krankheiten u. s. w. Beweise davon enthielten, daß also die, vom Vergehen abrathenden Beweggründe nur schwach auf ihn gewirkt hätten. Er muß

b) hiermit die überwiegende Stärke der Reize zum Verbrechen in einen auffallenden Contrast setzen, und in dieser Rücksicht eines Theils die ungewöhnliche Größe der Vortheile, welche Inculpat daraus zu ziehn, oder der Nachtheile denen er dadurch zu entgehen gesucht, in ein helles Licht zu stellen, andern Theils aber den mächtigen Eindruck dieser Reize auf die menschliche Natur überhaupt, und die individuellen Leidenschaften, Lieblingsneigungen, Temperamentsfehler [a]) und sonstige persönliche Verhältnisse des Angeschuldigten, als Kenner der menschlichen Natur, treffend zu schildern, und geschickt zu entschuldigen wissen.

Der Defensor wird aber in Bezug auf die dem Inculpaten beygemessene böse Absicht, Milderung der ordentlichen Strafe ferner auch dadurch bewirken, wenn er zeigt:

c) daß zwar der Beschuldigte die Absicht gehabt, eine straffällige Handlung auszuüben, allein diese Absicht sey nicht auf die in der Wirklichkeit erfolgte That, sondern auf eine minder straffällige gerichtet und berechnet gewesen. [b])

Anmerk. z. B. A. stiehlt dem B. eine dem letztern von C. anvertraute Rolle Goldstücken in der Meynung jedoch, eine Rolle Silbergeld zu entwenden. B. ertränkt sich, weil er die Summe nicht zu ersetzen vermag. — Obgleich A. mittelbar Ursache des Todes von B. war; so kann diese Thatsache, weil sie nicht vorher vermuthet werden konnte, dem A. nicht zugerechnet werden. In Betreff des Diebstahls von Goldstücken findet zwar eine Zurechnung statt, weil A. den Inhalt der Rolle nicht kannte, und sich über denselben keineswegs unterrichtete; allein diese ist nicht so vollkommen, wie wenn A. den directen Vorsatz gehabt hätte, Gold zu stehlen. Wenn daher A. nur ohngefähr 10 Thaler in Silber zu stehlen glaubte, und derselbe 100 Thaler in Goldstücken entwendete, so kann die poena furti maximi nicht zur Anwendung kommen, sondern es muß auf eine geringere außerordentliche Strafe erkannt werden.

d) Daß aus Absicht gar nicht, sondern aus einem geringern Grade von Fahrlässigkeit die That veranlaßt, oder die Handlung, zu der Inculpat verpflichtet war, unterlassen worden sey.

Anmerk. Die culpa ist hier Defensions-Grund zu Abwendung der ordentlichen Strafe, wenn auch dieser Grund nicht hinreichen würde, alle Strafe zu entfernen.

Sollen jedoch die angeführten Defensions-Gründe ihren Endzweck erreichen, so müssen sie sich auf Thatsachen gründen, und als zuverlässige Schlüsse aus den äußern Umständen und Kennzeichen der verbrecherischen Handlung auf ihre Ursache betrachtet werden können, aber nicht in die innern

Geheimnisse der moralischen Zurechnung eindringen wollen.

a) Alb. J. Deimann diss. de mitigatione poenarum ob diversum reorum temperamentum. Lugd. Bat. 1796.

b) Ueber den dolus indirectus, zweckmäßiger von Feuerbach culpa dolo determinata und von Soden „einwilligende Schuld" genannt, verweise ich auf Stübel peinl. Recht, Th. II. S. 75 u. 76. — Meister princ. jur. crim. §. 39. — Feuerbach Lehrbuch, §. 39. — Mittermayer Vertheidigungskunst, §. 44. — E. Henke Crim. Recht, Th. I. §. 56. und die daselbst, so wie in der Literatur des Crim. Rechts (Blümner) §. 94. angeführten Schriften.

§. 50.

Dritte Folgerung.

Prüft man nach diesen Grundsätzen die in den peinlichen Rechtssystemen aufgeführten, allgemeinen und besondern Milderungsgründe der ordentlichen Strafen, so ergiebt sich eine doppelte Gattung derselben. Einige und die meisten derselben fließen nämlich theils aus den vorgedachten allgemeinen Grundsätzen der innern Zurechnung, theils aus der Natur einzelner Verbrechen so nothwendig, daß es ganz entbehrlich ist, zu deren Begründung Allegate aus Gesetzen und Schriftstellern zu häufen. — Man findet aber auch Milderungs-Gründe erwähnt, denen diese Kraft weder aus der Lehre von der Zurechnung, noch aus dem Wesen eines Verbrechens mitgetheilt werden kann, sondern die solche entweder durch ausdrückliche Gesetze, und einen standhaften Gerichts-Gebrauch, als Ausnahmen von der Regel erlangt haben, oder denen ein unzureichender Grund hierzu gänzlich ermangelt. Ich bezeichne diese Begriffe mit den Benennungen der nothwendigen und willkührlichen Milderungs-Ursachen, letztere nenne ich theils ächte, theils unächte.

§. 51.

Beyspiele dieser Milderungs-Gründe.

Damit ein Vertheidiger beurtheilen könne, welche Kraft er den in den Systemen zahlreich aufgeführten causis mitigandi poenam ordinariam zuzuschreiben, und wie er sie zu erweisen habe, so will ich zu jeder von vorgedachten Gattungen einige Beyspiele ausheben, und wegen eines nähern Unterrichts hierüber meine Leser auf unten bemerkte Lehrbücher und Schriften verweisen. [a])

A. Nothwendige und zwar

a) allgemeine Milderungsgründe der ordentlichen Strafe sind z. B. auf der einen Seite Jugend, hohes Alter, Einfalt des Verstandes, Schwermuth, heftige Leidenschaft, Irrthum und Unwissenheit u. s. w. — auf der andern Seite gänzliche Unschädlichkeit des Verbrechens entweder gleich Anfangs, oder durch nachherige Verminderung des Schadens, ganz oder zum Theil. Denn in beyden Fällen ermangeln die Voraussetzungen des vollen Dolus, und vollkommnen Schadens, welche der Gesetzgeber bey Bestimmungen der gesetzlichen Strafe als Bedingungen derselben annahm; jene Umstände mindern folglich diese Strafe nach dem Grade ihrer Stärke mehr oder weniger, doch allezeit nach dem Willen des Gesetzgebers, mithin nothwendig.

b) Einzelnen Verbrechen eigne Milderungs-Gründe treten vorzüglich dann ein, wenn der Gesetzgeber bey Verordnung einer harten ordentlichen Strafe für Verbrechen auf besonders nachtheilige Wirkungen desselben, oder auf gewisse eigne Veranlassungen zum Gesetze Rücksicht nahm, diese aber im vorliegenden Falle nicht eintreten. So sehen z. B. die Gesetze beym Diebstahle, hauptsächlich auf den Schaden des Bestohlnen an seinem Vermögen, beym Ehebruche auf die Verletzung der ehelichen Treue, beym Raub und Nothzucht auf die verletzte Ehre der Geschändeten; bey der Münz-Verfälschung auf die Verbreitung falscher Münzen ins Publicum, beym Hochverrath auf die unmittelbare Erschütterung der Grundveste des Staats u. s. w. — Ganz natürlich sind also Ersatz des Entwendeten, Verzeihung des beleidigten Ehegatten, ein lüderlicher Lebenswandel der entführten oder geschändeten Person, das unterbliebene Ausgeben oder die geringe Verbreitung falschen Geldes, nur ein entfernterer Angriff auf den Staat rc. alles solche speciellere Umstände, welche eine Milderung der ordentlichen Strafen genannter Verbrechen nothwendig nach sich ziehn. — Veranlaßten bey Promulgation eines Strafgesetzes gewisse historische Umstände, und damals herrschende Grundsätze die Härte der, auf dessen Uebertretung gesetzten Strafe: so wird sich ein Vertheidiger mit Erörterung jener Umstände und Grundsätze nützlich beschäftigen und zeigen, daß nach veränderten

Zeiten und Umständen (§. 42.) die Unanwendbarkeit jener harten Strafen selbst dem präsumtiven Willen des Gesetzgebers angemessen, und eine stillschweigende Abrogation derselben anzunehmen sey. So müssen z. B. beym crimine perduellionis die L. 5. Cod. ad leg. Jul. Maj. und der Art. 125. der PGO. nach historischen Gründen; und beym Kirchenraube der Art. 172. 174. der PGO. nach catholischen Religions-Grundsätzen geprüft werden [b]). — Was hierbey insbesondere die Todesstrafen anlangt: so würde ein Vertheidiger zwar zu weit gehn, wenn er mit vielen neuern Philosophen und Rechtslehrern das Befugniß der Fürsten, am Leben zu strafen, selbst in Zweifel ziehen wollte. Es muß ihm aber doch soviel erlaubt seyn, in Fällen, wo der Endzweck der Sicherheit durch Leibesstrafen ganz unfehlbar auch erreicht werden kann, die Richter auf die mildern Grundsätze aufmerksam zu machen, welche jene Männer hierüber äußern. [c])

a) Tiraquelli tr. de poenis temperandis, T. VII. Opp. Francof. 1597. f. — F. Jo. Hagemeister diss. de causis mitigandarum poenarum. Asg. 1660. — Strecker diss. de potestate judicis, poenas in delicta statutas mitigandi, hujusque mitigationis veris causis. Erf. 1733. — Reinhardt de causis, obquas potestatem mitigandi falso judex sibi arrogat. Erf. 1734. — Banniza diss. de causis mitigantibus poenas legibus statutas. Wirceb. 1744. — Heisler diss. de justis poenam mitigandi causis in criminibus. Hal. 1752. — Hofmann diss. de poena ordinaria nonnunquam mitiganda. Lips. 1762. — J. E. J.

Müller de causis mitigandi poenam in delictis. Coburg, 1777. — de Böhmer ad art. 179 u. ad Carpzov. qu. 142—149. — Quistorp a. a. O. Th. I. §. 38 bis 53; 102 bis 117. — Wieland a. a. O. Th. I. §. 258 bis 292. — v. Globig u. Huster a. a. O. Th. I. S. 96. fg. Zugaben S. 268. fg. — Gmelin a. a. O. §. 49. S. 104. f. — Kleinschrod peinl. Recht, Th. I. §. 78. ff. u. Th. II. §. 62 bis 102. — G. J. F. Meisters practische Bemerkungen aus dem Crim. und Civil-Rechte. Gött. 1791. Bd. I. Bem. 9. S. 69 fg. — Kleins peinl. Recht, §. 95. ff. 168 bis 177. — Meister princ. jur. crim. §. 115. ff. — J. F. X. Reindl über Schärfung und Milderung der Strafe. Landshut, 1811. — Feuerbach Lehrb. §. 91. ff. — Mittermayer Vertheidigungskunst, §. 46. — E. Henke Handbuch des Crim. Rechts, Th. I. §. 83. 84.

b) C. F. Hommel diss. principis cura leges. Lips. 1765. cap. 5. 7. und Rhaps. obs. 54. 439. 505. n. 2. (S. jedoch den Anhang I. §. 6.) — Wie in dieser Rücksicht besonders die PGO. aus den deutschen, römischen und canonischen Gesetzen, und Gebräuchen richtig zu erklären sey, zeigt Quistorp in zwey Abhandlungen: 1) von den vorzüglichsten deutschen Gewohnheiten, auf welche in der PGO. Beziehung genommen wird; in dessen Beytr. No. 7. — 2) Von den vorzüglichsten Stellen des römischen, und canonischen Rechts, auf welche in der PGO. Beziehung gemacht wird, und von deren heutigen Anwendung; ebenda. No. 43. Ausg. v. 1787. — Biener diss. de legum criminalium Saxonic. antiquarum et medii aevi ingenio. Lips 1786. — Schriften, welche einzelne Art. der P. G. O. medizinisch und juristisch erklärt haben, siehe in der

Literatur des Criminal-Rechts, §. 17. 18. — S. auch Mittermayer a. a. O. §. 98. (105).

c) Für unzulässig haben die Todesstrafen erklärt: Beccaria von Verbrechen und Strafen, §. 28. — Hommel in der Note zu diesem §., und in Dessen philosoph. Gedanken über das Crim. Recht, §. 50 bis 56. — v. Sonnenfels in den Grundsätzen der Polizei-Handlungs- und Finanz-Wissenschaften, Th. I. §. 348. — v. Backhausen über Abschaffung der Todesstrafen, in Plitts Repertorio N. 11. S. 302. — Servin de la legislat. crim. p. 177. u. a. m. — Die verschiedenen Meynungen über die Todesstrafen und deren Critik s. gesammelt in der Uebersetzung des Beccaria. Leipzig, 1798. 8. Th. II. N. IV. V. — S. auch Nachweisungen hierüber bey Tittmann Grundlin. §. 57. Not. a) und Dessen Handbuch, Th. I. §. 58. (der 2ten Ausg.)

§. 52.

Fortsetzung.

B. Beyspiele von willkührlichen Milderungs-Gründen sind:

a) Wenn ein gewisses Verbrechen in einem Staate herrschend, und meistens ungestraft geblieben ist. [a])

b) Wenn eine große Menge von Menschen dasselbe Verbrechen begeht, z. B. eine ganze Gemeinde einen Aufruhr, ein ganzes Regiment einen Fehler gegen Subordination, so daß alle umkommen müßten, wenn die ordentliche Strafe an ihnen vollzogen werden sollte, ob sie gleich ein jeder Einzelne ganz verdient hätte. [b])

c) Langes, ohne eignes Verschulden erlittenes Gefängniß, oder andere vom Gericht, und dessen Dienern erlittene Mißhandlungen. [c])

d) Im Königr. Sachsen mildert bey Dieben und Diebshehlern auch Partirern das reuige Geständniß vor Versendung der Acten nebst dem Ersatze die ordentliche Strafe des Diebstahls. [d])

e) Stand, [e]) besondere Verdienste und Geschicklichkeiten [f]) eines Verbrechers, eine starke Anzahl Kinder, und dergleichen Umstände, sind zwar eigentlich keine ächten Milderungs-Gründe der ordentlichen Strafe, sie können aber doch bewirken helfen, daß wenigstens eine solche Gattung der Strafe gewählt wird, welche dem Verbrecher an Ausübung seiner Familie am wenigsten hinderlich fällt.

Will ein Vertheidiger sich auf diese, und andere dergleichen Milderungs-Gründe berufen: so muß er entweder die Gesetze beybringen, wodurch sie bestätigt worden, oder er muß aus den Schriften bewährter Rechtslehrer, oder aus Urtels-Sammlungen eine gleichförmige Meynung der Spruchcollegien wegen der Milderungskraft solcher Umstände darthun.

a) Püttmann de poenis pro frequentia delictorum temperandis in prob. jur. Lib. II. c. 15. — Ejusd. diss. de delictis, quae consuetudine excusantur in Miscell. libr. sing. n. 28. Lips. 1793. — Gmelin a. a. O. §. 50. — Kleinschrod Th. II. §. 61. S. 144. — Meister princ. §. 125. k.

b) Banniza l. c. Cap. I. §. 16. — Hagemeister l. c. Th. 52. — Heisler l. c. §. 30. n. 2. — Kants Rechtslehre, S. 201. fg. — v. Soden, Geist §. 68.

c) L. 25. pr. D. de poenis. — L. 23. C. eod. tit. — Kaulfuss de carcere diuturno poenam criminalem temperante. Erf. 1742. — de Böhmer ad Carpz. qu. 149. obs. 2. — Hommel Rhaps. obs. 100. — Quistorp Th. I. §. 112. — Stelzer Grundf. des peinl. Rechts, Th. I. Cap. 10. §. 83 bis 89. — Kleinschrod a. a. O. Th. II. §. 100. — Klein a. a. O. §. 174. — Feuerbach Lehrb. §. 99.

d) Begründet ist dieser Milderungs-Grund in Const. El. 32. P. IV. vergl. hierzu Rescript v. 20. Aug. 1720. (C. A. I. 1930.) — Generale v. 6. Dec. 1741. (C. A. C. I. p. 329.) — Inserat zum Befehl vom 27. Apr. 1762. (C. A. C. I. p. 403.) und Generale v. 1770. §. 4. u. 1783. §. 5. — Hommel diss. de mitiganda furti poena ob restitutionem rei ablatae. Lips. 1751. — Erhardt peinl. Recht, §. 360.

e) PGO. Art. 158 u. 160. — Reichs-Abschn. v. J. 1512. tit. 3. §. 1., 1530. tit. 2. §. 1., v. 1548. tit. 1. §. 2. — In Sachsen nimmt besonders das Duell-Mandat vom 2ten Jul. 1712. auf den Stand Rücksicht. — J. T. Carrach de reatu non omnem dignitatem excludente. Hal. 1772. — Pufendorf proc. crim. §. 33. — Meister d. j. über den Einfluß, welche der Stand des Verbrechers auf die Strafe hat. Gött. 1784. — Tittmann Handbuch, Th. I. §. 128.

f) Püttmann an et quatenus reorum in rem publicam merita in causis levandae poenae numerandae sint? in Op. jur. crim. p. 295. — Quistorp peinl. Recht, Th. I. §. 113. — Kleinschrod a. a. O. §. 75. 99. — Tittmann a. a. O.

§. 53.

Zweyte Quelle der Vertheidigungs-Gründe zu Abwendung der ordentlichen Strafe.

Tittmann Grundl. §. 103. — Feuerbach Lehrbuch, §. 42. 43. 104 u. 111. — Mittermayer Vertheidigungskunst, §. 23. Not. a) §. 45 47. — Gerstäcker a. a. O. §. 20. No. II.

II. Demnächst wird ein Vertheidiger aus dem Mangel eines wirklichen oder beträchtlichen Schadens, den das Verbrechen für die Gesellschaft nach sich gezogen hat, [a]) wichtige Gründe zu Abwendung der ordentlichen Strafe entlehnen können. Er muß zu dem Ende ausführen:

1) Daß die Handlung des vorliegenden Verbrechens, worinnen dessen Schädlichkeit für den Staat hauptsächlich gegründet ist, worauf also die ordentliche Strafe abzielt, noch gar nicht unternommen, wenigstens nicht vollbracht worden sey: daß z. B. beym Diebstahle noch keine Besitzentwendung und Ueberbringung in die Gewahrsam, bey fleischlichen Verbrechen noch keine immissio seminis, beym Feueranlegen noch keine Entzündung der zu verwahrlosenden Sache erfolgt sey. [b]) — Hierbey kann der Vertheidiger der Gründlichkeit wegen bestimmen, a) welches die wesentliche Handlung des in Untersuchung befangenen Verbrechens nach den Gesetzen sey, b) wann eigentlich diese Handlung für völlig vollzogen, und der Schade für zugefügt zu achten;

und c) zeigen, daß jene Haupthandlung entweder noch gar nicht unternommen, oder doch noch nicht bis zu diesem Grade der Schädlichkeit vollbracht worden sey.

2) Die unternommenen Thaten seyen nur erst Vorbereitungshandlungen zu dem gerügten Verbrechen gewesen, dieses aber noch nicht einmal angefangen worden. [c])

3) Die Ursache der unterbliebenen Vollziehung nicht in äußerlichen, von dem Willen des Inculpaten unabhängigen Hindernissen, sondern in dessen selbst eigener Sinnesänderung anzutreffen. [d])

4) Es sey die Wahrscheinlichkeit, daß die Unternehmung zur wirklichen Ausführung hätte gedeihen können, äußerst schwach, indem zwischen beyden noch ein weiter Abstand anzutreffen, die Gefahr noch weit entfernt gewesen; weshalb auch die Strafe der Unternehmung nur gering seyn könne. [e])

5) In Fällen, wo die Gesetze die Unternehmung der Vollziehung gleich geahndet wissen wollen, [f]) muß ein Vertheidiger erhärten, daß noch kein wirklicher Versuch vorhanden sey, indem entweder noch gar keine äußerlichen Handlungen zum Ausbruche gekommen, oder diese keine Beweise einer verbrecherischen Unternehmung enthielten, vielmehr in ganz unschuldiger Absicht verübt worden wären: daß z. B. die feuerfangende Materie noch nicht in Flammen ausgebrochen, oder nicht zu erweisen stände, daß sie in der Absicht, um Feuer damit anzulegen, gebraucht sey. [g])

a) Sowohl die Römischen, als Canonischen, Deutschen und Sächsischen Gesetze erfodern insgesammt die Erörterung des durch ein Verbrechen verursachten Schadens. Man findet diese Gesetze angeführt und erläutert bey Stübel über den Thatbestand, §. 12. 13. 14. — Wegen der Römischen Gesetze vergl. F. Cropp Com. de praeceptis juris Rom. circa puniendum conatum delinq. Heidelb. 1813. — Für Sachsen vergl. Mandat v. 20. Dec. 1766. §. 4. (C. A. C. I. p. 922.) — Befehl v. 17. März 1766. (C. A. C. I. p. 412.) — Generale v. 30. April 1783. §. 2. (C. A. C. I. p. 419.)

b) Ueber den Versuch, ein Verbrechen zu begehen und dessen Bestrafung s. Thomasius diss. an poena delicti puniendus sit conatus. Lips. 1753. — A. W. Heidemann de conatu delinquendi. Hal. 1799. — Kress et Böhmer ad art. 178. C. A. C. — Quistorp peinl. Recht, Th. I. §. 29. — Meister peinl. Urtheile und Gutachten. Frankf. 1808. S. 409. ff. — C. Witzel kurze Erörterung des Unterschieds zwischen unterstandenen, angefangenen und vollendeten Verbrechen. Jena, 1808. — Cropp l. c. — Kleinschrod a. a. O. Th. I. §. 32. ff. Th. II. §. 79 bis 81. — Mittermayer Beyträge zur Lehre vom Versuch der Verbrechen im Neuen Arch. Bd. I. H. 1. N. 6.; Bd. II. H. 4. N. 33.; Bd. IV. H. 1. N. 1. — Stübel über den Thatbestand. — Tittmann Handb. Th. I. §. 107. ff. (§. 98.) — E. Henke Criminalrecht, Th. I. §. 40. ff.

c) Quistorp, Th. I. §. 96. 97. — Hoffmann diss. de initiis delictorum. Tub. 1768. — Kleinschrod a. a. O. Th. I. §. 32. — Mittermayer a. a. O. Bd. II. H. 4. N. 33. S. 602. ff. — Feuerbach Lehrbuch, §. 43.

d) de Böhmer ad art. 178. §. 13.

e) de Böhmer ad art. 131. §. 38. — Kleinschrod Th. I. §. 70.

f) Beyspiele hiervon s. in Erhardts peinl. Recht, Th. I. §. 82. und bey Stübel Thatbestand, §. 15.

g) de Böhmer c. l. §. 3. 8. — Quistorp a. a. O. Th. I. §. 96. Not. d). — Mandat wegen des vorsätzlichen Feueranlegens vom J. 1741. §. 2. (C. A. C. I. p. 326) und besonders den Rechtsfall in Zachariä Annalen, Bd. I. No. 26. S. 305. ff.

§. 54.

Dritte Quelle dieser Vertheidigungs-Gründe.

Mittermayer Vertheidigungskunst, §. 29. 99. (106), 100 (107.) — Gerstäcker a. a. O. §. 11.

III. Endlich setzt die Zuerkennung einer ordentlichen Strafe einen vollkommnen Beweiß der Gewißheit des Verbrechens und dessen Thäters voraus. [a]) — Defensor kann also aus den Mängeln und der Schwäche des diesfalls geführten Beweises sehr wirksame Gründe für die Unstatthaftigkeit der ordentlichen Strafe ableiten, und in der Absicht;

A. zeigen, daß der Beweiß des corporis delicti vollständig nicht geführt worden [b]): indem

1) an der allgemeinen Form desselben vieles ermangele (§. 22.)

2) auch die Materialien einen vollkommnen Beweiß der Gewißheit nicht bewirkten. Hierbey kann der Vertheidiger nach Verschiedenheit der Natur der Verbrechen verschiedenen Stoff benutzen; denn

a) mußte man sich von der Gewißheit des Verbrechens aus den hinterlassenen Spuren desselben überzeugen, so kann er daher Veranlassung nehmen auszuführen:

aa) Daß die Untersuchung dieser zurückgeblie- benen Merkmale ganz unterlassen wor- den, ohnerachtet sie zur Erlangung der möglichsten Gewißheit erforderlich gewesen sey, weshalb also das corpus delicti ganz ungewiß bleibe. [c])

bb) Daß die vorgenommene Besichtigung nicht legal geschehe, indem z. B. bey der Section. [d])

α) Die nach den Gesetzen hierzu noth- wendigen Personen [e]) gar nicht zugezogen, über die Todtenbeschau kein gerichtliches Protocoll [f]) geführt worden,

β) die dabey adhibirten Aerzte und Wund- ärzte die gesetzlichen Eigenschaften nicht besessen hätten, z. E. nicht ad praxin admittirt, vor der Section überhaupt, oder ad hunc actum nicht verpflichtet gewesen, [g]) (S. d. Schutzschrift sub E. §. 6.)

γ) die Section selbst den Grundsätzen der gerichtlichen Arzneygelahrheit gemäß nicht behandelt, besonders die Oeffnung aller 3 Höhlen, des Kopfes, der Brust, und des Bauches unterlassen worden, [h])

δ) den Wundberichten [i]) nicht völliger Glaube beyzulegen sey, indem sie z. B. in Betreff dessen, was am Leichname gesehn und gefunden worden, mit der Sections-Registratur nicht überein- stimmten.

ε) Von Seiten der Gerichtspersonen die gesetzliche Form nicht beobachtet worden (§. 22.) z. B. die Gerichtsbank nicht gehörig besetzt gewesen, der Actuarius nicht selbst oder nicht gehörig registrirt habe. [k])

a) (C. C. Stübel) De certitudinis formis, quae in causis criminalibus obtinere possunt, et de plena in iis probatione recte definienda. Vit. 1801.

b) Sächs. Befehl v. 5. Jan. 1579. — Erledigung der Landes-Gebrechen vom 23. April 1612. §. 5. (C. A. I. S. 1047 u. 174.) — Generale vom 27. Oct. 1770. §. 2. u. v. 30. April 1783. §. 2. — Hommel an et quatenus certitudo corporis delicti in proc. crim. necess. Lips. 1745. — Böhmer Meditt. ad C. C. C. Art. 6. §. 10. — Leyser Meditt. Sp. 561. m. 1. 2. u. 3. — Quistorp Grunds. des peinl. Rechts, Th. II. §. 598. — Derselbe rechtl. Erachten, wie in Ermangelung eines vollständigen Beweises wider einen Angesch. ꝛc. zu verf. Rostock, 1774. 4. — Meister princ. §. 403. — Winkler a. a. O. §. 108. — Stübel über den Thatbestand der Verbrechen. Wittenb. 1805. 8. §. 279. ff. 303. ff. — Derselbe Crim. Verf. Bd. II. §. 655. — Mittermayer Crim. Proz. Th. I. S. 458. ff. — Feuerbach, Lehrbuch, §. 80. ff. besonders §. 83. — Kleinschrod über die Wirkungen eines unvollk. Beweises in peinl. Sachen, in den Abhandl. aus dem peinl. Rechte ꝛc. Th. I. N. 1. §. 7. — Quistorp, Kleinschrod, Feuerbach, Stübel (Thatbest. §. 267.) Tittmann (Grundl. §. 507.) u. a. m. sind der Meynung, daß bey unvollkommnen Beweise alle Strafe, auch die außerordentliche ungerecht sey.

c) de Böhmer ad art. 147. §. 2. — Quistorp Th. II. §. 602. — Spezialbefehl wegen der Sectionen vom J. 1766. (C. A. C. I. p. 411.) — Hommel obs. 98.

d) Ueber die Sectionen im Allgemeinen vergl. Mauchart de inspect. et sect. legali. Tubing. 1736. — Böhmer de legit. cadav. occisi sect. Hal. 1747. — Leyer de sect. cadav. occ. Lips. 1770. — Platner quaest. med. for. spec. Lips. 1802. — Ackermann tabell. Uebersicht bey gesetzmäßigen Leichenöffnungen, für angehende Juristen, Aerzte u. Wundärzte. Oschatz u. Leipzig. — Kraus Anleitung zu gerichtl. Leichen-Untersuchungen. Braunschw. 1804. — Tittmann Handb. Th. III. §. 753. ff. (Ausg. II.) — Die übrige Literatur s. in den folgenden Noten.

e) Diese Personen sind der Richter, Actuar, zwey Schöppen, Arzt und Chirurg. PGO. Art. 147. 149. — J. C. Conradi diss. de inspect. cadaveris occisi a solis medicis peractu vitiosu, nec suffic. ad poen. ord. irrogandam. Helmst. 1738. — F. A. Hommel diss. de lethal. vuln. et inspect. cadav. post occisum hominem. Lips. 1749. §. 21 — 23. — C. G. Hommel diss. de person., quae sectioni cadaveris adsunt numero et qualitate. Vit. 1770. 4. — Quistorp a. a. O. §. 604. — Winkler a. a. O. §. 116. — Tittmann Grundlinien rc. §. 442. — Dem Arzte, welcher den Verwundeten oder Kranken vor dem Tode behandelte, ist die Section nicht anzuvertrauen. Püttmann El. jur. crim. §. 776. — Winkler a. a. O. §. 118. — Tittmann Handb. IV. §. 729. (III. §. 754.)

f) Quistorp a. a. O. §. 605. — Derselbe Abh. von der Nothwendigkeit eines bey der Todtenbeschau zu führenden Protocolls, in den Beytr. No. 48. — Winkler a. a. O. §. 119.; daselbst ist auch ein Formular eines solchen Protocolls zu finden.

g) Generale v. J. 1783. §. 2 u. 3. — E. F. Bose diss. de corp. delicti medice indagando. Lips. 1783. §. 4. — C. G. Hommel c. l. — E. F. Hommel Rhaps. obs. 98. — Meister princ. §. 376. — Danz summ. Proz. §. 171. Not. c. — Winkler Handb. §. 117., wo ein Formular des Verpflichtungs-Eides sich befindet. — Tittmann Grundlin. §. 442. und dessen Handbuch, Th. IV. §. 729. (III. §. 754). — Stübel Crim. Verf. Bd. IV. §. 2507.

h) Generale die Section der drey Haupthöhlen eines Getödeten betr. v. 6. Sept. 1806. (in Pfotenhauers Handb. S. 203. und in Kühn's Sammlung der sächs. Medic. Gesetze. Leipzig, 1809. S. 532.) — Ueber die Veranlassung zu dieser Verordnung findet man Nachricht in Zachariä Annal. Bd. I. S. 216. ff. u. Bd. II. S. 100. — Vergl. überdieß Preuss. Crim. Recht, §. 164. — Stübel a. a. O. §. 2514. und besonders Mittermayer Crim. Prozeß, Bd. I. S. 624. ff.

i) Generale die Anweisung der Physicorum über d. von ihnen auszustellenden visa reperta betr. vom 8. April 1797. (C. A. C. noviss. I. p. 519.) — Verordnung der Landes-Regier. die von den Obrigkeiten den Physicis oder andern verpflichteten Aerzten ꝛc. zu ertheilende Anweisung betr. v. 26. Jun. 1818. (G. S. St. 7. N. 13. p. 50. 51.) — Hommel Rhaps. obs. 761. — Quistorp §. 605. S. 120. ff. — Meister d. ält. peinl. Erkenntnisse, Th. I. d. 32. n. 16. sq. — (C. F. Uden) Ueber die Glaubwürdigkeit der Medicinal-Berichte in peinl. Rechtsfällen. Berlin, 1780. 8. — Schwabe Anweisung für Aerzte und Wundärzte, um bey gerichtl. Unters. vollst. visa reperta zu liefern ꝛc. (2. Aufl.) Düsseld. 1791. — Ill. C. G. Biener Pr. de fide judic. circa corp. del. certitudinem in dissensionib. protoc. judic. et visi rep. etc. (Lips. 1800.) — Winkler a. a. O. §. 120. — Stübel Crim. Verf. IV. §. 2546. ff. — Tittmann Handb. IV. §. 734. (III. 762.) — Mittermayer Crim. Proz. Th. I. S. 628. ff. — Kleinschrod Arch. des Crim. Rechts, Bd. V. St. 3. No. 1. §. 9. ff.

k) Carpzov Pract. rer. crim. q. 26. n. 52. — Koch Inst. jur. crim. §. 722. N. 3. — Winkler a. a. O. §. 111. 116. — Kleinschrod Arch. a. a. O. §. 2. ff. — Stübel (über den Thatbestand, §. 346. ff.) hält die Besetzung der Gerichtsbank bey der Section nicht für wesentlich nothwendig.

Anmerk. Auch wird ein Vertheidiger bey Fertigung solcher Schutzschriften, welche eine medizinische Prüfung des corporis delicti erfodern, sich mit Nutzen der allgemeinen Schriften über die gerichtl. Arzneywissenschaft bedienen können. Man findet diese gesammelt in der Literatur des Crim. Rechts, §. 27 bis 29. 107. 143. und bey Feuerbach Lehrb. S. 9. Unter den Neuern sind am vorzüglichsten und vollständigsten A. Henke Lehrb. der gerichtl. Medicin. Berlin, 1812. 3. Aufl. 1822. — L. Mende ausf. Handbuch der gerichtl. Medicin rc. Leipzig, 1819 bis 1822. III Bde.

§. 55.

Fortsetzung.

b) Hat der Richter den Beweiß des Thatbestandes nicht aus den Merkmalen des Verbrechens, sondern durch andere mehr auf den Verstand, als die Sinne wirkende Mittel geführt: so wird ein Vertheidiger bey Anfechtung dieses Beweises am zweckmäßigsten also verfahren, wenn er aa) Die wesentlichen Bestandtheile des in Untersuchung befangenen Verbrechens, nach der Theorie der peinlichen Rechte bestimmt.

bb) Darthut, daß kein vollkommner Beweiß dieser wesentlichen Begriffe des Verbrechens, mithin keine vollkommne Gewißheit desselben vorhanden sey: indem α) die zum Beweiß dieser Bestandtheile abgehörten Zeugen, wo nicht ganz untüchtig, doch wenigstens verdächtig wären; (§. 25. ff.) β) die Anzeigen weder durch das Geständniß des Angeschuldigten, noch durch Zeugen unterstützt würden, da sie doch allein keinen völligen Beweiß ausmachten. γ) Die Urkunden und Instrumente einen vollständigen Beweiß der Gewißheit des Verbrechens eben so wenig enthielten (§. 29.)

§. 56.

Fortsetzung.

B. Hiernächst muß der Verfasser einer Schutzschrift, zu Milderung der ordentlichen Strafe vorzüglich den Beweiß des Satzes, daß der Angeschuldigte, Thäter des gerügten Verbrechens sey, so viel möglich zu entkräften suchen. Gründete also der Untersuchungsführer diesen Beweiß

1) auf das Eingeständniß des Inculpaten, so hat Defensor zu erwiedern, daß solches in gegenwärtigem Falle nicht so beschaffen sey, daß die ordentliche, besonders Lebensstrafe darauf erfolgen könnte (§. 24).

2) läugnete der Angeschuldigte das Verbrechen standhaft, und suchte man ihn daher zu überführen, daß er Urheber desselben sey: so muß sich der Vertheidiger hauptsächlich mit Schwächung der Beweißkraft dieser Ueberführungsmittel beschäftigen; und zu dem Ende

a) die Gründe aufsuchen, deren man sich von Seiten des untersuchenden Richters zur Anschuldigung des Inculpaten, und dessen Ueberführung bedient hat, und zu dessen Elidirung beybringen:

aa) daß solche schon ihrer Natur nach, wenn sie auch zu erweisen wären, doch keine zur odentlichen Strafe hinreichende Ueberführung bewirken könnten, da sie nichts als Vermuthungen und Anzeigen enthielten. [a])

bb) Daß es aber auch jenen sowohl, als sämmtlichen Ueberführungsmitteln an einer vollkommnen Beweißkraft gänzlich ermangele; indem weder die Zeugen (§. 25. ff.), noch die Urkunden (§. 29.), noch beyde in Verbindung mit Wahrscheinlichkeitsgründen (§. 30.), noch die geschehene Besichtigung mit oder ohne Hinzuziehung von Sachverständigen (§. 23.), einen vollständigen Beweiß der für wahr angenommenen Meynung bewirken könnten.

cc) Hat der untersuchende Richter die Schwäche dieses Beweises durch ein Erforschungsmittel der Wahrheit zu verstärken gesucht: so muß Defensor sich angelegen seyn lassen:

α) Jenen an sich schon schwachen Beweiß noch mehr zu entkräften, um daraus auf die Unstatthaftigkeit des Erforschungsmittels selbst einen Schluß ziehen zu können,

β) die beym Gebrauche dieses Mittels vorgefallenen Illegalitäten und dadurch bewirkte Verdächtigkeit des Beweises zu rügen.

γ) In Landen, wo an die Stelle der Tortur, das Zuchthaus bis zur Ausführung der Unschuld tritt, cessirt zwar die ordentliche Strafe schon, es kann aber doch ein Vertheidiger vielleicht auch diesen Nachtheil von seinem Clienten ablehnen, wann er den wider den Angeschuldigten vorhandenen Verdacht, und die Gewißheit des Verbrechens so viel möglich, noch zu schwächen, die Legalität der geführten Untersuchung anzufechten, und dadurch zu erhalten bemüht ist, daß dieses Erforschungsmittel härter sey, als die bey so bewandten Umständen etwa zuzufügende außerordentliche Strafe seyn könne, daß also Client hiermit um so eher zu belegen, und mit dem Zuchthauße zu verschonen seyn werde, je gewisser es sey, daß den Verdächtigen im Zuchthause die Ausführung ihrer Unschuld wo nicht ganz unmöglich, doch äußerst schwer werde. [b])

δ) Hat endlich Inculpat den wider ihn vorhandenen Verdacht durch einen Reinigungseid ablehnen sollen, diesen aber nicht abschwören können: so muß ein Vertheidiger, welcher demohngeachtet die Abwendung der ordentlichen Strafe zur Absicht hat, anführen: 1) daß auf ein dergleichen erdichtetes Geständniß die ordentliche Strafe nicht erfolgen, sondern nur eine außerordentliche Platz ergreifen könne.[c] 2) Daß aus dem Character, der Religion und dem Gemüthszustande des Clienten sich Umstände ergeben, welche wahrscheinlich machten, daß er aus Religiosität und Gewissenhaftigkeit nicht habe schwören wollen, nicht aber aus Gefühl seiner Schuld nicht schwören können.[d].

a) PGO. Art. 22. 69. 70. — Der sächs. Gerichtsgebrauch folgt der PGO., so wie auch die 77. Decisio v. J. 1661. in den Worten: „Daß wegen eines bloßen Argwohns oder einer bloßen Vermuthung, ohne vorhergehendes eignes Bekenntniß oder genugsamen Beweiß, Niemand mit der Todesstrafe belegt werden solle", die P. G. O. zu bestätigen scheint. Vergl. übrigens Böhmer ad Carpz. qu. 114. obs. 1. — Jac. Reinhardt diss. de eo, quod justum est circa reum ex praesumtionibus convincendum vel condemnandum. Erf. 1732. — Weissmantel pr. de condemnatione facinorosorum ex indiciis ad art. C. C. C. 22. Erf. 1791. — Stübel Thatbestand, §. 251—258. — Feuerbach Lehrb. §. 569. Not. b. u. c.

b) S. Pfotenhauer in Zachariä Annal. Bd. I. N. 7. S. 144. ff. Bd. II. S. 189. ff. — Stelzer über Detention der Verbrecher nach erlittener Strafe, im Neuen Arch. Bd. V. H. 1. N. 5. S. 138. — Stübel über den Thatbestand, §. 275 bis 278. — Dessen Crim. Verf. Bd. III. §. 1190 bis 1207.

c) Breuning diss. de poena purgatorii non praestiti in proc. crim. Lips. 1777. — Reinhardt l. c.

d) Hommel Rhaps. obs. 217. N. 3. p. 394. obs. 644. N. 2. 3.

§. 57.

Fortsetzung.

b) Nach Entkräftung dieses wider Inculpaten geführten Beweises, oder im Fall die ihm zur Last gelegten Beschuldigungen nicht sollten widerlegt werden können: muß Defensor besonders die Umstände und Einreden, welche Inculpat zu seiner Entschuldigung selbst vorgebracht, oder außerdem vorhanden sind, zu dessen Vertheidigung benutzen. [a]) Hat man daher:

aa) Von Seiten der Untersuchung auf diese Entschuldigungen noch gar keine Rücksicht genommen, so muß der Sachwalter darauf dringen, daß es ein Befugniß der Menschheit sey, einen Missethäter nicht eher zu verurtheilen, als bis die von ihm angeführten Entschuldigungen und Einreden gesetzmäßig untersucht, und als ungegründet verworfen worden; daß also vor allen Dingen diese Untersuchung gerichtlich anzustellen sey.

bb) Ist diese Prüfung bereits geschehen, und sind die Entschuldigungen wirklich für nichtig erklärt worden: so hat der Vertheidiger die Legalität derselben verdächtig zu machen, [b]) z. B. anzuführen, daß die dabey gebrauchten Personen keine sachkundigen Leute gewesen, oder nicht gehörig zu Werke gegangen wären.

cc) Endlich muß er das, was zur Begründung derselben dienen kann, selbst aufsuchen, mit den nöthigen Beweisen aus den Acten, Rechten, und Defensionalzeugnissen unterstützen, und gegen alle Einwendungen rechtfertigen.

a) Feuerbach Lehrbuch, §. 570. — Mittermayer Crim. Prozeß, Bd. II. S. 499. — Dessen Vertheidigungskunst, §. 69. 70. (70. 71.) 103 bis 105. (110 bis 112.) — Gerstäcker Anweisung zu Verth. §. 22.

b) PGO. Art. 151. 152 und Böhmer hierzu.

Drittes Capitel.

Von den Schutzschriften bey bevorstehender willkührlicher Strafe.

Zu Erläuterung vorzüglich dieses Capitels, dient der Anhang I. dieses Buches.

§. 58.

I. Pflichten eines Vertheidigers, wenn wegen eines mit Vorsatz begangenen Verbrechens eine willkührliche Strafe zu erwarten ist.

Hat endlich ein Defensor bey Abfassung einer Schutzschrift die Absicht, seinem Clienten eine möglichst gelinde willkührliche Strafe vorzubereiten; so wird seine vorzüglichste Bemühung dahin gerichtet seyn müssen, die Größe des in Untersuchung befangenen Verbrechens so viel möglich zu vermindern, und das, dieser verminderten Größe, und der Person des Thäters angemessene Straf-Maaß aufzusuchen [a]). — Um hierbey gründlich zu verfahren, hat der Defensor

1) den Beweiß des beygemessenen Verbrechens so wohl in formeller als materieller Hinsicht streng zu prüfen, weil ohne völligen Beweiß auch keine außerordentliche Strafe statt finden kann. [b])

2) Die Natur des vorliegenden Verbrechens richtig zu bestimmen, um vielleicht dadurch eine ganz andere, und zwar weniger straffällige Gattung von gesetzwidriger Handlung zu entdecken, als der Richter annimmt. Da aber Verbrechen von einerley Gattung ihrer Größe nach verschieden seyn können, so muß er

3) das Maaß dieser Größe möglichst verringern, theils durch Verminderung des Grades von Vorsatz aus Bosheit (§. 49.) theils durch Verringerung des dadurch verursachten Schadens [c]) (§. 53).

4) Muß ihm erlaubt seyn, das Maaß und die Gattung von Strafen, welche mit der erörterten Größe des Verbrechens, dem Stande und übrigen Umständen des Clienten in dem gerechtesten Verhältnisse steht, und dem Gerichtsgebrauche nicht ganz entgegen ist, vorläufig festzusetzen; um den Richter desto eher von ungerechter Härte zurückhalten und die Rechte des Angeschuldigten desto sicherer vertheidigen zu können. [d])

a) Feuerbach Lehrbuch, §. 102 bis 125. — Mittermayer Vertheidigungskunst, §. 47.

b) Ch. C. S. Holzschuer ab Harrlach diss. de poena extraord. deficiente plena criminis probatione neutiquam decernenda. Alt. 1799. und die Eisenhartsche Preisschrift über diesen Gegenstand.

c) Quistorp a. a. O. Th. I. §. 63 bis 68. — Püttmann El. jur. crim. §. 30. 53. — Feuerbach a. a. O.

§. 59.

II. Defensionsgründe bey bevorstehender willkührlicher Strafen wegen eines aus Fahrlässigkeit begangenen Verbrechens.

Hommel Rhaps. obs. 144. — v. Globig und Huster a. a. O. Th. I. S. 112. fg. und die Zugaben S. 249. fg. 422. fg. — Kleinschrod peinl. Recht, Th. I. §. 26 bis 31. — Derselbe über das Wesen und Bestrafung culpöser Verbrechen im Neuen Arch. Bd. VI. H. 1. N. 2. S. 45. — Menken diss. de delictis culpa media commissis. Hal. 1780. — Funkler diss. de crimine omissionis. Lips. 1776. — Feuerbach Betrachtungen über dolus u. culpa überhaupt in der Bibliothek. Bd. II. St. 1. No. 5. — Klein vom Untersch. zwischen dolus u. culpa im Arch. Bd. I. St. 2. No. 10. Bd. II. St. 2. S. 216. ff. — Harsch. v. Almendingen Untersuchung über d. culposen Verbrechen. Gießen, 1804. 8. — E. Henke Handb. des Crim. Rechts, Bd. I. §. 53 u. 55. u. die Literatur daselbst §. 53. Not. 1. u. §. 54. Not. 1. — Gerstäcker a. a. O. §. 21. — Als Beyspiel sehe man im Anhange II. die Schutzschrift unter F.

Die Verbrechen aus Fahrlässigkeit (delicta culposa) haben ihre eigene Natur, und eine

Vertheidigungsschrift für dergleichen Verbrecher hat ihre eigenen Grundsätze. Ich will daher davon schlüßlich etwas gedenken. Es fragt sich also:

1) Wann existirt eigentlich ein Verbrechen aus Fahrlässigkeit? Im Allgemeinen dann, wenn ein Mensch durch Unterlassung einer ihm allgemein oder individuell möglichen Aufmerksamkeit auf seine Pflichten, durch vernachlässigte Erwägung der schädlichen Folgen ihrer Verabsäumung etwas unternimmt, was er hätte unterlassen, und etwas unterläßt, was er hätte thun sollen, um einen durch diese Nachlässigkeit verschuldeten Schaden abzuwenden. [a])

2) Was kann ein Vertheidiger thun, um die Straffälligkeit dieser That- oder Unterlassungs-Handlungen ganz oder zum Theil abzulehnen? — Es wird hierbey alles auf die Vergleichung der von dem Inculpaten unternommenen, oder unterlassenen Handlungen mit seinen diesfalsigen Pflichten und dem Begriffe einer wahren Fahrlässigkeit in Vernachlässigung derselben ankommen. Deshalb wird Defensor:

   a) Festzusetzen haben, was der Angeschuldigte in vorliegendem Falle hätte thun, oder unterlassen sollen, wenn er seinen Pflichten hätte Genüge leisten, und den verschuldeten Schaden abwenden wollen. Er wird

   b) Actenmäßig erzählen müssen, was er wirklich gethan oder unterlassen habe. Er wird endlich

   c) diese wirkliche That- oder Unterlassungs-Handlung mit erstern vergleichen, und aus dieser Vergleichung folgende Resultate zu ziehen haben:

aa) Daß aus der vollkommnen Uebereinstimmung dessen, was Inculpat gethan, mit seinen diesfallsigen Pflichten sich veroffenbare, wie treulich er diese erfüllt, und wie wenig er eine Nachlässigkeit sich zu Schulden gebracht habe.

bb) Daß die bey dieser Vergleichung sich hervorthuenden Abweichungen dem Angeschuldigten nicht imputirt werden könnten, indem es ihm physisch, oder moralisch unmöglich gewesen, anders zu handeln, als er gehandelt habe, und die Verabsäumung jener Pflichten nicht in des Inculpaten Fahrlässigkeit, sondern in Umständen gegründet liege, die von ihm weder vorhergesehen, noch verhindert werden mögen, mithin die unerlaubte That keine unmittelbare, sondern nur zufällige Folge der Unvorsichtigkeit gewesen. [b])

cc) Daß der vermeinlich Fahrlässige das gethan, oder unterlassen habe, was er nach seinen Einsichten, Fähigkeiten und Erfahrungen in diesem Falle, und unter diesen Umständen für's Beste gehalten, daß er also seine Pflicht nach bestem Wissen und Gewissen erfüllt, davon aber, was andere an seiner Stelle besseres, und zu Verhütung des erfolgten Schadens zweckmäßigeres gethan haben würden, gar keine, oder doch sehr eingeschränkte Begriffe und Kenntnisse gehabt habe.

dd) Daß der Grad der Fahrlässigkeit nur gering sey: indem die Handlungen, wodurch ein Schade verursacht worden, an sich nicht unerlaubt gewesen, dadurch nur minder wichtige Pflichten verletzt worden, oder es dem Angeschuldigten aus allgemeinen und individuellen Rücksichten weit schwerer werden müssen, seinen Pflichten den erforderlichen Grad der Aufmerksamkeit zu widmen, Wirkungen, von deren Schädlichkeit er, in Ermangelung der dazu erforderlichen besondern Kenntnisse, keine Wissenschaft gehabt, vorauszusehen, und ihnen vorzubeugen, als es andere Menschen, von größern Fähigkeiten, ausgebreitetern Kenntnissen, tiefern Einsichten und mehrerer Erfahrung würde geworden seyn: daß demnach bey ihm wenig Zurechnung und Strafe statt finden könne.

a) Feuerbach a. a. O. §. 54 u.. §. 117.

b) Quistorps Gesetzbuch Th. I. §. 14.

Anhang I.

Ueber die Natur und Grenzen der richterlichen Willkühr bey Anwendung der Strafgesetze; nach Grundsätzen der Vernunft, der Römischen, Carolinischen, und Sächsischen peinlichen Rechte, auch in Mitbeziehung auf die, bey einer neuen peinlichen Gesetzgebung deshalb zu nehmenden Maaßregeln. 1)

§. 1.

Bestimmung des Grundes, und der Grenzen dieser Willkühr aus der Natur der richterlichen und gesetzgebenden Gewalt.

Kein Strafgesetz, sagt v. Böhmer, 2) ist seiner Natur nach so unveränderlich, daß es nicht unter

1) Unter den Nummern haben denselben Stoff behandelt: E. Henke über die Grenzen der richterlichen Willkühr bey Bestimmung arbiträrer Strafen (in dessen criminalistischen Versuchen. Berl. 1807.) — Dessen Handbuch des Crim. Rechts. Berl. und Stettin, 1823. Bd. I. §. 88. S. 587. ff. — F. J. Sante Versuch die Größe der Verbrechen und das Strafmaaß in jedem Falle nach einem sichern Verhältnisse zu bestimmen. Rostock, 1816. — H. W. Henke über die Billigkeit im Crim. Rechte, im Neuen Arch. Bd. II. H. 3. N. 23. — Feuerbach Lehrbuch des peinl. Rechts, §. 102. ff. — Dessen Revision Th. I. S. 192. ff. — Martin Lehrbuch des Crim. Rechts, §. 58—63. — C. Klien diss. de arbitrio judicis in sententia criminali ferenda justo, aequo et bono. Lips. 1822. 4.

2) in Comment. ad C. C. C. art. 105. §. 3.

gewissen Umständen dem Richter erlaubt seyn sollte, bey dessen Anwendung davon abzuweichen, und seinen Fall härter oder gelinder zu behandeln, als das Gesetz im Allgemeinen verordnet. — Um von der Wahrheit dieser Behauptung überzeugt zu werden; um einzusehen, daß jene Abweichung mehr scheinbar, als wirklich, daß sie dem Willen des Gesetzgebers mehr angemessen als zuwider sey: muß man von der Natur und Absicht der Strafgesetze auf der einen, und dem wahren Wesen der richterlichen Willkühr in Anwendung derselben auf der andern Seite richtige Begriffe erlangt haben; Begriffe, die ich erst aus der Quelle der reinen Vernunft schöpfen will, um hiernächst diejenigen, welche die positiven Gesetze hierüber aufstellen, desto zuverlässiger darnach prüfen, und endlich über die Nothwendigkeit einer Berichtigung derselben bey einer verbesserten peinlichen Gesetzgebung desto sicherer urtheilen zu können.

Indem nemlich der Gesetzgeber in einem Gesetze eine Handlung verbietet, oder befiehlt, und dem, welcher das Gegentheil zu unternehmen fähig seyn würde, ein gewisses Maaß von Strafübel androht; so denkt er sich, wenn man die Sache nach der reinen Vernunft betrachtet, die Umstände, durch deren Einfluß die moralische Größe einer solchen gesetzwidrigen Handlung bestimmt wird, nur im Allgemeinen, nur so, wie sie sich dem gewöhnlichen Laufe der Dinge nach verhalten. Er denkt sich also die Triebfedern und Leidenschaften, welche den Uebertreter des Gesetzes hierzu anreizen könnten, so böse und schädlich, als sie nach den allgemeinen Grundsätzen von bürgerlicher Sittlichkeit in einem Menschen seyn müssen, der fähig ist, die Motiven zur Befriedigung einer schädlichen Leidenschaft über die stärksten Bewegungsgründe, zur

Beobachtung des gesetzlichen Willens, die er theils aus der Heiligkeit des Gesetzes, und der Vorstellung des bevorstehenden Strafübels, theils aus seiner innern Ueberzeugung von der Schädlichkeit einer gesetzwidrigen That hernehmen konnte, obsiegen zu lassen. Er denkt sich die schädlichen Einflüsse, welche Unternehmungen gegen dies Gesetz auf die Sicherheit des Staats, und das Wohl der Beleidigten haben werden, in dem Zusammenhange, welcher zwischen diesen nachtheiligen Wirkungen und ihrer verbrecherischen Ursache nach der gewöhnlichen Ordnung der Dinge vorzuwalten pflegt. Kurz, er denkt sich ein gemeinsames Resultat derer Erfahrungen, welche in jeder Gattung von Verbrechen und den Hauptstufen ihrer Größen theils wirklich gemacht worden sind, theils am wahrscheinlichsten und möglichsten gemacht werden könnten; bildet hieraus eine allgemeine Regel für jene Gattungen und Stufen, erhebt diese zur Würde eines Gesetzes, drückt ihr das Gepräge der Heiligkeit auf, und droht ihrem Verletzer das gesetzlich bestimmte Strafübel. Dem Richter schreibt er diese Regeln nur in der Absicht vor, damit sie ihm zur Richtschnur seines Verhaltens bey Entscheidung der gewöhnlichsten und mehrsten Fälle von gesetzwidrigen Thaten, und zum Maaßstabe einer analogischen Beurtheilung der ungewöhnlichern und seltenern dienen solle; ohne sie auch in Rücksicht der letztern für ganz unabänderlich, und einer Abweichung und Ausnahme ganz unfähig betrachtet wissen zu wollen. Der Grund dieser Behauptungen ergiebt sich sofort, wenn man nur dies erwägt, daß die Umstände, welche die Beschaffenheit eines peinlichen Falles bestimmen, oft in so mannichfaltigen, verschiedenen und ungewöhnlichen Gestalten erscheinen, daß es Menschen ganz unmöglich wird, alle diese

Gestalten im Geiste vorher zu sehen, ihren jedesmaligen Einfluß auf vorkommende Fälle zu wahrsagen, und hierdurch in den Stand gesetzt zu werden, über die Natur und Bestrafung eines jeden dieser Fälle ein unwandelbares Urtheil zum voraus festzusetzen. — Es muß also auch ein peinlicher Gesetzgeber, wenn er nicht mehr, als Mensch seyn will, sich nur damit begnügen, für eine jede Classe von Verbrechen, für die bestimmbaren gewöhnlichen Grade ihrer Größen, und das einem jeden angemessenste Maaß von Strafe eine allgemeine Regel ausdrücklich zu bestimmen. Es muß ihm gnügen, hierdurch den Richter in den Stand gesetzt zu haben, nach diesen Regeln zuförderst die dabey zum Grunde liegenden gewöhnlichsten Fälle von gesetzwidrigen Handlungen, im Gefolge des ausdrücklichen Willens des Gesetzgebers, entscheiden, hiernächst die ungewöhnlichern, durch unvorhergesehene Umstände besonders modificirten Fälle von Verbrechen zwar nach eben diesem Maaßstabe, jedoch verhältnißmäßig härter oder gelinder behandeln, und endlich in den Fällen, wo die Beurtheilung der Größe eines Verbrechens und dessen gerechtester Strafe seinem Ermessen ganz überlassen ist, bey Fällung dieses Urtheils nach jenen Regeln wenigstens analogisch verfahren zu können.

Hieraus entspringt nun diejenige Befugniß peinlicher Richter, welche wir unter dem Namen der peinlich richterlichen Willkühr begreifen, und über dessen Begriff, Grund, Endzweck und Grenzen sich im Allgemeinen folgende Sätze behaupten lassen:

Die peinlich richterliche Willkühr besteht in der Befugniß eines peinlichen Richters, diejenigen Fälle von gesetzwidrigen Handlungen, über deren

Entscheidung eine ganz treffende ausdrückliche Willensmeynung des Gesetzgebers ermangelt, nach dessen präsumtiven, d. h. aus dem Geiste und der Analogie der vorhandenen Gesetzesregeln folgbaren Willen beurtheilen und entscheiden zu dürfen.

Der Grund dieser Befugniß liegt zunächst in der Vergünstigung des Gesetzgebers, und diese gründet sich auf die Unmöglichkeit, alle vorkommende peinliche Fälle ihrer Größe und Strafe nach so unwandelbar zum voraus zu bestimmen, daß der Richter jedesmal einen ausdrücklichen Willen des Gesetzgebers zum Maaßstabe seiner Entscheidung annehmen könnte, und nie nöthig hätte, diesen Willen durch eigenes Ermessen ergänzen zu müssen.

Der Endzweck dieser Willkühr ist die Ergänzung des ausdrücklichen Willens der Gesetzgeber, zu Handhabung einer, mit dem Geiste der Strafgesetze möglichst harmonischen peinlichen Gerechtigkeit.

Ihre Grenzen müssen nach diesem Endzweck beurtheilt, und nach folgenden hieraus abgeleiteten Grundsätzen bestimmt werden:

a) Das Arbitrium peinlicher Richter ist eine blos subsidiarische Befugniß, d. h. es setzt die Ermangelung eines ausdrücklichen gesetzlichen Willens über den gegenwärtigen Fall, und die Nothwendigkeit einer Ergänzung desselben voraus, tritt also nur dann ein, wann die Worte desjenigen Gesetzes, welches über die Gattung von Verbrechen, worunter das vorliegende gehört, disponirt, den gegenwärtigen Fall weder ausdrücklich entscheiden, noch auch eine sichere Entscheidung desselben durch Hülfe der doctrinellen Hermenevtik aus jenen Worten ausgemittelt werden kann. — Und hierdurch unterscheidet sich zugleich das richterliche Ermessen von der theoretischen Auslegungskunst peinlicher Gesetze. Denn diese beschäftigt sich zwar auch mit Erforschung eines nicht ganz deutlich erklärten gesetzlichen Willens; jedoch blos mittelst Ergründung des Sinnes, welchen der Gesetzgeber dunkeln und undeutlichen Worten wahrscheinlich beygelegt wissen wollen. Die richterliche Willkühr aber kettet Schlüsse, wodurch sie von dem, aus deutlichen Worten erkannten Willen des Gesetzgebers zu einer wörtlich nicht eröffneten, sondern aus dem Geiste des Gesetzes zu erforschenden Willensmeynung desselben hindurchdringen und gelangen könne. Sie derogirt also nie dem klaren Wortverstande, und kann, aus diesem Gesichtspuncte betrachtet, die practische, theils erweiternde, theils einschränkende Auslegungskunst der Strafgesetze genannt werden. [3])

b) Selbst dann, wann der nur gedachte Fall eintritt, wo die richterliche Willkühr ihren Wirkungskreis eröffnen darf, lassen sich dessen Grenzen doch nicht auf einen Grundsatz zurückführen, nicht nach einem Maaßstabe bestimmen, sondern sie werden nach Verschiedenheit der Fälle, in denen jene Willkühr Anwendung leidet, und je nachdem der Gesetzgeber selbst in seinem Urtheile über diese Fälle

3) Cicero de Inuent. Lib. I. c. 38. 39.

mehr oder weniger zurückhaltend gewesen ist, bald zu erweitern, bald einzuschränken seyn.

Es kann nemlich das zu entscheidende gesetzwidrige Factum

I. seiner Gattung und Größe nach ganz dasselbe seyn, welches der Gesetzgeber in einem Strafgesetze selbst entschieden, und mit einer bestimmten Strafe belegt hat; es kann

II. zwar zu der Gattung von Verbrechen gehören, für welche ein Gesetz vorhanden ist, und ordentliche Strafen festsetzt, aber es kann in Rücksicht seiner Größe durch unvorhergesehene Umstände besonders modificirt, und von der Größe abweichend werden, welche der Gesetzgeber vor Augen hatte, als er die gesetzliche Strafe in der Maaße, in der sie der Regel nach bey dieser Gattung von Verbrechen zur Vollziehung gebracht werden soll, bestimmte; es kann

III. unter die Handlungen zu zählen seyn, welche ein Gesetz zwar ausdrücklich für Verbrechen gehalten, und mit Strafe belegt wissen will, hierbey aber die Gattung und das Maaß dieser Strafe zugleich nicht angiebt, sondern deren Bestimmung dem richterlichen Ermessen ausdrücklich oder stillschweigend überläßt.

Und nach Verschiedenheit dieser Fälle werden auch die Grenzen der richterlichen Willkühr in Entscheidung derselben verschiedentlich abzumessen seyn. Anlangend also

den ersten Fall;

so dürfte es zwar scheinen, als ob dann, wann die Gattung und Größe eines in Untersuchung befangenen Verbrechens mit der Gattung und Größe desjenigen, welches in einem Gesetze mit einer ordentlichen Strafe geahndet wird, genau übereinkommt, dem Richter in keinem Falle erlaubt seyn könne, mit dieser Strafe die geringste Veränderung vorzunehmen, sondern daß ihm dann schlechterdings obliege, das Strafurtheil hierauf zu richten. — Allein, so gewiß dieß der Grundsatz ist, auf dem die Grenzen der richterlichen Willkühr (was diesen ersten Fall anlangt) der Regel nach beruhen; so gewiß ist es auch, daß diese Regel Ausnahmen zulasse, die, weil sie sich durch den muthmaßlichen Willen des Gesetzgebers rechtfertigen lassen, eben deswegen zu einem Gegenstande des richterlichen Ermessens gemacht werden können. Da man nemlich annehmen muß, daß der Gesetzgeber die verordnete gesetzliche Strafe in der Anwendung wirksam, d. h. den Endzweck aller Strafen durch sie erreicht wissen wollen; so muß man es auch seinem Willen angemessen halten, daß in den Fällen, wo entweder die ordentliche Strafe wegen eintretender physischen Hindernisse an einem Verbrecher gar nicht vollzogen werden kann, (z. B. die Strafe des Säckens oder Ertränkens an Orten, wo hierzu keine Gelegenheit ist, die Strafe der Infamie an einem Ehrlosen) oder wo durch den Gebrauch derselben gegen dieses Subject der Endzweck aller Strafen gar nicht erzielt werden könnte, weil sie bey ihm mehr Reiz zu neuen Verbrechen, als Abschreckung, (z. B.

Geldstrafe bey Dieben, die blos aus Armuth stehlen,) mehr sittliches Verderbniß, als Besserung, (z. B. Zuchthausstrafen gegen junge Menschen, die in Gesellschaft mit Bösewichtern nothwendig eher böser, als besser werden,) mehr Befriedigung eines gehegten Wunsches, als schmerzhafte Empfindung des Strafübels (z. B. Todesstrafen gegen Verbrecher aus Ueberdruß des Lebens) wirken würde, oder wo endlich der Stand, die Person, und die bürgerlichen Verhältnisse eines Verbrechers 4) eine andere, als die ordentliche Gattung von Strafe nothwendig machen, an deren Stelle eine, dem innern Gehalte nach zwar eben so große, aber in der äußern Form von jener verschiedene Züchtigung setzen, und so eine Verwandlung der gesetzlichen Strafe verfügen zu dürfen. 5)

Daß dieses Recht schon in der Natur der peinlich richterlichen Willkühr begriffen sey, kann um so weniger zweifelhaft scheinen, da, wie wir in der Folge hören werden, selbst positive Gesetze ihr solches beylegen. — Daß es aber nur als Ausnahme von derjenigen Regel betrachtet werden müsse, nach welcher dem Richter keine Gewalt zukommt, die verwirkten gesetzlichen Strafen nach Gutdünken zu erlassen, zu mildern oder zu verwandeln; dies ist schon daraus klar, daß ich ihm diese Befugniß nicht anders, als in Gemäßheit des präsumtiven Willens des Gesetzgebers einräume, dieser aber nur unter den gedachten Umständen

4) G. F. Meisters Abhandl. über den Einfluß, welchen der Stand des Verbrechers auf die Strafen und das Verfahren in Strafsachen hat. Götting. 1784. in D. Plitts Repert. für das peinl. Recht, Th. 1. No. 1.

5) Kleinschrod a. a. O. §. 127.

hierbey voraus zu setzen und anzunehmen ist. Etwas erweiterter zeigen sich die Grenzen der peinlich richterlichen Willkühr

im zweyten Falle.

Ist nemlich das zur richterlichen Entscheidung gelangende verbrecherische Factum zwar unter eine, in einem Gesetze mit einer ordentlichen Strafe belegte Gattung von Verbrechen seiner Natur nach zu rechnen, findet aber der Richter bey näherer Prüfung seines Falles, daß hierbey Umstände vorwalten, welche vom Gesetzgeber bey Erwägung der gewöhnlichen Größen dieser Gattung von Verbrechen, worauf sich das in der ordentlichen Strafe liegende Maaß von Uebel hauptsächlich bezieht, entweder gar nicht, oder doch nicht nach dem Einflusse in Anschlag gebracht worden, den sie auf Erhöhung oder Verminderung der Größe des vorliegenden Falles haben, gelangt er hierdurch zu der Ueberzeugung, daß zur Entscheidung dieses Falles nach jenem Gesetze eine Ergänzung des ausdrücklichen Willens des Gesetzgebers nöthig sey; so wird er bey dieser Ergänzung nach folgenden Grundsätzen verfahren, und eben dadurch seine Willkühr in Anwendung auf gedachten zweyten Fall für begrenzt halten müssen.

Da nemlich der Endzweck des richterlichen Ermessens unter diesen Umständen dahin gerichtet seyn soll, erforschen zu wollen, wie der Gesetzgeber selbst die gesetzliche Strafe bey Erwägung des gegenwärtigen Falles erhöht oder vermindert haben würde, und nach was für Gründen er hierbey wahrscheinlich zu Werke gegangen seyn dürfte; so wird ein Richter, der diese Verfahrungsart befolgen will,

1) die Umstände und Motiven zu erforschen haben, nach denen der Gesetzgeber die Größe derjenigen

gesetzwidrigen Handlungen bestimmte, welche bey der Gesetzesregel zum Grunde liegen, und die Größe der ordentlichen Strafe veranlaßt haben. Er wird jene Umstände zuvörderst in den gemeinsamen Bestimmungsgründen der Moralität dieser Classe von Verbrechen, hiernächst in den nachtheiligen Folgen, welche hieraus für die Sicherheit des Staats und das Wohl der Bürger, dem natürlichen Laufe der Dinge nach, gewöhnlich zu erwachsen pflegen, oft auch in besondern Veranlassungen und historischen Umständen des Strafgesetzes suchen, und auf diesem Wege den Maaßstab finden müssen, wornach der Gesetzgeber die Größe dieser Gattung von Verbrechen im Allgemeinen selbst wahrscheinlich bestimmte.

Hat er diesen Maaßstab gefunden; so muß er

2) hiernach, und nicht nach bloßem Gefühl und Gutdünken, die Größe des zu entscheidenden Verbrechens festsetzen;

3) nach angestellter Vergleichung zwischen dieser, und der vom Gesetzgeber vor Augen gehabten Größe und hieraus gefolgerter Bestimmung des ohngefähren Grades, um den jene Größe, gegen diese gehalten, sich erhöht, oder vermindert, das Urtheil fällen: daß nach eben diesem Verhältnisse eine Schärfung oder Milderung der ordentlichen Strafe zu einer gerechten Anwendung derselben auf vorliegenden Fall erforderlich, und er zu deren Verfügung aus dem Grunde berechtigt sey, weil dieses Verfahren mit dem muthmaßlichen Willen des Gesetzgebers sich genau vereinigen lasse, und dessen Ergänzung in diesem Falle durch den Mangel einer

ausdrücklichen Entscheidung desselben so nothwendig, als verantwortlich werde.

Jedoch ich würde zu dunkel bleiben, wenn ich unterlassen wollte, diese abstracten Grundsätze durch ein Beyspiel anschaulicher zu machen. Ich will also das Beyspiel eines Kindermords zum Grunde legen, und hieran zeigen, wie ohngefähr die Willkühr eines peinlichen Richters in Entscheidung des sogleich zu erzählenden Falles nach dem Geiste des 131sten Art. der P. G. O. Carls des Fünften, innerhalb der nur bestimmten Grenzen, wirksam seyn könne.

Gesetzt also, einem peinlichen Richter käme der Fall eines Kindermords vor, wo zwar das Leben des Kindes, die tödtliche, mit Bewußtseyn vollzogene Handlung der Mutter, und der hierdurch verursachte Tod des Kindes keinem Zweifel unterworfen wären. Aber 1) das Kind würde bey der gerichtlichen Besichtigung und Section sowohl äußerlich als innerlich noch ganz unreif, fehlerhaft, schwach und unvollkommen, mithin einer langen Lebensdauer höchst wahrscheinlich unfähig befunden; 2) die Mutter läugnete nicht nur, daß sie vor der Geburt jemals den Vorsatz gefaßt habe, das Kind zu ermorden, sondern sie sagte auch aus, (und diese Umstände würden bey näherer Untersuchung gegründet befunden,) sie habe jederzeit die Absicht gehabt, ihr Kind zu erziehen, sie habe es der Mävia in die Erziehung geben wollen, deshalb mit letzterer Abrede genommen, Wäsche und Kinderzeug besorgt, und überhaupt alle Anstalten zur Erhaltung des Kindes getroffen. Sie habe ihre Schwangerschaft nicht verheimlicht, um die Leibesfrucht im Stillen zu tödten, sondern die Geburt habe sie an einem einsamen Orte übereilt, und in diesem unglücklichen Augenblicke habe sie aus Furcht vor der Schande, und weil sie besonders geglaubt, sich alle Heyrath zu verschlagen, ihr Kind in das nächste Wasser geworfen.

Will der Richter über diesen Fall ein gerechtes Urtheil im Geiste des Carolinischen Gesetzes fällen, will er gewissenhaft prüfen, ob die in diesem Gesetze auf den Kindermord gesetzte Todesstrafe in jenem Falle Anwendung leiden könne, oder nicht; so muß er im Gefolge der vorgedachten Grundsätze 1) den Maaßstab aufsuchen, nach welchem Kayser Carl die Größe der Gattung von Kindermord bestimmte, welche er mit der Todesstrafe belegt wissen wollte. Und es wird ihm nicht schwer fallen, diesen Maaßstab in den deutlichen Worten des Kaysers zu finden. Er sagt nemlich in vorerwähntem 131. Art.: Welches Weib ihr Kind, das Leben und Gliedmaßen empfangen hat, heimlicher, boshaftiger, willigerweise ertödtet, — die soll ertränkt werden! und erfordert hierinnen zu dem vollständigen Begriffe eines mit der Todesstrafe zu belegenden Kindermords, daß erstlich ein lebendiges, ausgetragenes und reifes Kind geboren worden, und zweytens, daß die Mutter dieses Kind mit vorgefaßtem Sinne und selbstthätiger Bestimmung dazu, also nach Triebfedern eines hohen Grades von Bosheit heimlicherweise getödtet habe. Er nimmt also zu Bestimmungsgründen der Größe eines capitalen Kindermords einmal den Schaden an, welchen der Staat durch den Verlust eines gliedmäßigen, d. h. gesunden, ausgetragenen, einer Fortdauer und nützlichen Bestimmung zum Dienste des Staats fähigen jungen Bürgers gemeiniglich erleidet, sodann die Gefahr und Unsicherheit, welche die bürgerliche Gesellschaft von einem Mitgliede zu befürchten hat, welches verdorben und ruchlos genug ist, das stärkste natürliche Gefühl der Liebe und Zuneigung einer Mutter gegen ihr Kind, das Bewußtseyn des Unnatürlichen und Gesetzwidrigen ihrer Thal, die Vorstellung der bevorstehenden Todesstrafe, — also die stärksten Motiven zur Unterlassung dieser Handlung, durch die, in den Augen der Gesetzgeber für weit schwächer zu haltenden zurathenden Bewegungsgründe der bürgerlichen Schande, des erschwerten künftigen Unterhalts und Fortkommens, oder wohl gar einer behinderten Fortsetzung eines wollüstigen, liederlichen Lebenswandels, mit freyer Ueberlegung, kaltblütiger Vorbereitung, und gefaßtem Muthe zu unterdrücken, und so einen nahe vor der Geburt gehegten Vorsatz mittelst einer absichtlichen Verheimlichung der Schwangerschaft nach der Geburt im Stillen auszuführen.[6]) Soll nun 2) der peinliche Richter diesen gefundenen Maaßstab der gesetzlichen Größe des Kindermords auf seinen Fall übertragen, und dessen Größe darnach abmessen; so kann er diesen Endzweck nicht besser erreichen, als wenn er untersucht, ob die Umstände, welche er als Bestimmungsgründe der gesetzlichen Größe eines mit der Todesstrafe zu ahndenden Kindermords gefunden hatte, in seinem Falle in eben der Maaße vorwalten, und dessen Größe in gleiches Verhältniß setzen, oder ob sie in andern Gestalten hierbey erscheinen, und deshalb die Größe des in Untersuchung begriffenen Kindermords gegen die gesetzliche erhöhen, oder vermindern? Nun müssen sich ihm aber bey

6) Daß dies der wahre Geist dieser Carolinischen Verordnung sey, haben die Ausleger der P. G. O. besonders v. Böhmer, und Kress ad h. art. 131. umständlicher dargethan.

dieser Vergleichung folgende Verschiedenheiten zu Tage legen: a) ist das Kind, welches in unserm Falle ermordet ward, bey der Section unreif, fehlerhaft, und einer Fortdauer zum Besten des Staats, aller medicinischen Wahrscheinlichkeit nach, unfähig befunden worden, mithin kann dessen Verlust den Nachtheil für das gemeine Beste nicht nach sich ziehen, welchen Kayser Carl als Folge der Ermordung eines gliedmäßigen Kindes ansahe und fürchtete; b) hat die in Untersuchung befangene Verbrecherin erwiesenermaßen den Vorsatz der Ermordung vor ihrer Niederkunft nie gehegt, und ihre Schwangerschaft in dieser bösen Absicht nicht verheimlicht; sie hat vielmehr alle Anstalten zur Erziehung ihres Kindes und zu einer öffentlichen Niederkunft getroffen, so daß der Vorsatz, wovon sie dennoch in der fürchterlichen Stunde ihrer an einem einsamen Orte sie übereilenden Entbindung in dem traurigen Kampfe zwischen den Pflichten gegen ihr Kind und ihre Selbsterhaltung zur Entfernung des letztern hingerissen ward, auf der Stuffenleiter der menschlichen Bosheit einen weit niedrigern Grad einnimmt, als der, welchen Carl durch die gehäuften Worte, heimlicher, vorsätzlicher, willigerweise, ausdrückte, 7) und für so furchtbar und gefährlich hielt, daß er es der allgemeinen Sicherheit schuldig zu seyn erachtete, eine Person, die dessen fähig wäre, aus der menschlichen Gesellschaft gänzlich zu entfernen. Vermindert sich also die Größe des zu bestrafenden Kindermords in Vergleichung mit der gesetzlichen in beyden Rücksichten so sehr; so kann auch der Richter kein Bedenken finden, es 3) dem präsumtiven Willen des Gesetzgebers für angemessen zu

7) de Böhmer ad art. 131. C. C. §. 27.

halten, daß die in dem 131sten Art. der P. G. O. auf die darinnen berücksichtigten höhern und gewöhnlichen Stuffen dieses Verbrechens gesetzte Todesstrafe in vorliegendem Falle zu einer zeitigen oder lebenswierigen Gefängnißstrafe herabgestimmt, und so der ermangelnde ausdrückliche Wille des Kaysers über unsern Fall durch ein im Geiste jenes Strafgesetzes wirksames richterliches Ermessen ergänzt werde.

Noch mehr erweitern sich die Grenzen der peinlich richterlichen Willkühr

im dritten Falle,

wo nemlich die vorkommende Handlung zwar in einem Gesetze für strafbares Verbrechen erklärt, wegen der Art und des Maaßes von Strafübel aber keine Verfügung getroffen worden ist. Doch aus diesfalls können die Grenzen der richterlichen Willkühr in Bestimmung dieser Strafe theils vom Gesetzgeber selbst, theils durch gewisse natürliche Grundsätze mehr oder weniger eingeschränkt werden. Denn

1) können die Gesetze selbst dem Richter bey Festsetzung einer willkührlichen Strafe gewisse Grenzen vorgeschrieben haben. Sie können z. B. Umstände ausheben, worauf er hierbey keine Rücksicht nehmen solle; sie können seine Willkühr auf die Wahl einer, unter verschiedenen im Gesetze benannten Gattungen von Strafen einschränken u. s. w. Ist dies der Fall; wie er es denn besonders in der P. G. O. gar oft ist); so liegt dem Richter schlechterdings ob, zuvörderst diese engern Grenzen zu beobachten, und dann erst in dem weitern Wirkungskreise seines Befugnisses, innerhalb der allgemeinen Grenzen desselben, wirksam zu seyn.

2) Können die Gesetze die Bestimmung einer solchen Strafe dem richterlichen Ermessen ohne eine besondere positive Einschränkung überlassen haben. — Aber auch in diesem Falle ist nicht zu vermuthen, daß der Gesetzgeber das Wohl und Wehe seiner Unterthanen der richterlichen Phantasie habe Preis geben wollen. Es ist vielmehr anzunehmen, daß er auch dann die richterliche Willkühr noch an gewisse Grundsätze fest gebunden, und in heilige Grenzen eingeschränkt wissen wollen. Diese aufzufinden, bedarf keiner tiefen Untersuchungen. — Denn da wir oben festgesetzt haben, daß die richterliche Willkühr stets dem präsumtiven Willen des Gesetzgebers untergeordnet bleiben müsse, von einem Gesetzgeber aber zu erwarten ist, daß er diejenigen Fälle, welche er wörtlich nicht entschieden hat, so entschieden wissen will, wie er entweder ähnliche Fälle bereits in Gesetzen beurtheilt hat, oder wie es überhaupt der Analogie der einheimischen und subsidiarischen peinlichen Gesetze, und den allgemeinen Grundsätzen der natürlichen Gerechtigkeit am angemessensten ist: so muß auch dem Ergänzer des gesetzlichen Willens, dem Richter, obliegen, bey Bestimmung einer ganz willkührlichen Strafe nach eben diesen Normen, nicht aber nach einem unbegrenzten Gutdünken, zu verfahren. Er muß sich daher bey diesem Geschäfte a) darnach richten, wie ähnliche Fälle entweder vom Gesetzgeber selbst in den von ihm herrührenden Gesetzen, oder durch einen mit ausdrücklicher oder stillschweigender Einwilligung der gesetzgebenden Gewalt eingeführten Gerichtsbrauch bestraft worden; er muß b) in dessen Ermangelung seine Entscheidung nach

ähnlichen Entscheidungen der übrigen vaterländischen oder recipirten Gesetze, mit Beobachtung der in den Rechten diesfalls festgestellten Gradation, zu bilden suchen; im Nothfalle aber c) die willkührliche Strafe nach Grundsätzen des natürlichen peinlichen Rechts bestimmen, in der Maaße das präsumtive Verfahren des Gesetzgebers selbst nachähmen, so seinen Willen ergänzen, und die Grenzen heilig halten, welche in diesem Falle seiner Willkühr gesetzt sind. [8])

§. 2.

Von der Natur der peinlich richterlichen Willkühr nach römischen Gesetzen.

Diese aus der Natur der Sache hergeleiteten Begriffe über die Willkühr peinlicher Richter können durch positive Gesetze theils bestätigt oder näher bestimmt, theils erweitert oder eingeschränkt werden. — Um also den practischen Theil dieser Lehre richtig bestimmen zu können, will

8) Jo. Petr. Bucher diss. de arbitrio judicis non omnimode arbitrario. Rintel. 1776. 4. Sect. III. Jo. Matth. Martini diss. de judice cauto in determinandis poenis arbitrariis. Bützov. 1783. 4. L. E. van Eck diss. de judicis arbitrio in poenis infligendis legibus circumscripto. Lugd. Bat. 1776. 4. Es. Puffendorf de arbitrio judicis circa poenas, in introd. in process. crim. Lüneb. c. 25. G. A. Kleinschrods Entwickelung der Grundbegriffe des peinl. Rechts, Th. II. Erl. 1794. §. 133.; welcher die Grundsätze bestimmt, nach welchen der Richter bey der Wahl, einer ganz willkührlichen Strafe verfahren soll.

ich nunmehr die vorzüglichsten dieser positiven Verordnungen aus den römischen, carolinischen und sächsischen peinlichen Rechten jedesmal zuförderst kurz auszeichnen, sodann unter einander und mit den im §. 1. entwickelten Grundsätzen vergleichen, und hieraus ihren wahren Gehalt bestimmen.

Ich lasse zuerst die zur Sache gehörigen römischen Gesetze selbst reden, und will sodann ihren Geist in Rücksicht dieses Gegenstandes näher erforschen.

Zuförderst stimmen die römischen Rechtsgelehrten in den, dem Justinianeischen Gesetzbuche einverleibten Stellen ihrer Schriften, z. B. Pomponius in l. 3. Celsus in l. 4. u. 5. Paulus in l. 6. Julian in l. 10. 11. 12. Ulpian in l. 13. und Tertullian in l. 27. ff. de legibus, alle dahin überein: daß ein Gesetz nur eine allgemeine Regel für die mehrsten und gewöhnlichsten Fälle seyn könne; weil es dem Gesetzgeber unmöglich falle, auf seltene und besondere Vorfälle Rücksicht zu nehmen, sie zum voraus im Gesetze zu bestimmen, und mit einer treffenden Entscheidung zu versehen. Sie machen es daher dem Richter zur Obliegenheit, nach den ausdrücklich entschiedenen Fällen diejenigen, welche zwar wörtlich in Gesetzen nicht enthalten, aber doch unter der Absicht derselben begriffen, und jenen ähnlich sind, durch ein vernünftiges Ermessen analogisch zu entscheiden, und so den ausdrücklichen Willen des Gesetzgebers durch ihre Willkühr zu ergänzen. 9) — Ueber die

9) Die gedachte l. 10. 12. u. 13. ff. de leg. gehören so ganz hierher, daß ich sie wörtlich einrücke: — neque leges, neque SCta ita scribi possunt, ut omnes casus, qui quandoque inciderint, com-

den Richtern bey Anwendung dieser Befugniß auf die Veränderung einer ordentlichen, und Bestimmung einer ganz willkührlichen Strafe obliegenden besondern Pflichten, und zu beobachtenden Grenzen erklären sie sich hiernächst ziemlich einstimmig dahin.

Marcian behauptet in l. 11. pr. ff. de poenis, ganz mit Beyfall der Vernunft, der peinliche Richter dürfe nie härter und gelinder seyn, als es die Beschaffenheit des Verbrechens erfordere, er dürfe nie in der Grausamkeit oder Gelindigkeit einen Ruhm suchen, sondern nach reiflicher Erwägung aller Umstände nur so urtheilen, wie es die jedesmalige Lage dieser Umstände erheische; jedoch müsse er bey geringen Vergehungen zur Milde geneigt seyn, und auch bey schweren Missethaten die Härte der Gesetze durch Gelindigkeit zu mäßigen wissen. Eben so richtig räumt Ulpian in l. 13. h. t. dem Richter die Gewalt ein, die willkührlichen und extraordinären Strafen nach eigenem

prehendantur, sed sufficit, ea, quae plerumque accidunt, contineri. — Non possunt omnes articuli sigillatim aut legibus, aut SCtis comprehendi, sed cum in aliqua causa sententia eorum manifesta est, is, qui jurisdictioni praeest, ad similia procedere, atque ita jus dicere debet. — Quoties lege unum, vel alterum introductum est, bona occasio est, caetera, quae tendunt ad eandem utilitatem, vel interpretatione, vel certe jurisdictione suppleri. — Ulpian scheint hier den Unterschied der Doctrinalerklärung von der richterlichen Willkühr ebenfalls gefühlt, und durch die Worte, interpretatio und jurisdictio, ausgedrückt zu haben.

Ermessen bald härter, bald gelinder zu bestimmen; nur müsse er hierbey Maaß und Ziel halten, d. h. sein Ermessen immer dem präsumtiven Willen des Gesetzgebers und den allgemeinen Vorschriften der natürlichen Gerechtigkeit untergeordnet seyn lassen.

Claudius Saturnius bestimmt in l. 16. h. t. die Umstände näher, welche dem peinlichen Richter bey Beurtheilung der Größe eines Verbrechens und dessen gerechtester Strafe zum Maaßstabe dienen sollen. Er bringt zuförderst alle strafbare Handlungen unter vier Hauptgattungen, (facta, dicta, scripta, consilia,) will sodann die bey jeder in Erwägung zu ziehenden Umstände in sieben Classen geordnet wissen; als, den Bewegungsgrund zum Verbrechen, die Person (den Stand und die bürgerlichen Verhältnisse) des Verbrechers und Beleidigten, die Zeit, den Ort, wann und wo das Verbrechen begangen worden, die Moralität, die Größe und Schädlichkeit des Verbrechens, (in abstracto,) und endlich den Grad, in dem es in jedem Falle zur Vollziehung gebracht oder consummirt worden ist. 10) — Besonders empfehlen Celsus in l. 18. Modestin in l. 25. ff. de LL. und Hermogenian in l. 42. ff. de poenis, dem Richter bey Auslegung und Anwendung der Strafgesetze die Gelindigkeit, und scheinen es dem Willen der Gesetzgeber für zuwiderlaufend anzusehen, wenn sich die Richter befugt halten, die gesetzlichen Strafen nach Befinden

10) Einen Commentar über dieses philosophische Gesetz findet man in Jo. Jac. Andreae diss. de justa delictorum et poenarum quantitate. Francof. 1768. und beym Boehmer ad Carpz. qu. 142. obs. 1.

der Umstände zu verhärten. 11) — Eben so will Paulus in l. 155. §. 2. und l. 168. ff. de R. I. dem Richter in peinlichen und Strafsachen nur eine mildernde Auslegung der Gesetze verstatten, und es ihm zur strengsten Pflicht gemacht wissen, eine jede Gelegenheit, zu einem gelinden Urtheil begierig zu ergreifen. Ferner setzt die l. 7. §. 3. D. ad leg. Jul. maj. die Verbrechen quae ad exemplum legis vindicanda sunt, ausdrücklich denen entgegen, quae ex scriptura legis descendunt, und rechtfertigt dadurch die ausdehnende Auslegung der Strafgesetze. Ich übergehe die häufigen Stellen des römischen Gesetzbuchs, wo dem Richter immer die Bedeutung geschieht, das strenge Recht mit der Billigkeit zu vereinigen, d. h. nicht bey dem Buchstaben der Gesetze stehen zu bleiben, sondern die Absicht derselben zu ergründen, und hieraus den Willen der Gesetzgeber zu ergänzen.

Aus diesen Aeußerungen der römischen Rechtsgelehrten ziehe ich nun folgende Resultate über

11) Die angezogene l. 25. ff. de LL. sagt: Nulla juris ratio, aut aequitatis benignitas patitur, ut, quae salubriter pro utilitate hominum introducuntur, ea nos duriore interpretatione contra ipsorum commodum producamus ad seueritatem; und die l. 42. a. a. O. — interpretatione legum poenae molliendae potius sunt, quam exasperandae. — Soll sonach nicht einmal der Richter, dem es doch ohnstreitig oblieg, streng nach den Gesetzen Recht zu sprechen, eine gesetzliche Strafe schärfen können, wie viel weniger sollten Gesetzgeber selbst es sich erlauben, die Urtheile der Dicasterien, von denen man doch annehmen muß, daß sie jedesmal schon so streng sind, als es die Gesetze wollen, noch mehr zu schärfen!

die Natur der peinlich richterlichen Willkühr, nach römischen Gesetzen:

1) Die römischen Gesetzgeber haben den peinlichen Richtern die Befugniß, sich bey Anwendung der Strafgesetze eine theils ausdehnende, theils einschränkende Auslegung, und Willkühr zu erlauben, überhaupt verstattet.

2) Auch sie haben den **Grund** dieser Befugniß in der Unmöglichkeit gefunden, es durch eine vorherige Entscheidung aller vorkommenden Fälle ganz entbehrlich zu machen.

3) Die **Grenzen** desselben müssen auch nach römischen Gesetzen zuförderst durch die Worte und den deutlichen Sinn der Gesetze, [12]) hiernächst durch die Absicht derselben, und endlich durch die unveränderlichen Gesetze der natürlichen Gerechtigkeit bestimmt werden. Doch scheinen sie

4) dem Richter mehr Gewalt in Milderung, als Schärfung der ordentlichen Strafen einzuräumen, und überhaupt dem Grundsatze günstig zu seyn, daß die gesetzlichen Strafen aus Willkühr nie geschärft, sondern nur gemildert werden könnten. — Ob nun wohl dieser Grundsatz, den auch **Beccaria** [13]) vertheidigt, aus der Natur der richterlichen Willkühr keinesweges fließt; so läßt sich doch ein besonderer Grund hiervon aus der römischen Denkungsart und Gerichtsverfassung ableiten. Denn eines theils fanden die Römer,

12) l. 23. ff. de LL. l. 12. §. 1. ff. qui et a quibus manumissi. Novell. LXXXII. Cap. 10. in fin. l. 3. C. de his, qui notantur inf.

13) Von Verbrechen und Strafen, §. 3. nach der **Hommelschen** Ausgabe.

wenigstens unter dem freyen Staate, schon nach dem Zeugnisse des Livius, nulli genti mitiores placuisse poenas, quam Romanis, überhaupt an gelindern Strafen größern Wohlgefallen, als an harten; und wollten eine erweiternde Auslegung der Strafgesetze gar nicht dulden; andern Theils kam nach der römischen Criminalverfassung bey den sogenannten delictis ordinariis, wo einem, den öffentlichen Ruhestand unmittelbar verletzenden Verbrechen, in einem, unter Mitwirkung des ganzen Volks gemachten Gesetze eine bestimmte Strafe verordnet war, dem Richter blos zu, die Beschaffenheit des Facti zu untersuchen. War dieses liquid; so hatte die gesetzliche Strafe ipso jure statt, und alle richterliche Willkühr in Erhöhung derselben war hierbey ausgeschlossen. War hingegen das Factum entweder nicht ganz liquid, oder sonst zu einer gelindern Bestrafung qualificirt; so war dem Richter die Milderung der ordentlichen Strafe nicht nur unverwehrt, sondern auch nach dem ganzen Geiste der vorgedachten Gesetze zur Obliegenheit gemacht. [14]) Dagegen trat bey den sogenannten delictis extraordinariis, worüber kein dergleichen Gesetz vorhanden war, die richterliche Willkühr in ihrem ganzen Umfange ein, und konnte sogar bis zur Todesstrafe sich erstrecken. [15])

14) Lud. Gothofr. Madihn diss. vicissitudines cognitionum criminalium apud Romanos usque ad Caes. tempora. Halae, 1772. L. E. van Eck a. a. O.

15) Ant. Matthaei de criminib. Amstel. 1661. p. 53 sq. de Böhmer ad Carpz. qu. 133. obs. 2.

§. 3.

Nach der Carolinischen Halsgerichts-ordnung.

Hier findet man besonders in dem 104. und 105. Artikel die Willkühr peinlicher Richter zwar in Verhältniß gegen die Zeiten des ordnungslosen Mittelalters, wo sie über alle Gesetze und Verfassungen die Oberhand behauptet hatte, in Rücksicht der Fälle, in welchen sie eintreten soll, näher bestimmt, aber dennoch im Ganzen mehr erweitert, und weniger beschränkt, als es der Natur der Sache nach nothwendig und möglich war. 16) — Es werden ihr nemlich in diesem Gesetzbuche folgende besondere Rechte zugetheilt.

1) Die Befugniß, eine in den römischen oder deutschen peinlichen Gesetzen auf ein gewisses Verbrechen gesetzte Lebensstrafe bey eintretendem geringerm Grade der Moralität und Schädlichkeit in eine minder schmerzhafte und schimpfliche Art von Todesstrafe zu verwandeln; z. B. statt der Strafe des Rades, Feuers, Säckens u. s. w. die bloße Schwerdtstrafe zu erkennen. 17)

16) Semler über den innern Werth der P. G. O. in Hagemanns und Günthers Archiv für die Rechtsgelehrsamkeit, Th. I. p. 281. n. 5. p. 283. n. 9.

17) Art. 104. C. C. — Item so jemandt vnsern gemeynen geschriben Rechten nach durch eyn Verhandlung das Leben verwürkt hat, soll man nach gutter gewohnheyt, oder nach Ordnung eynes guten rechtverständigen Richters, so Gelegenheyt vnd Ergernuß der Uebelthat ermessen kann, die Form und Weiß derselben Tödtung halten und urtheylen. Beyspiele von der Ausübung dieser Befugniß s. beym

2) Das Recht, die in den gemeinen peinlichen Rechten für ein Verbrechen bestimmten Leibesstrafen sowohl auf andere ähnliche Missethaten anwenden, als auch, eben so, wie die Lebensstrafen, nach Beschaffenheit der Umstände, in andere, dem Stande und der Person des Verbrechers mehr angemessene Gattungen von Leibesstrafen verwandeln zu können; z. B. statt des Prangers, Halseisens, Aushauens mit Ruthen eine verhältnißmäßige Geld- oder Gefängnißstrafe zu verfügen. 18)

3) Die Gewalt, die in den römischen und alten vaterländischen Gesetzen verordneten Leibesstrafen, welche überhaupt unsern Verfassungen, Zeiten, und Sitten nicht mehr gemäß sind, gegen zweckmäßigere und gewöhnlichere zu vertauschen, 19)

de Böhmer ad art. 104. §. 3. und ad Carpz. qu. 133. obs. 2. qu. 142. obs. 1. J. G. Chladenius diss. de arbitrio judicis in commutandis poenis. Vit. 1728.

18) P. G. O. a. a. O. in den Worten: — Aber inn etlichen Missethatten lassen die Recht peinlich Straff am Leib oder Gliedern zu, damit dannocht die gestrafften bey dem Leben bleiben. Dieselben Straff mag man auch erkennen vnd gebrauchen, nach guter gewonheyt eyns jeden lands, oder aber nach ermessung eyns jeden guten verstendigen Richters, als oben von Tödten geschriben steht. S. Koch Institt. jur. crim. §. 93. a) de Böhmer a. a. O. §. 5. und ad Carpz. qu. 133. obs. 2. Meister a. a. O. S. 20. fg.

19) P. G. O. a. a. O. in den Worten: — Wenn vnser Keyserlich recht etlich peinlich Straff setzen, die nach Gelegenheyt diser Zeit vnd Land vnbeqvem,

z. B. statt des Säckens, lebendig Vergrabens, Kreuzigens, Schmiedens auf den Hirsch, u. s. w. sich anderer Arten von Züchtigungen zu bedienen.

4) Die Befugniß, in den Fällen, wo die peinlichen Gesetze zwar Strafe zugefügt wissen wollen, aber die Gattung und das Maaß derselben nicht festsetzen, sondern diese Festsetzung der richterlichen Willkühr überlassen, die Strafe nach der Quantität und Qualität des Verbrechens, und nach dem Gerichtsbrauche willkührlich zu verordnen. [20])

5) Das Recht, in allen, in der peinlichen Gerichtsordnung ganz unentschiedenen, so wie den Fällen, wo auf eine verbrecherische Handlung eine Strafe entweder gar nicht, oder doch nicht deutlich und bestimmt genug verordnet worden, das Erkenntniß hierüber so einzurichten, wie es der Analogie der in der P. G. O. genau entschiedenen Fälle und den gemeinen subsidiarischen Rechten am angemessensten ist. [21]) Endlich

vnd eyns theils nach dem Buchstaben nit wohl müglich zu gebrauchen weren ꝛc. die Straff nach gelegenheyt vnd ergernuß der übelthatt, aus lieb der gerechtigkeyt, vnd umb gemeines nutz willen zu ordnen und zu machen. S. de Boehmer a. a. O.

20) P. G. O. a. a. O. in den Worten: — Darzu auch dieselben Recht die Form und Maß eyner jeglichen peinlichen Straff nit anzeygen, sonder nach guter Gewonheyt, oder erkentnuß verstendiger Richter bevelhen, vnd in derselben Wilküre setzen, die Straff nach gelegenheyt vnd ergernuß der übellthat, auß lieb der gerechtigkeyt, und vmb gemeynes nutz willen zu ordnen und zu machen.

21) P. G. O. Art. 105. — Jnn was peinlichen Fellen oder verklagungen die peinlichen Straff inn disen

6) die Befugniß, unter mehrern in der P. G. O. z. B. Art. 106. 111. 123. 159. 300. ꝛc. alternative bestimmten Strafen die schicklichste und gelindeste zu wählen. 22)

Aus diesen Verordnungen lassen sich zu näherer Bestimmung der peinlich richterlichen Willkühr nach Maaßgabe des Carolinischen Gesetzbuchs folgende Allgemeinsätze bilden:

a) Nach der P. G. O. findet nicht nur ein Arbitrium des peinlichen Richters überhaupt statt, sondern es ergreift auch in so vielen Fällen Platz, daß der Vorwurf, welchen

nachvolgenden Artikeln nit gesetzt, oder gnugsam erklert oder verstendig wer, sollen Richter und vrtheyler (so es zu Schulden kommt) radts pflegen, wie inn solchen zufelligen oder vnverstendtlichen Fällen vnsern Kayserlichen Rechten, vnd diser vnser ordnung am gemeßigsten gehandelt vnd geurtheilt werden soll, vnd alßdann ire erkenntnuß darnach thun. — Beyspiele solcher zum Theil unbestimmter, zum Theil dunkler Entscheidungen findet man in der P. G. O. Art. 16. 87. 112. 113. 177. 178. 120. 121. Semler a. a. O. S. 282 ad 5. S. 283. ad 9.

22) de Boehmer ad art. 105. §. 4. C. C. ad Carpz. qu. 133. obs. 1. 3. — wo er zugleich zeigt, daß bey alternative erkannten Strafen die Wahl nicht dem Verbrecher, sondern dem Richter zukomme, weil dieser am besten wissen müsse, welche Strafe in jedem Falle am zweckmäßigsten zu gebrauchen seyn werde. J. J. Kees et C. A. Sattler diss. de electione in poenis alternativis non reo, sed judici tribuenda. Lips. 1786. 4. Kleinschrodt a. a. O. §. 135. 136.

man dem Kayser deswegen gemacht hat,[23]) wenigstens in so weit nicht ungegründet seyn dürfte, als es an sich und bey gehöriger Benutzung der, schon damals vorhandenen deutschen Gesetze der Salier, Bayern rc. wohl möglich gewesen wäre, durch bestimmtere Festsetzung der möglichsten Fälle von Verbrechen und Strafen die richterliche Willkühr entbehrlicher zu machen, als sie nach dem Carolinischen Gesetzbuche ist.

b) Sie ist dennoch in Bestimmung der Fälle, wo die peinlich richterliche Willkühr eintreten soll, sorgfältiger gewesen, als die römischen Gesetzgeber, und dabey der Vernunft in vielen Stücken getreu geblieben; wie sich aus der Vergleichung dieses §. mit dem 1. und 2. §. gegenwärtiger Abhandlung sogleich ergeben muß.

c) Auch sie findet den Grund der Unentbehrlichkeit dieser richterlichen Befugniß, in Gemäßheit der natürlichen und römischen Gesetze, in der Unvollkommenheit menschlicher Gesetzgebung; indem Kayser Carl zu Ende des 105. Art. selbst bekennt: wann nit alle zufellige erkentnuß vnd Straff inn diser vnser ordnung gnugsam mögen bedacht vnd beschriben werden.

d) Die P. G. O. unterläßt nicht, die Grenzen der Willkühr peinlicher Richter nach richtigen Grundsätzen zu bestimmen. Denn erstlich

23) Leyser sp. 633. m. 1. de Böhmer in praef. ad Comment. in C. C. C. p. VIII. J. G. Martini diss. Monita ad Nemesin Carolinam proponens. Lips. 1762. Semmler a. a. O. S. 284.

erhellet aus den Worten des 105ten Art.: inn was peinlichen Fellen oder verklagungen die peinlichen Straff inn disen nachvolgenden Artikeln nit gesetzt, oder gnugsam erklert oder verstendig wer, und den folgenden, wie inn solchen zufelligen oder unverstendtlichen Fellen; daß auch sie oftgedachte Willkühr nur als eine subsidiarische Befugniß, welche dem klaren Wortverstande nie derogiren dürfe, anerkenne. Es beweisen ferner die in dem 104. u. 105. Art. oft vorkommenden Redensarten: nach Gelegenheit und Ergernuß der That, und die Bedeutung: wie inn solchen fellen vnsern Kayserlichen Rechten, vnd diser vnser ordnung am gemeßigsten geurtheilt werden soll: daß die richterliche Willkühr nicht unbegrenzt wirken, sondern zuförderst an ähnliche Entscheidungen des Carolinischen Gesetzbuchs, dann an die positiven Hülfsrechte, und im Nothfalle an die allgemeinen Grundsätze des natürlichen peinlichen Rechts gebunden seyn solle. Es ergiebt sich endlich aus den Schlußworten des 104ten Art.: aber sonderlich ist zu merken, u. s. w. die ausdrückliche und sehr wichtige Einschränkung, daß die Richter auf eine Leibes- oder Lebensstrafe in keinen andern Fällen, als in denen solches die Gesetze vorschreiben, erkennen sollen. 24)

24) Kleinschrod a. a. O. Th. II. §. 134.

§. 4.

Nach Sächsischen peinlichen Gesetzen.

Die Sächsischen peinlichen Gesetze haben ein vernünftiges richterliches Ermessen in Anwendung und Erklärung der Strafgesetze zu Bestimmung der willkührlichen, und Schärfung oder Milderung der ordentlichen Strafen nirgends für ganz unstatthaft erklärt, vielmehr in ausdrücklichen Worten an mehr als einem Orte bestätigt. 25) Es gelten also auch in den Sächsischen Landen die vorerörterten gemeinen und natürlichen Rechte in der Regel. Sie haben aber die peinlich richterliche Gewalt theils in einigen Punkten erweitert, und in andern eingeschränkt, theils durch bestimmtere Festsetzung der verschiedenen Gattungen und Stufen von Verbrechen und Strafen, so wie durch besondere, wegen des richterlichen Verhaltens bey Abfassung der Straferkenntnisse ertheilte Instructionen entbehrlicher gemacht, als sie nach gemeinen peinlichen Rechten ist. Denn was

die positiven Erweiterungen der Gewalt peinlicher Richter und Gerichtsobrigkeiten anlangt; so zeigt sich solche in zwey Stücken. Erstlich ist denen Obrigkeiten, welchen die Obergerichte zustehen, in der Erled. der Landesgebr. v. J. 1661. tit. von Justiz-

25) Const. Elect. 4. 5. 7. 8. 9. 18. 20. 27. 32. 33. P. IV. Carpzov. def. forens. P. IV. Const. V. def. 9. 10. Const. X. def. 7. n. 7. Const. XVIII. def. 5. n. 5. G. H. Mylius pr. de his, quae arbitrio collegiorum juridicorum relicta sunt in causis criminal. Lips. 1731. 4. Erhardts Handbuch des Churf. peinl. Rechts, §. 125.

Sachen, §. 59. in C. A. T. I. p. 230 fg. in gewisser Maaße die Verwandelung der ewigen Landesverweisung, mit oder ohne Staupenschlag, in Geldbußen, so an fromme Stiftungen zu verwenden, nachgelassen; Zweytens verstattet eben diese Erledigung a. a. O. in Fin. den Patrimonialgerichten die Befugniß, eine zeitige Landesverweisung ohne Staupenschlag in Geldstrafe zu verwandeln, und diese für sich zu behalten, oder auch ganz zu erlassen, und sonach dasjenige Begnadigungsrecht in minderer Maaße fernerhin auszuüben, welches ihnen ehedem auch bey peinlichen Strafen zugestanden hatte. 26) In dem Churf. Generale vom 30. Apr. 1783. ist ad I nach Aufhebung der Landesverweisung mit oder ohne Staupenschlag nunmehro deshalb folgendes verordnet:

1) Es soll denen Obrigkeiten, welchen die Obergerichte zustehen, noch fernerhin unbenommen seyn, die statt der Landesverweisungen auf vier Jahre, oder kürzere Zeit erkannten Zuchthauß- oder resp. sechs- und achtwöchentlichen Gefängnißstrafen nach Beschaffenheit der Umstände, und wenn genugsame Ursachen hierzu vorhanden sind, auf vorher

26) Leyser Meditt. ad Pand. sp. 653. m. 16 — 20. Mollenbec diss. de jure aggratiandi judicum jure aggrat. destitutorum. Giess. 1706. Wernher diss. de jure poenas in mulctam convertendi nobilibus dominisque jurisdictionalibus competente. Vit. 1734. Chadenius c. l. Erhardts Churf. peinl. Recht, §. 117. 118.

eingeholtes rechtliches Erkenntniß, in Geldbußen zu verwandeln,

2) Jedoch bleiben davon die Fälle ausgenommen, da dergleichen Strafen

a) wegen fleischlicher, und solcher Verbrechen, wobey Geld oder Geldes Werth entwendet, oder gewonnen worden, ingleichen

b) des gebrochenen Handgelöbnisses halber zuerkannt, oder

c) nicht blos auf die Bestrafung des Beschuldigten, sondern auf dessen Enthaltung in einem Zucht- und Arbeitshause auf unbestimmte Zeit, und so lange, bis er seine Unschuld, oder den zu seiner Entschuldigung angegebenen Vorwand ausgeführt haben würde, oder auf eine bestimmte Zeit mit Vorbehalt gedachter Ausführung, gesprochen worden;

3) in den übrigen Fällen, da die Verwandlung Statt finden kann, ist in dem darüber einzuholenden rechtlichen Erkenntnisse den Geldbußen einige verhältnißmäsige Gefängnißstrafe hinzuzufügen, oder, wenn vorhin auf Gefängniß erkannt worden, ein verminderter Theil desselben neben der Geldbuße beyzubehalten,

4) die statt vier- oder dreyjähriger Zuchthausstrafen (als welche an die Stelle ewiger Landesverweisung mit oder ohne Staupenschlag treten) zu erlegende Geldbußen sind zu jedem Orts Armencasse abzugeben: — (diejenigen Geldstrafen also, welche aus der Verwandlung einer, an die Stelle der zeitigen Landesverweisung tretenden weniger, als dreyjährigen Zuchthauß- oder Gefängnißstrafe erwachsen, können Gerichtsobrigkeiten noch jetzt für sich behalten, oder erlassen,) — auch soll

5) die Verwandlung anderergestalt nicht Statt finden, als wenn zugleich wegen der Untersuchungskosten Richtigkeit getroffen, und bey Verbrechen, wodurch Schaden zugefügt worden, dessen Ersatz geleistet ist. Dagegen sind

den Richtern bey Anwendung der ordentlichen Strafen engere Grenzen gesetzt. Es verbietet nemlich die Polizeyordnung v. J. 1661. tit. 6. in C. A. T. I. p. 1570. zuförderst überhaupt:

> Daß in Zukunft die in den Rechten auf jedes Verbrechen gesetzte Strafe keinem zu erlassen oder zu lindern, es wären denn solche Umstände und Ursachen vorhanden und beybracht, so die Rechte zur Erlassung oder Linderung für gnugsam erachten.

Hiernächst untersagen viele Gesetze den Richtern, bey Anwendung der ordentlichen Strafe einiger Verbrechen auf gewisse, nach gemeinen Rechten und der Vernunft allerdings in Erwägung zu ziehende Umstände Rücksicht zu nehmen. — So soll z. B. nach der Const. Elect. 19. P. IV. bey der Oberhurerey, und nach dem General. vom Verfahren in Untersuchungssachen v. J. 1783. §. 5. bey Diebstählen der Erlaß des unschuldigen Ehegatten und Bestohlnen zu keiner Milderung der ordentlichen Strafe dieser Verbrechen gereichen. — Wider das Duellmandat vom 2. Jul. 1712. soll nach dessen §. 59. ohne Vorbewußt und Einwilligung des Gesetzgebers keinesweges gelinder gesprochen werden. Besonders soll nach der Polizeyordn. v. J.

1612. bey der Strafe des Fluches bey den Sacramenten, (welche nach einem Rescripte v. 4. Aug. 1717. in C. A. T. I. p. 1805. auf den Fluch bey Gottes Sacramenten eingeschränkt worden,) nach der v. J. 1661. tit. 6. bey der Strafe des Menschenmords; nach dem Mandat wegen des vorsätzlichen Feueranlegens vom 16ten Nov. 1741. §. 1. bey den darinnen geordneten Strafen, ferner nach dem Mandat wegen Abtreib-Umbring- und Wegsetzung der Leibesfrüchte vom 14ten Oct. 1744. §. 1. so wie nach dem erneuerten und geschärften Räubermandate v. J. 1753. §. 3. bey Anwendung der auf nur genannte Verbrechen gesetzten ordentlichen Strafen kein Ansehen der Person, des Standes, Alters, der Religion, und anderer Umstände genommen; sondern es sollen diese Strafen sonder einige zu hoffen habende Begnadigung und Milderung an dergleichen Delinquenten vollzogen werden. Wenn man nun von diesen und einigen andern Sächsischen Gesetzen, 27) worinnen der richterlichen Gewalt in Anwendung der Strafverordnungen ausdrückliche Grenzen vorgeschrieben und den Verbrechern einige Milderungsgründe versagt werden, 28) abstrahirt; so kann doch

27) So verbieten besonders die Erled. der Landesgebr. v. J. 1661. tit. von Justitien-Sachen, §. 49. in C. A. T. I. p. 227. Das Rescript an die Schöppen zu Leipzig vom 4. Aug. 1717. das. p. 1805. und das Mandat wegen der neuen Decis. v. 2. July 1746 zu Ende, alle eigenmächtige Interpretation der Gesetze überhaupt, wodurch aber ein vernünftiges richterliches Ermessen keinesweges ausgeschlossen zu achten ist.

28) Wiesand Opusc. Spec. XI. n. 6. S. 162. — Erhardt a. a. O. §. 159. Not * p. 127.

nicht in Abrede gestellt werden, daß in den übrigen, ausdrücklich nicht ausgenommenen Fällen das peinlich richterliche Ermessen sich in näherer Bestimmung der in den Gesetzen nur allgemein angegebenen Gattungen und Stufen der ordentlichen Strafen eben sowohl, als bey Festsetzung aller willkührlichen, im engern und weitern Verstande, wirksam zeigen, und die Grundsätze, welche wir nach Maaßgabe der Vernunft und gemeinen peinlichen Rechte in dem Vorigen hierüber festgesetzt haben, auch nach der Sächsischen Criminalverfassung gültig bleiben müssen.

§. 5.

Prüfung einiger Meinungen der Criminalisten über die peinlich richterliche Willkühr.

Es würde überflüßig seyn, diese für die Statthaftigkeit eines vernünftigen arbitrii peinlicher Richter so zahlreich vorhandenen Vernunft- und Gesetzesgründe noch durch viele Zeugnisse peinlicher Rechtslehrer zu unterstützen. [29]) Da mir aber doch bey Erörterung dieses Gegenstandes Meinungen einiger Criminalisten vorgekommen sind, welche sich mit der Vernunft und den Gesetzen schwerlich vereinigen lassen, dennoch aber das Wesentliche dieser Lehre angehen, und von Männern gerichtlichen Ansehens behauptet worden sind; so kann ich mich einer kurzen Prüfung derselben nicht enthalten.

29) Ich berufe mich daher nur auf die vollgültigen Zeugnisse eines Quistorp im teutschen peinl. Rechte, Th. I. §. 98 — 101. und de Böhmer ad art. 104. 105. C. C. und ad Carpz. qu. 133. obs. 1. qu. 142. obs. 2. Kleinschrod a. a. O. Th. II. §. 115. fg.

. Wenn nemlich Leyser [30]) folgende Sätze aufstellt: Ex euidenti aequitate judex legem, inconsulto etiam Principe, mitigare et interpretari potest. — Potestas poenas lege simpliciter constitutas ex justis caussis et manifesta, aequitate mitigandi sicut Principi in leges diuinas, ita magistratibus et ICtis in leges Principis competit. — Potest magistratus ex aequitate euidenti et extrinseca legem duram, sed clare loquentem mollire et temperare, si videat, voluntatem et rationem legislatoris ad casum praesentem sese non extendisse etc.; so liegt zwar in diesen Behauptungen in so fern etwas Wahres, als sie mit den vorerörterten Begriffen der Vernunft und Gesetze übereinkommen; es liegt aber auch darinnen folgendes Falsche und Widersprechende: Erstlich bestimmt Leyser nirgends deutlich genug, was er unter der sogenannten aequitate euidenti et extrinseca eigentlich verstanden wissen wolle. Er mag sich aber auch zweytens dabey gedacht haben, was er will; so bleibt doch die Zusammenstellung seiner Begriffe schief, und sein Gedanke falsch. Denn wenn er darunter das Gefühl der Billigkeit und Milde versteht, welches einen Richter, dessen Laune und Temperament hierzu gestimmt ist, zur Milderung einer ihm hart dünkenden gesetzlichen Strafe ohne Rechtsgründe, sollte bewegen können; so stehen ihm die natürlichen sowohl, als positiven Gesetze entgegen, [31]) welche dem Richter schlechter-

30) in Meditt. ad Pand. spec. 3. m. vlt. sp. 645. m. 3. 4.

31) cf. l. 1. Cod. de LL. — inter aequitatem, jusque interpositam interpretationem nobis solis et oportet et licet inspicere. E. J. T. Mantzel de limitibus justitae, aequitatis, juris aggratiandi, et arbitrii Iudicis. Jen. 1741.

dings untersagen, den gesetzlichen Willen nach bloßen Empfindungen der Billigkeit auszulegen und anzuwenden. — Will er aber, wie es aus sp. 645. m. 4. das Ansehen gewinnt, der aequitati euidenti nur in dem Falle Platz gelassen wissen, wenn die Absicht eines Gesetzes sich auf vorliegendes Factum nicht erstreckt, (wie die ächte Bedeutung des Wortes aequitas mit sich bringt; [32]) so liegt dennoch in dem auf diese Voraussetzung gebauten Grundsatze: vbi moderatio poenae ex justitiae et interpretationis juridicae regulis flagitatur, cognitio ad magistratum pertinet, qui legem duram, sed clare loquentem, ex aequitate mollire et temperare potest, si quidem videt, voluntatem et rationem legislatoris ad praesentem casum sese non extendisse; folgender Widerspruch.

Es bringen nemlich weder die Vorschriften der Gerechtigkeit, noch die Auslegungskunst mit sich, ein hartes, aber deutliches Gesetz aus richterlicher Willkühr mildern zu dürfen. Denn redet, wie Leyser annimmt, ein Gesetz in Beziehung auf den vorliegenden Fall deutlich und bestimmt; so ist eine Auslegung desselben gar nicht nöthig. Entscheidet es aber diesen Fall weder wörtlich, noch der Absicht nach; so kann es hierauf gar nicht angewendet, also auch gar nicht gesagt werden, daß dieses Gesetz, in Verhältniß gegen den zu entscheidenden Fall deutlich und hart sey. Und

32) Dionys. Gothofredus ad l. 8. Cod. de judiciis, und ad l. 21. Pand. de interpr. in jure fac. — er nennt die aequitatem kurz und treffend: scriptae legis supplementum, i. e. decisio casus in lege universali omissi, ex ratione et mente legislatoris supplenda.

gesetzt auch, das Gesetz, worin dieses Factum deutlich und wörtlich enthalten ist, wäre wirklich hart; so ist es dennoch dem Richter nicht erlaubt, solches unter dem Vorwande einer anscheinenden Härte zu umschiffen oder zu mildern; weil eines Theils die richterliche Willkühr ihrer Natur nach blos subsidiarisch ist, und gegen deutliche Verordnungen der Gesetze nicht in Anwendung kommen darf, andern Theils die Gesetze selbst [33]) den Grundsatz: lex dura, sed ita scripta, minime sunt mutanda, quae interpretationem certam habent, dem Richter nachdrücklich einschärfen. — Ist also ein Gesetz, gegen einen gewissen Fall gehalten, entweder gar nicht hierauf anwendbar, oder muß es, seiner Härte ohnerachtet, darauf angewendet werden; so läßt sich überhaupt eine Veränderung des Gesetzes gar nicht denken, mithin auch dem Richter keine Gewalt hierzu einräumen.

Endlich ist auch die Leyserische Behauptung, daß dem Richter eben die Gewalt über die Gesetze des Landesherrn zustehe, welche letzterm über die göttlichen Gesetze zukomme, so sonderbar, als unrichtig und gefährlich. Denn diese landesherrliche Befugniß ist offenbar eine Wirkung der gesetzgebenden Gewalt. Die richterliche Willkühr aber darf, wenn man sie nicht für ganz unbegrenzt und eigenmächtig angesehen wissen will, hieraus schlechterdings nicht abgeleitet, noch damit verglichen werden. Wie sollten also Befugnisse, die auf ganz ungleichen Gründen beruhen, die ganz verschiedenen Endzwecken untergeordnet sind, und hierdurch ganz verschiedene Bestimmungen und Grenzen erhalten, einerley Umfang haben?

33) P. G. O. art. 105. l. 23. Pand. de LL. l. 12. §. 1. Pand. qui et a quibus manumissi, l. 9. C. de LL.

§. 6.

Fortsetzung.

Eine ähnliche unbefugte Ausdehnung der richterlichen Willkühr vertheidigt der verstorb. Hofrath Hommel.[34] Er behauptet nemlich, zum Theil mit Leyserischen Gründen, daß die Befugniß, nach alten, harten und abgeschmackten, obgleich nirgends aufgehobenen Gesetzen gar nicht zu erkennen, sondern sie zu umschiffen, und für nicht geschrieben anzusehen, ein Zweig der richterlichen Willkühr sey, sucht den Grund dieser Behauptung in der von Zeiten und Sitten abhängenden Veränderlichkeit der Gesetze, und ertheilt den Rechtsgelehrten und Dingstühlen die Gewalt, das Urtheil über jene Umstände, und die hieraus zu bestimmende Nothwendigkeit einer Veränderung oder Abschaffung solcher Gesetze sich anzumaßen. Allein es ist eine aus der Natur der richterlichen und gesetzgebenden Gewalt längst erwiesene Wahrheit, daß dem Richter nur zukomme, nach den vorhandenen Gesetzen vorkommende Fälle zu entscheiden, die Worte und den Geist des Gesetzes auf der einen, und die Beschaffenheit des Factums auf der andern Seite zu prüfen, um über die Anwendbarkeit jenes Gesetzes auf dieses Factum urtheilen zu können, daß ihm aber nicht gebühre, sein Urtheil auf das Verhältniß der Gesetze gegen äußere, deren Verbesserung oder Aufhebung erheischende Umstände der Zeiten, Sitten und Verfassungen auszudehnen, sondern

34) in Rhaps. obs. 439. 505. n. 2. auch in deff. Noten zu dem Beccaria ad §. 3. not. h) — Schon vor ihn hat Schilter in exercitt. ad Pand. exerc. XLIX. §. 173. p. 306. diesen Satz in Rücksicht der römischen peinl. Gesetze allgemein behauptet.

daß dieses Urtheil lediglich der gesetzgebenden Gewalt in jedem Staate vorbehalten sey.[35]) Es ist also auch einleuchtend, daß man den Richtern und Urtheilern eine Befugniß, diejenigen Gesetze, welche einer Verbesserung oder Abschaffung zwar bedürftig sind, aber dennoch vom Gesetzgeber selbst noch nicht verbessert oder aufgehoben worden, zu umschiffen, darnach nicht zu sprechen, und willkührliche Veränderungen damit vorzunehmen, so ganz unbedingt nicht einräumen dürfe, sondern daß, wenn dergleichen Abweichungen von Gesetzen in den richterlichen Verfahren und Erkenntnissen vorkommen, der Grund hiervon lediglich darinnen zu suchen sey, daß die gesetzgebende Gewalt selbst entweder durch nachfolgende ausdrückliche Willensmeynungen, oder durch eine stillschweigende Einwilligung die Aufhebung jener Gesetze veranlaßt, und die Richter zu gedachten Abweichungen authorisirt habe.[36]) Hommel hätte also die Befugniß der Richter, von gewissen alten, in unsern Tagen nicht mehr anwendbaren Gesetzen ganz zu abstrahiren, nicht in einer Prätorischen Gewalt derselben, nicht in ihrer Gewissenhaftigkeit, nicht in dem Spotte, welchem sich die Gesetzgeber wegen Beybehaltung

35) Const. Iustiniani, Tanta, de Conf. Digest. §. 18.

36) Es bedarf also zu Beantwortung der Frage: warum heut zu Tage die Richter nach den wegen Verbrennung der Hexen, Teufelskünstler und dergl. noch vorhandenen Gesetzen nicht sprechen? gar nicht der von Hommeln zu dem Ende ersonnenen Befugniß, die Gesetze zu umschiffen, sondern diese Frage erlediget sich aus der Aufhebung jener Gesetze durch einen ausdrücklichen oder stillschweigenden Willen des Gesetzgebers.

solcher Gesetze bey ihren Zeitgenossen und der Nachwelt aussetzten, suchen, sondern es lediglich auf die ausdrückliche oder stillschweigende Aufhebung jener Gesetze durch nachfolgende, oder einen verjährten Nichtgebrauch derselben gründen, hätte hieraus dessen Grenzen genauer bestimmen sollen, als er es in vorangezogenen Stellen seiner sonst so schätzbaren Schriften gethan hat.

§. 7.

Von den bey einer neuen peinlichen Gesetzgebung, in Rücksicht der richterlichen Willkühr, zu nehmenden Maaßregeln.

Daß es heilsam seyn würde, die Willkühr peinlicher Richter durch eine möglichst vollkommene Gesetzgebung ganz entbehrlich zu machen, wird Niemand bezweifeln, der erwägt, wie vielen, für das bürgerliche Wohl nachtheiligen Folgen die Abhängigkeit von einer richterlichen Befugniß nach sich ziehen könne, welche auch bey der sorgfältigsten Einschränkung noch immer dem Mißbrauche boshafter oder unverständiger Richter unterworfen bleibt. 37) — Ob und wie aber eine gänzliche Aufhebung dieser Befugniß möglich und ausführbar seyn möchte: diese Frage ist wichtig genug, um ihr noch schließlich einige Blätter zu widmen! — Man kann sie allgemein weder bejahen, noch verneinen. Letzteres nicht; weil sich jene Möglichkeit a priori denken

37) H. G. Bauer diss. I. de emendando jure criminali, Lips. 1769. §. 11. 12. Püttmann pr. de arbitrio Judicis e foro, judiciisque eliminando. Lips. 1771. 4. Kleinschrod a. a. O. §. 131.

läßt. Ersteres nicht; weil wir noch zur Zeit durch Erfahrungen und Beyspiele solcher Länder, wo durch eine möglichst vollkommene Gesetzgebung die richterliche Willkühr ganz entbehrlich gemacht worden wäre, von ihrer Ausführbarkeit a posteriori nicht überzeugt sind.

Die behauptete Möglichkeit einer gänzlichen Verbannung des richterlichen Arbitriums dürfte zwar daher den Schein eines Widerspruchs mit den vorigen Grundsätzen erhalten, daß wir hier den Grund desselben immer in der Unmöglichkeit gefunden, alle zur Entscheidung des Richters gelangende Fälle so unzweifelhaft im voraus zu bestimmen und zu entscheiden, daß eine Ergänzung des gesetzlichen Willens durch richterliches Ermessen gar nicht Platz ergreifen könnte. — Allein eben diese, von mir noch jetzt nicht widerrufene Unmöglichkeit beweist nur so viel, daß viele vorkommende Fälle einer nachfolgenden Willenserklärung des Gesetzgebers zu ihrer Entscheidung bedürfen, macht es aber an sich noch nicht nothwendig, daß diese Willensmeinung in allen Fällen mittelbarerweise, d. h. durch richterliche Ergänzung erlangt werden müsse, sondern läßt noch die Möglichkeit übrig, daß der Gesetzgeber selbst diesen ermangelnden vorgängigen Willen in jedem unentschiedenen Falle unmittelbar und ausdrücklich eröffne, und dadurch alle Ergänzung desselben ganz entbehrlich mache. — Es läßt sich also ohne Widerspruch behaupten, daß die richterliche Willkühr so lange, als sie noch nicht entbehrlich gemacht worden ist, ihrer Natur nach auf der vorher bestimmten Unmöglichkeit beruhe, daß aber demohnerachtet eine Aufhebung derselben nichts weniger als unmöglich sey.

Ob und wodurch aber diese Möglichkeit zu realisiren seyn möchte? — hierüber läßt sich, wie gedacht, nicht eher ein gewisses Urtheil fällen, als bis man hiervon entweder durch eine specielle Erfahrung, oder durch die ganz einleuchtende Güte und Zweckmäßigkeit der zu dem Ende in Vorschlag gebrachten Mittel mehr oder weniger lebhaft überzeugt worden ist.

Da uns nun jene specielle Erfahrung, so viel mir bewußt ist, zur Zeit noch ganz ermangelt; so bleibt nichts übrig, als die Mittel kennen zu lernen und zu prüfen, welche von den Reformatoren der peinlichen Gesetzgebung entweder nur als zweckdienlich angepriesen, oder schon wirklich in Anwendung gebracht worden sind. Ich will also zuförderst die Aeußerungen der vorzüglichsten neuern Schriftsteller über die Verbesserung des Criminalwesens, so weit sie diesen Punkt angehen, kurz berühren, dann die Verfügungen, welche die Preussische Gesetzgebung hierüber getroffen, in Erwägung ziehen, und hieraus wird sich endlich das Urtheil über den Gehalt dieser Vorschläge und Maaßregeln von selbst ergeben.

Beccaria, 38) mit dem sich bekanntlich die erste Epoche der neuern Reformatoren peinlicher Gesetzgebung anhebt, will den peinlichen Richtern alle Auslegung der Strafgesetze entzogen, will ihre Gewalt hierüber blos auf die buchstäbliche Erklärung derselben eingeschränkt, und ihnen nichts weiter nachgelassen wissen, als die Handlung zu untersuchen, ob sie mit dem Gesetze übereinstimme, oder nicht. Er hält es für einen eben so gefährlichen, als gemeinen Grundsatz, daß der Richter gleichsam in die Seele und die Absichten des Gesetzes dringen, und den Sinn desselben zu Rathe ziehen solle.

38) Von Verbrechen und Strafen §. 4. S. 20. nach der Hommelischen Ausgabe v. J. 1778.

Er sucht aber die Gründe seiner Behauptung nicht, wie er sollte, in der möglichen Entbehrlichkeit der richterlichen Willkühr, bewirkt durch möglichst deutliche, und in vorheriger Bestimmung der Fälle ganz glückliche Gesetze, so wie durch eine vom Gesetzgeber sich allein vorzubehaltende Entscheidung der unbestimmt gebliebenen Fälle, sondern er sucht sie lediglich in der Einfalt und den Leidenschaften der Richter, vermengt also offenbar den rechtmäßigen Gebrauch einer Befugniß, welche unter diesen Umständen immer noch unentbehrlich seyn würde, mit dem Mißbrauche derselben. — Es hat daher einer der ersten und besten Prüfer des Beccaria, Christian Friedrich Schott, 39) zwar gegen ihn geäußert, daß man dem Richter die Doctrinalerklärung der Gesetze nicht streitig machen könne, ist aber seinem Auctor in der Behauptung beygetreten, daß man den Richtern nicht gestatten dürfe, ein Urtheil im Geist der Gesetze zu fällen. Sein Commentator, Hr. Schall, 40) zeugt daher sehr scharfsinnig wider ihn und den Markese, daß die richterliche Befugniß, ein Erkenntniß im Geist der Gesetze abzufassen, wenn sie richtig verstanden und vernünftig angewendet werde, so lange zuläßig und nothwendig sey, als undeutliche und unvollständige Gesetze existiren.

39) in diss. de delictis et poenis ad librum recentiorem Italicum de hoc argumento, Tub. 1767. §. 5. Sie steht im Schall von Verbrechen und Strafen; eine Nachlese zum Beccaria rc. Leipzig, 1779. 8. übersetzt, und mit Anmerkungen bereichert, auch in des Verf. dissertt. jur. natur. Tom. II. No. 17. Erlang. 1784. cur. Aug. Ludov. Schotti.

40) a. a. O. S. 18 fg.

Was die von Hommeln [41]) bey dieser Gelegenheit geäußerte, der Beccariaschen zwar ganz entgegengesetzte, aber noch weit gefährlichere Meinung anlangt; so habe ich schon vorher (§. 6.) das Nöthige dawider erinnert. Die Instruction, welche die Nordische Gesetzgeberin, Kayserin Catharina II. im Jahr 1768. wegen Abfassung eines neuen Gesetzbuchs für Rußland bekannt gemacht hat, enthält [42]) unter andern, aus dem Beccaria fast wörtlich entlehnten Grundsätzen, auch über die richterliche Willkühr fast eben die Gedanken, welche der Markese hegte, sie rechtfertigt sie aber mit überzeugendern Gründen, als jener. Es stehe, sagt sie, blos dem Gesetzgeber, und nicht dem Richter zu, den Verbrechen eine Strafe zu bestimmen; der Richter habe daher kein Recht, die Gesetze von den Strafen zu erklären, sondern der Landesherr. Die Gesetze über die Strafen müßten aber so deutlich abgefaßt seyn, daß die Anwendung der Regel: man müsse auf den Sinn des Gesetzes sehen, und nicht auf die Worte, gar nicht nöthig sey. Eben so hat das im J. 1786. zu Wien erschienene Kayserliche allg. Gesetzbuch zur Absicht, die Gewalt des Richters, die Gesetze zu interpretiren, so viel als möglich einzuschränken, und verordnet daher §. 23. des 1sten Hauptst. „die erlassenen Gesetze sind stets nach dem eignen „und gemeinen Verstande der Worte zu nehmen. „Niemand ist berechtiget, sich einer rechtskräftigen „Auslegung anzumaßen.“

41) In der Not. h) zum §. 3. der Uebersetzung des Beccaria.

42) Kap. X. S. 37. 39.

Claproth [43]) will in allen zweifelhaften Fällen vom Richter bey der Regierung angefragt wissen, und ihm gar keine Rechte über die Gesetze verstatten. Der Präsident des Gerichtshofs zu Mayland, Paul Risi, [44]) beantwortet die von ihm aufgeworfene Frage: ob es den natürlichen sowohl als bürgerlichen Rechten gemäßer sey, die Strafgesetze nach dem Buchstaben, und ohne Rücksicht auf die besondern Umstände des Verbrechens anzuwenden, oder ob der Richter, nach reiflicher Erwägung aller Umstände, die Strafe bald erschweren, bald lindern müsse? dahin: es sey dem Gesetzgeber unmöglich, alle Umstände, welche auf die Größe eines Verbrechens Einfluß haben, vorher zu sehen und zu bestimmen. Deren Beurtheilung müsse daher der richterlichen Willkühr überlassen werden, welche zu dem Ende auf Bewegungsgrund, Person, Zeit, Ort, Beschaffenheit und Folgen der That genau Achtung haben, und darnach die Größe des Verbrechens und der Strafen bestimmen müsse. — Man sieht hieraus leicht, daß es dem Hrn. Risi nicht sowohl darum zu thun gewesen, Mittel und Wege an die Hand zu geben, wodurch die richterliche Willkühr ganz außer Thätigkeit gesetzt werden

43) In der ersten Fortsetzung seines Entwurfs zu einem Gesetzbuche. Gött. 1774.

44) In animaduersionibus ad crim. jurisprudent. pertinentibus, Mediol. 1766. una cum nova praefatione ejusd. argumenti edidit. Jo. Chr. Fischer Ed. III. Jen. 1790. Sed. II. ist auch 1768. zu Genev ins Franz. und hieraus zu Mietau 1771. unter dem Titel: Ueber einige Gegenstände des peinl. Rechts, ins deutsche übersetzt worden.

könnte, als vielmehr den Grund und die Grenzen derselben, bey ihrer nach dem jetzigen Zustande der peinlichen Gesetze unläugbaren Nothwendigkeit so zu bestimmen, wie wir sie selbst §. 1. bestimmt haben. Ich führe daher seine Grundsätze mehr zur Bestätigung der meinigen an, als um daher der Gesetzgebung neue Aussichten eröffnen zu wollen.

Quistorp [45]) kommt der Sache weit näher. Er hält es auch bey einer möglichst vollkommenen neuen Gesetzgebung nach den engen Grenzen des menschlichen Verstandes für ganz unmöglich, die Schwierigkeiten, welche diese oder jene gesetzliche Vorschrift bey ihrer Anwendung finden könnte, vorher zu sehen, und in einem jeden besondern Falle die dabey sich etwa findenden Verwickelungen und besondern Umstände genau zum voraus zu bestimmen; will es aber dennoch Richtern und Obrigkeiten gänzlich untersagt wissen, durch willkührliche Ausnahmen, Erweiterungen oder Einschränkungen von dem Buchstaben des Gesetzes abzugehen. Er bringt daher in Vorschlag, durch möglichst deutliche und vollständige Gesetze allen bey deren Anwendung entstehen könnenden Zweifeln und Ungewißheiten, so weit es menschliche Kräfte erlaubten, zuvor zu kommen, in den demohnerachtet noch eintretenden bedenklichen Fällen aber den Richter bey einer deshalb zu verordnenden Gesetzcommission jedesmal anfragen zu lassen. [46])

45) Im Entwurfe zu einem Gesetzbuche in peinlichen und Straffachen. Rostock u. Leipz. 1782. 8. §. 1. 5.

46) Diese Verordnung hat schon Justinian in Const. Tanta, de Conf. Dig. §. 18. aus dem Edicto perpetuo entlehnt. — Sed quia diuinae quidem res perfectissimae sunt, humani vero juris conditio semper in infinitum decurrit, et nihil in

Eben so setzen die Verfasser der Berner Preisschrift über die Criminalgesetzgebung 47) zuförderst deutliche und vollständige Gesetze voraus, wollen dann den Richter nur zum mechanischen Ausüber dieser klaren Bestimmungen gemacht, die dennoch unentschiedenen Fälle aber von einem Collegium der rechtschaffensten Männer mit landesherrlicher Genehmigung erörtert, entschieden, und diese Entscheidungen den vorigen Gesetzen einverleibt wissen. — Und da dies fast eben die Grundsätze sind, wornach die Preussische Gesetzgebung gebildet worden ist; so ist es meiner Absicht gemäß, dieses Mittel zur Entfernung aller richterlichen Willkühr etwas näher kennen zu lernen.

Der Endzweck, welcher durch dieses Mittel erreicht werden soll, ist also dieser: dem Richter bey allen und jeden zweifelhaften und unentschiedenen Fällen solche Richtschnuren seines Verhaltens zu verschaffen, welche nicht durch eine Doctrinalauslegung der Gesetze, nicht durch einen richterlichen Schluß von dem in den Worten eines Gesetzes enthaltenen ausdrücklichen Willen, auf eine aus dem Geiste und der Absicht desselben folgbare Willensmeinung über den vorliegenden Fall ausgemittelt, sondern jedesmal dem Richter unmittelbar von der gesetzgebenden Gewalt selbst, oder deren

ea est, quod stare perpetuo possit, multas etenim formas natura nouas edere deproperat, non desperamus, quaedam postea emergi negotia, quae adhuc legum laqueis non sunt innodata. Si quid igitur tale contigerit, augustum imploretur remedium, etc. — Idemque ipse Iulianus, et Diuus Hadrianus in compositione Edicti retulerunt.

47) S. 29—31. 164. Zugaben S. 223.

Stellvertretern an die Hand gegeben werden. — Aus der Natur dieses Endzwecks ergiebt sich denn, daß das zweckmäßigste Mittel hierzu nur dasjenige seyn werde, wodurch zu bewerkstelligen ist, daß alle zur richterlichen Entscheidung gelangende Fälle von Verbrechen nicht vom Richter nach eigenem Ermessen, sondern jedesmal vom Gesetzgeber selbst entschieden werden können. Nun vereinigen sich zwar alle Eigenschaften eines solchen Mittels in der zu verfügenden doppelten Anstalt, daß erstlich eine ganz deutliche, und in Bestimmung der verschiedenen Gattungen und Stufen von Verbrechen und Strafen möglichst vollständige Gesetzgebung in einem Staate eingeführt, zweytens die bey dem allen von menschlichen Gesetzgebern nicht zu umgehende Unmöglichkeit, alle Fälle, Gestalten und Verwickelungen der Verbrechen im voraus mit angemessenen Strafen zu belegen, für den Richter wenigstens dadurch gleichgültig gemacht würde, daß er verbunden seyn müßte, die Entscheidung solcher Fälle einer beständigen, die gesetzgebende Gewalt unmittelbar vorstellenden Gesetzcommission zu unterwerfen, sich selbst aber aller willkührlichen Urtheile darüber zu enthalten.

Allein weder der möglichst einzuschränkende Umfang eines für die Menge bestimmten Volkscodex, noch die gesetzgebende Klugheit können es anrathen, die zur Verminderung der ordentlichen Strafen gereichenden besondern Umstände, die bey Abfassung der Straferkenntnisse, bey Ausmittelung der Gewißheit eines Verbrechens und dessen Thäters, und im richterlichen Verfahren in Untersuchungssachen überhaupt zu beobachtenden Cautelen und Maaßregeln, in das allgemeine Gesetzbuch eines Staats aufzunehmen; indem dadurch boshaften und listigen Verbrechen leicht Schlupfwinkel zu

Umgehung der ordentlichen Strafen eröffnet, entgegengesetzte Cautelen und Maaßregeln zu Erschwerung der Untersuchung an die Hand gegeben, und so die Absichten aller Strafgesetze durch sie selbst vereitelt werden könnten. Diese Rücksichten müssen es daher nicht nur rechtfertigen, sondern auch dem Gesetzgeber zur Pflicht machen, jene, ohnedies nur für den Richter bestimmte, Verhaltungsregeln dem allgemeinen Gesetzbuche nicht einzuverleiben, sondern hierinnen die möglichsten Gattungen von Verbrechen, und die für jede bestimmten ordentlichen Strafen nur allgemein aufzuführen, diejenigen Vorschriften aber, wornach die gesetzliche Strafe in jedem einzelnen Falle, nach Bewandtniß der Umstände, näher determinirt, und auf die jedesmalige Beschaffenheit eines Falles anwendbar gemacht werden solle, einen Gegenstand besonderer Instructionen für peinliche Richter werden zu lassen, und diese erst dann, wann weder das allgemeine Gesetzbuch, noch diese Instructionen über einen zweifelhaften Fall hinlängliche Auskunft geben sollten, an die beständige Gesetzcommission zu verweisen.

Da dies nun größtentheils die Eigenschaften sind, welche das von der Preußischen Gesetzgebung in Anwendung zu bringende Mittel zur Aufhebung der richterlichen Willkühr bey Anwendung der Strafgesetze so glücklich auszeichnen: 48) so bestimmen mich die nurgedachten Gründe, dieses Mittel für das ausführbarste zu erklären, und den Wunsch zu äußern, daß die Erfahrung es so bewährt rechtfertigen möge, wie es der Vernunft als solches einleuchtet.

48) Entwurf eines allgem. Gesetzbuchs für die Preußischen Staaten, Th. 1. 3. Abth. S. 221.

Schutzschrift, für Heinrich Friedrich Rößel, einen Färber-Gesellen, zu gänzlicher Abwendung des wegen einer Uhr-Deube wider ihn erregten Verdachts und verhangenen peinlichen Verfahrens.

Der hiesige Färber Meister Christoph Fritzsche, hat Fol. 6. dieser Untersuchungs-Acten beschworen, daß, als er am 24. May d. J. Abends gegen 12 Uhr von einer Reise nach Hause gekommen, und um 2 Uhr des Nachts zu Bette gegangen, eine, ihm eigenthümlich zugehörige dreygehäußige silberne Taschen-Uhr, nebst dergleichen Kette, in seiner Wohnstube auf der Commode in dem gewöhnlichen Uhrgehäuße noch gehangen habe, als er aber Morgens um 5 Uhr aufgestanden, und nach der Uhr sehen wollen, solche nebst der Kette dieblich entwendet gewesen, und ihm erst am 5ten Juny d. J. durch den Soldat Träger, welcher sie von dem Juden Meyer erkauft, jedoch ohne Kette, wieder zugestellt worden sey.

Diesen Diebstahl soll der, bey dem Bestohlnen damals in Arbeit gestandene Tuchmacher-Geselle, Carl Friedrich Rößel, verübt haben, er ist deshalb zur gefänglichen Haft gebracht, summarisch vernommen worden, und nunmehro vor Versendung der Acten nach rechtlichem Erkenntnisse zu vertheidigen.

Die Anzeigen, welche den wider Rößeln hierunter geschöpften Verdacht begründen sollen, bestehen, Inhalts der Denunciations-Schrift Fol. 1. sq. des gehorsamsten Berichts Fol. 33. sq. und sonst nach Maaßgabe der Acten, in folgenden Punkten:

1) Hat Rößel, wie er Fol. 20. eingestanden, der Fritzischen Magd am 25. May d. J. früh nach ihrem Aufstehen den Schlüssel zum Färbe-Hause gegeben, dieser Schlüssel aber, nach eidlicher Versicherung der Magd Fol. 9. am 24. May des Abends noch an seinem gewöhnlichen Orte, nämlich in der Wohnstube nicht weit von der entwendeten Taschen-Uhr, gehangen; wie denn auch nach Fol. 7.b 13. in dem Färbehause Niemand weiter als Mstr. Fritzsche, und dessen Magd, Verrichtungen haben.

2) Gesteht Rößel Fol. 18. daß er in dem Zeitraume, da er besagten Morgen mit dem Nebengesellen, Meyer, vor dem Aufstehen der übrigen Gesellen allein in der Arbeits-Stube gewesen, und der Schlüssel zur Küche, aus der man in die Wohnstube kommt, auf dem Arbeits-Stuhle gelegen, aus der Arbeits-Stube herausgegangen, und eine Weile weggeblieben sey.

Als ferner

3) des Bestohlnen Ehefrau die Gesellen, und unter diesen auch Rößeln, gefragt: Wer früh den Schlüssel zum Färbehause geholt? So hat er, gleich den übrigen Gesellen, solchen geholt zu haben, geläugnet. Nachdem daher

4) die Fritzschin ihre Magd rufen lassen, und selbige Rößeln unter die Augen gesagt: daß er ihr wirklich am 25sten früh gedachten Schlüssel eingehändiget, hat er die Magd angefahren, und schlechterdings geläugnet, daß er ihr überhaupt einen Schlüssel gegeben. Da ihm aber

5) sein Mitgeselle, Matthias, hierunter widersprochen: So hat er nunmehro zwar, der Magd einen Schlüssel gegeben zu haben, eingestanden,

jedoch, daß solches der Stubenschlüssel gewesen seyn, behauptet.

Wie ihm nun

6) auch hierinnen von der Fritzischen Magd widersprochen worden: So ist er zwar endlich geständig gewesen, daß er der Magd den Schlüssel zum Färbehause gegeben, hat jedoch dabey vorgewendet: „es habe dieser Schlüssel am Färbehause gesteckt, und er solchen aus Vorsicht abgezogen". Ferner, und

7) ist die entwendete Fritzschische Uhr, nach Aussage des Juden, Meyer Herz, Fol. 23. sq. am 8. Juny d. J. von einer Weibs-Person an besagten Juden verkauft, Rößel aber von Mstr. Fritzschen Fol. 26.[b] beschuldiget worden, daß er mit einem Frauenzimmer, Namens Schulzin, Umgang gehabt. Endlich soll Inculpat

8) nach den Anzeigen Fol. 4. 12. 13.[b] 15.[b] etwas liederlich gelebt, gespielt, und freye Nächte gehalten, das Lohn, welches er Sonnabends bekommen, meistens den Sonntag verthan, und den Montag schon Geld geborgt haben;

Ohnerachtet nun Rößel die, bey den, No. 1. 2. 3. 4. 5. 6. bemerkten angeblichen Anzeigen zum Grunde liegenden Thatsachen Fol. 19. sq. eingeräumt, so hat er doch auch Fol. 18.[b] 21. 30. beharrlichst geläugnet, den in Frage befangenen Uhrdiebstahl selbst verübt, oder um den Thäter Wissenschaft zu haben.

Bey dieser Lage gegenwärtiger Untersuchungs-Sache liegt dem Vertheidiger des Inhaftaten ob, in dieser Schrift darzuthun:

> d a ß d i e a n g e z e i g t e n g r a v i r l i c h s c h e i n e n d e n U m s t ä n d e e i n e n r e d l i c h e n,

und ausschließenden Verdacht wider Rößeln keinesweges begründen.

Er wird

A. diese Behauptung beweisen, sodann

B. die hieraus fließenden rechtlichen Folgen kürzlich bemerken!

Wenn man

ad A.

erwägt, daß zu der Zeit, da Mstr. Fritzsche am 25. May des Morgens um 5 Uhr aufgestanden ist, und die Entwendung der Uhr zuerst entdeckt hat, nach dessen eigenem Anführen Fol. 2. sämmtliche vier Gesellen bereits auf- und in der Arbeitsstube gewesen sind; so fragt man billig: Warum ward unter diesen vier Personen der Verdacht blos auf Rößeln, und nicht eben so gut auf die übrigen Gesellen geworfen? Die Beantwortung dieser Frage soll nun nach den in Mstr. Fritzschens Anzeige Fol. 1. sq. enthaltenen Aeußerungen aus den, vorhin aufgestellten acht angeblichen indiciis zu folgern seyn.

Der Vertheidiger findet aber keinen dieser Umstände zu Begründung eines ausschließenden Verdachts, und Verhängung einer Untersuchung, und gefänglichen Einziehung wider Rößeln hinlänglich.

Rößel soll der Entwender der Uhr seyn, weil er

ad 1.

den Schlüssel zum Färbehause, welcher den Abend zuvor noch in der Stube, nicht weit von der entwendeten Uhr, gehangen, an dem Morgen, da der Diebstahl entdeckt worden, in seiner Gewahrsam gehabt, solchen der Magd gegeben, und, nach dem Geständnisse Fol. 21. selbst geäußert hat:

„Wer den Färbehaus-Schlüssel geholt, der könnte auch die Uhr haben!“

Allein! dem Vertheidiger dünkt, es liege eben in diesem Umstande: daß Rößel gedachten Schlüssel der Magd gegeben, der stärkste Beweiß seiner Unschuld, und der Wahrheit seines Anführens Fol. 20.[b]

„daß er den Schlüssel am 25. May früh nach seinem Aufstehen am Färbehause stecken sehen, solchen abgezogen, ihn kaum zwey Minuten bey sich gehabt, und sodann der Magd eingehändiget habe!“

Defensor behauptet nämlich: Rößel würde, wenn er die Uhr wirklich entwendet gehabt hätte, den Schlüssel der Magd nicht gegeben haben, und es sey daher dessen Abgabe an die Magd für einen starken Beweiß seiner Unschuld zu achten. Folgende Umstände setzen diese Behauptung außer Zweifel:

a) Führt der bestohlne Mstr. Fritzsche Fol. 4. selbst an:

„Rößel möge bey Entwendung der Uhr den Schlüssel zum Färbehause blos in der Absicht mitgenommen haben, um auf den Fall, daß ihn Jemand sollte haben in die Stube gehen sehen, die Abholung dieses Schlüssels zum Vorwande gebrauchen zu können!“

Der Vertheidiger will annehmen, diese Vermuthung sey gegründet, Rößel habe diese List wirklich gebraucht, um auf den Fall, daß man ihn überführen könnte, in der Wohnstube gewesen zu seyn, allen Verdacht wegen Entwendung der Uhr selbst — durch jene List von sich abzuwenden. So würde ja die Handlung der Ausantwortung dieses Schlüssels an die Magd, welche sogar in Beyseyn eines Mitgesellen, August Matthias, geschehen ist, mit jener List in einem unvereinbaren Widerspruche stehen! —

Denn traut man Rößeln soviel Verschlagenheit zu, daß er die Wegnahme des Färbehaus-Schlüssels von der Wand als ein Mittel zur Abwendung des Verdachts einer verübten Deube habe gebrauchen wollen, so muß man ihm wahrlich auch so viel Klugheit zutrauen, daß er nicht so kurzsichtig gehandelt, und gleich nach vollbrachtem Diebstahle sich selbst als Besitzer des Schlüssels verrathen haben werde, welcher neben der gestohlnen Uhr gehangen hatte.

War er so listig, den Schlüssel in der Vorsicht mitzunehmen, um dem, welcher ihm beym Herausgehen aus der Stube in den Weg kommen möchte, sagen zu können, warum er darinnen gewesen sey. So war er gewiß auch so klug, nach vollbrachter That, und da ihn erweißlich Niemand in die Stube hatte ein- oder ausgehen sehen, den Schlüssel entweder ganz von sich zu werfen, oder am Färbehause stecken zu lassen. Unerklärbar würde hingegen die Einfalt seyn, wenn Rößel gleich nach Entwendung der Uhr den daneben gehangenen Schlüssel der Magd in Gegenwart noch eines Gesellens ausgehändigt, und auf diese Weise nicht nur den Verdacht jener Entwendung unmittelbar wider sich erregt, sondern sogar zwey Zeugen zu Begründung dieses Verdachts gegen sich aufgestellt hätte!

Nein! Inculpatens Anführen Fol. 20.[b] „daß oftgedachter Schlüssel am Färbehause gesteckt, er solchen abgezogen, und nach einigen Minuten der Magd, um ihn wieder an seinen Ort zu hängen, ausgehändiget habe!" muß entweder wahr, oder Inhaftat muß ein so einfältiger Mensch seyn, daß man sich der List und Verschlagenheit, mit welcher die Uhrdeube nach dem eigenen Anführen des Bestohlnen Fol. 4. verübt worden, ohnmöglich bey ihm vermuthen, folglich ihm auch diesen Diebstahl nicht zutrauen kann. — Mit Grund hat man also behauptet, daß Rößel eben deswegen, weil er den Schlüssel zum Färbehause an die Fritzschische Magd frey und öffentlich ausgehändigt hat, der Thäter jenes Diebstahls nicht seyn kann, indem er, wenn er dieser Thäter gewesen wäre, den Schlüssel in seinen Händen nie würde haben blicken lassen! —

Nun will zwar

b) der als Zeuge abgehörte August Wilhelm Meyer Fol. 11.[b] versichern:

„er sey vor dem Färbehause vorbey gegangen, und habe keinen Schlüssel stecken sehen!"

und es scheint durch dieses Zeugniß jenes Anführen Rößels entkräftet zu werden,

Allein!

a) muß der Vertheidiger überhaupt bezweifeln, daß dieser Meyer als Zeuge in gegenwärtiger Untersuchung zuläßig, und Inhaftaten zu graviren vermögend sey. Denn eines Theils ist er besage Fol. 10. schon seit 17 Jahren als Geselle in des Bestohlnen Lohn und Brode, hat mancherley Wohlthaten von ihm genossen, mithin den Verdacht der Partheilichkeit in hohem Grade wider sich, und gilt daher kaum für einen halben Zeugen,

cf. Hommel Rhaps. obs. 211. voc. boethi.

andern Theils ist er auch laut Fol. 10. von seinem Meister vor das, die Untersuchung führende

Gericht freywillig zur Abhörung sistirt, folglich nicht gesetzlich und glaubwürdig vor seiner ordentlichen Obrigkeit abgehört worden:

Quistorps Grundsätze des deutsch. peinl. Rechts, Th. II. §. 701.

Es beweißt aber auch

b) die oberwähnte Aussage dieses Zeugen an sich nichts. Denn alles kommt hierbey darauf an, ob Meyer eher vor dem Färbehause vorbeygegangen, als Rößel, oder — nachdem dieser den Schlüssel schon abgezogen gehabt! Ueber diesen Haupt-Umstand der Zeit schweigt die Meyersche Deposition Fol. 11.[b] gänzlich! Es ist auch nicht wahrscheinlich, daß Meyer, wenn er auch eher, als Rößel, vorbey gegangen war, ohne besondere Veranlassung auf den Umstand, ob der Schlüssel am Färbehause gesteckt, oder nicht? so genau Acht gehabt haben sollte, daß man seiner Behauptung völligen Glauben beymessen könnte. Dies alles gilt auch

c) von der, von dem Fritzschischen Gesellen, August Matthias, Fol. 13. hierüber erstatteten Aussage. — Auch er ist aus oberwähnten Ursachen ein verdächtiger Zeuge. — Und obwohl derselbe Fol. 14. versichert:

„Er wäre noch eher, als Rößel der Magd einen Schlüssel gegeben, beym Färbehause vorbey gegangen, hätte aber keinen Schlüssel stecken sehen!"

So ist doch eines Theils sehr möglich, daß dieses Vorbeygehen eben in dem kurzen Zeitraume geschah, da Inculpat den Schlüssel zwar schon abgezogen, aber der Magd noch nicht eingehändiget hatte, andern Theils ebenfalls unglaublich, daß

Matthias auf einen so ganz unerheblichen Umstand eine gewisse Aufmerksamkeit gerichtet haben sollte. Vielmehr würden er, und Meyer, ihre Unachtsamkeit auf diesen Umstand mit dem dritten Gesellen, Liesegang Fol. 15.b gewiß einstimmig bekannt haben, wenn erstere eben so, wie letzterer, darüber: „zu welcher Zeit, und in welcher Entfernung sie vor dem Färbehause vorbey gegangen? ob sie darauf, ob der Schlüssel gesteckt, oder nicht? genau Acht gegeben? ausdrücklich befragt worden wären!"

Eben so unwichtig ist

ad 2.

der verdächtig scheinende Umstand: „Daß Rößel, nach Meyers Aussage Fol. 11. sq. in dem Zeitraume, da letzterer vor dem Aufstehen der übrigen Gesellen mit erstern allein in der Arbeitsstube gewesen, und der Schlüssel zur Küche auf dem an der Thüre stehenden Arbeits-Stuhle gelegen, aus der Arbeitsstube hinausgegangen, ein Weilchen weggeblieben, und dann wieder in die Stube gekommen ist.

Sollte dieses Verweilen außer der Arbeitsstube den Verdacht, daß Rößel eben in diesem Zeitpuncte durch die Küche in die Wohnstube sich eingeschlichen, und da die Entwendung der Uhr bewerkstelliget haben möge, zu begründen im Stande seyn; so müßte außer Zweifel beruhen, daß Rößel

aa) den Küchenschlüssel beym Hinausgehen aus der Arbeitsstube mitgenommen, und

bb) in diesem Zeitraume keine andere unschuldige Verrichtung an einem dritten Orte gehabt habe.

Beydes aber ist unerwiesen. Denn

ad aa) muß Meyer Fol. 11.b selbst bekennen:

„er könne nicht behaupten, daß Rößel beym Hinausgehen aus der Arbeitsstube den Schlüssel zur Küche an sich genommen, indem er ihn solchen nicht wegnehmen sehen!“

und

ad bb) versichert Inculpat Fol. 18. „daß er in der Zeit, da er aus der Arbeitsstube ein Weilchen sich entfernt gehabt, sich gewaschen habe!“ Die Wahrheit dieser Versicherung ergiebt sich nicht nur aus Meyers Bemerkung Fol. 11.[b]

„daß Rößel, als er wieder in die Arbeitsstube gekommen, sich abgetrocknet!“

sondern muß auch durch das Zeugniß des Nebengesellen, Liesegang, welcher sich mit Inculpaten zugleich gewaschen, und um dessen Befragung hierüber gebeten wird, noch mehr Bestätigung erhalten.

Auffallend scheinen zwar ferner

ad 3. 4. 5. 6.

die vierfachen Veränderungen, welche vorausgegangen sind, ehe Inculpat das Geständniß, der Magd den Schlüssel zum Färbehause gegeben zu haben, gegen die Fritzschischen Eheleute, und seine Nebengesellen, oberwähntermaßen abgelegt hat.

Nichts destoweniger verdient des Inculpaten Fol. 20.[b] angeführte Entschuldigung:

„daß er sich auf alle die kleinen Umstände, ob er der Magd einen Schlüssel überhaupt gegeben, und ob solches der Stuben- oder Färbehaus-Schlüssel gewesen? eher nicht besonnen, als bis er an jeden besonders erinnert worden sey!“

alle Glaubwürdigkeit, und zwar um deswillen, weil es

α) sehr möglich und wahrscheinlich ist, daß Inculpaten zu der Stunde, da jene Fragen an ihn gethan wurden, der unbedeutende Vorfall mit dem Schlüssel schon wieder aus dem Gedächtnisse entfallen war. —

Die Abgabe des Schlüssels an die Magd geschah, wie aus deren Aussage Fol. 7. abzunehmen ist, gleich nach ihrem Aufstehen, ohngefähr des Morgens ein halb sechs Uhr. —

Erst mehrere Stunden nachher muß aber das Examen vorgefallen seyn, welches die Fritzschin über die Frage: wer früh den Schlüssel zum Färbehause geholt? mit den vier Gesellen, und der Magd angestellt hat. Bestimmt ist dieser Zeitpunct in den Acten zwar nirgends angegeben. Inzwischen erhellet doch aus dem Anführen Fol. 2. daß Mstr. Fritzsche und dessen Eheweib, zuvor alles durchsucht hatten, ehe letztere gedachte Frage an die Gesellen that. Auch ist aus den von der Fritzschin nach Fol. 7.[b] hierbey gebrauchten Worten:

„Wer hat heute früh den Schlüssel zum Färbehause geholt?

nicht undeutlich abzunehmen, daß diese Anfrage schon am spätern Vormittage, und nach Verlauf mehrerer Stunden von ein halb sechs Uhr an gerechnet, geschehen seyn müße.

Ist dem also: So darf es gar nicht befremden, wenn Rößel sich des, am frühen Morgen schon geschehenen Vorganges mit dem Färbehaus-Schlüssel nicht so ganz lebhaft mehr erinnerte, sondern die Erinnerung hieran erst durch allmählige Erweckung der associirten Ideen aller kleinen Nebenumstände hervorgebracht werden mußte. Die ganze Handlung — daß Rößel einen Schlüssel stecken sah', der vielleicht aus Unachtsamkeit der Magd schon manche Nacht gesteckt hatte, daß er ihn im Vorbeygehen abzog, einige Minuten bey sich behielt, dann beym Anzünden der Tabackspfeife der Magd einhändigte, — ist wahrlich eine so unerhebliche Begebenheit, daß es Niemanden Wunder nehmen darf, wenn Rößel nach Verfluß mehrerer Stunden von dem ganzen Vorfalle keine lebhafte Vorstellung mehr hatte, und sich auf keinen Umstand eher wieder besann, als bis ihm jeder einzeln vorgehalten, und ins Gedächtniß zurückgeführt wurde.

Sehr gültig und glaubwürdig ist also seine oberwähnte Entschuldigung schon aus diesem Grunde!

Noch lebhafter aber wird man von der Wahrheit derselben überzeugt, wenn man

β) erwägt, daß es ihm ja zu gar nichts helfen konnte, die Abgabe des Schlüssels an die Magd vorsätzlich zu läugnen, da solche in Beiseyn des Mitgesellen, Matthias, geschehen, mithin seine Ueberführung durch zwey Zeugen sogleich zu bewerkstelligen war!

Niemand ist leicht so frech, eine Handlung, die er in Beiseyn mehrerer Personen verrichtet hat, ganz abzuläugnen. Läugnet er sie dennoch: so hat ein solches Läugnen gewiß keinen Vorsatz, sondern bloßen Irrthum, oder Mangel an Erinnerungsvermögen zum Grunde. — So sehr also die auffallende Veränderung der Aussagen des Inculpaten über diesen Umstand ihn zu graviren scheint; so wenig bleibt doch von diesem Scheine zurück, wenn man seine Entschuldigungen im gehörigen Lichte darstellt.

Auf das

ad 7.

Eingangs bemerkte indicium ist nunmehro, da der Jude, Meyer Herz die Schultzin für diejenige

Weibsperson, so ihm die Fritzschische Uhr zum Verkauf gebracht, Fol. 27.[b] nicht recognoscirt, vielmehr, daß er selbige gar nicht kenne, versichert, einiges Absehen weiter nicht zu richten; jedoch kann man hierbey nicht unbemerkt lassen, daß, da der Jude die Uhr besage Fol. 23.[b] 25. erst am 8. Juny, d. J. von einer Weibsperson erkauft und desselben Tages an den Soldat Träger verkauft zu haben versichert, der Bestohlne hingegen seine Uhr schon den 5. Juny, als dem dato der Denunciation Fol. 4. von Trägern wieder erhalten haben will, zwischen diesen Angaben ein Zeitwiderspruch obwaltet.

Was endlich

ad 8.

die, dem Inculpaten zur Last gelegte Beschuldigung eines liederlichen Lebenswandels anlangt: so sind die Beweise derselben sehr schwanckend, und unbündig. Denn daß er Fol. 21.[b] einräumt, manchmal den Sonntag Abends nicht nach Hause gekommen zu seyn, sondern eine freye Nacht mitgemacht, ingleichen ein einzigesmal das Lohn, so er den Sonnabend bekommen, den Sonntag verspielt, und den Montag Geld geborgt zu haben, dies alles macht ihn noch nicht zu dem verdorbenen Menschen, der er seyn müßte, wenn man sich eines Hausdiebstahls zu ihm sollte versehen können. Die Schilderung, welche Fol. 12. 13.[b] 15.[b] von seinem Lebenswandel gemacht wird, rührt lediglich von Inculpatens Mitgesellen, folglich von Personen her, welche alles mögliche anwenden mußten, um den Verdacht des Uhrdiebstahls von sich ab- und auf den zu wälzen, welcher unschuldigerweise den Schlüssel zum Färbehause in seinen Händen gehabt hatte, und blos deswegen von Mstr. Fritzschen, noch 14 Tage nach dem Vorfalle, mit einer Denunciation verfolgt wurde, die viel persönlichen Haß zu verrathen scheint.

Aus dem allen fließen denn

ad B.

von selbst die rechtlichen Folgerungen, daß wider Rößeln des gerügten Diebstahls halber kein einziges nahes Indicium vorhanden, und dergestalt erwiesen sey, daß auf einen Reinigungseid gesprochen werden könnte. Nur dieses Erkenntniß:

„daß in Mangel Verdachts wider ihn weiter nichts vorzunehmen!"

ist der Lage der Sache angemessen.

Der Vertheidiger richtet hierauf seine Schluß-Bitte!

Anmerk. In dem, auf diese Schutzschrift eingeholten Urtel wurde Rößeln der Reinigungseid auferlegt, und er, nach dessen Leistung, seines fünfmonatlichen Arrests entlassen.

Kurz darauf brachte der Vertheidiger in Erfahrung daß Rößel wirklich unschuldig gewesen war, und eine, in des Bestohlnen Hause mit wohnhafte Weibsperson den Uhrdiebstahl auf folgende Weise vollbracht hatte. — Sie besaß nämlich einen Schlüssel, welcher die Thüre zur Küche schloß, aus der man in die Stube ging, wo die entwendete Uhr, und neben solcher der Schlüssel zum Färbehause gehangen hatte. Am 25. May des Morgens schon gegen 4 Uhr war sie mittelst dieses Nachschlüssels unbemerkt in die Küche und Wohnstube des Bestohlnen eingegangen, hatte hier die Uhr entwendet, zugleich aber auch den Schlüssel zum Färbehause in der Absicht mitgenommen, um auf den Fall, daß ihr beym Herausschleichen Jemand in den Weg kommen sollte, die Abholung gedachten Schlüssels um so scheinbarer zum Vorwande gebrauchen zu können, weil sie sich des Färbehauses bisweilen zum Waschhause bediente. — Da sie Niemand gewahr worden war, so steckte sie besagten Schlüssel, um sich dessen zu entledigen, an das

Färbehaus, die Uhr aber verkaufte sie an den Juden Meyer. — Rößel fand also, als er sich gegen 5 Uhr wusch, den Schlüssel wirklich am Färbehause stecken, zog ihn aus Vorsorge ab, und händigte ihn der Magd ein. — Diese löbliche Handlung zog ihm durch Misgeschick eine Untersuchung und fünfmonatlichen Arrest zu.

Einige Monate nachher veruntraute gedachte Weibsperson aus derselben Stube auf gleiche Weise an die 800 Thaler Geld, ward aber entdeckt, und verbüßet noch jetzt deshalb zehnjährige Zuchthaus-Strafe.

Schutzschrift zu Abwendung der Specialinquisition, so wie zu Verwandlung des Reinigungseides in einen Erfüllungseid, in der wider Johann Jacob Schlegeln, Rechtsconsulenten zu X..., wegen eines beygemessenen consilii dolosi verhangenen Untersuchung.

Es hat der Postschreiber Müller zu X... Fol 1. vorliegender Acten bey dem Stadtgericht allda die Anzeige gethan: Der Advocat Schlegel habe dem Secretair Werner, als dieser gegen jenen darüber Beschwerde geführt, daß sein Vetter, der Postmeister Sibrandt, in einem ohnlängst errichteten Testamente mit Uebergehung seiner, als nächsten Verwandten, den Postschreiber Müller zum alleinigen Erben seines sämmtlichen Vermögens eingesetzt, den boshaften Rath ertheilt:

> „Er, der Secr. Werner, solle einen Juden dahin zu vermögen suchen, daß er beym Postmeister ein namhaftes Capital gegen 12. v. H. jährliche Verzinsung erborge, hierauf diesen als einen Wucherer denunciren, und durch auszustellende Quittung über den Empfang dieser wucherlichen Zinsen ihn der usurariae pravitatis überführen, worauf, da usurarii manifesti den Rechten nach kein Testament machen dürften, auch dessen bereits errichtetes Testament wiederum ungültig, und Werner alleiniger Intestaterbe seines Vetters, des Postmeisters, werden würde."

Zu Begründung dieser Denunciation wird Fol. 3. fg. hauptsächlich angeführt: 1) der Jude Isaac

Moses sey geständig, daß der Secr. Werner ihm zu Negotiirung eines Capitals von 2000 Thaler unter der Aeußerung: er brauche es zu besondern Absichten! dringend Auftrag ertheilt, auch zu dem Ende an den Postmeister gewiesen habe, 2) der Jude habe den Postmeister um die Darleihung eines Capitals von 2000 Thaler wirklich angesprochen, und ihm 12 p. C. Verzinsung zugesichert, 3) dem Denuncianten sey von des Secr. Werners Bedienten hinterbracht worden, daß sein Herr über das Testament des Postmeisters äußerst aufgebracht gewesen, auch den Advocat Schlegel zu sich rufen lassen, und mit diesem über gedachtes Testament, und von wucherlichen Zinsen eine vertrauliche Unterredung geflogen habe. — Auf Veranlassung dieser Anzeige ist vom Gericht zur summarischen Vernehmung des Sachwalters, und Secretairs Fol. — verschritten, auch der von Denuncianten zum Zeugen angegebene Jude, und Bediente Fol. — abgehört worden. Hierbey haben letztere dasjenige, was sie dem Denuncianten von der Sache bereits außergerichtlich hinterbracht gehabt, Fol. — gerichtlich ausgesagt, und eidlich bestärkt, die Angeschuldigten hingegen haben die ihnen beygemessenen Beschuldigungen Fol. — ins Läugnen gestellt. Des weitern Verfahrens halber ist nunmehro rechtliches Erkenntniß einzuholen beschlossen, und den Inculpaten die Beybringung ihrer Rechtsnothdurft nachgelassen worden. Zu dem Ende hat der Sachwalter Schlegel den Verfasser gegenwärtiger Schrift zu seinem Vertheidiger erwählt, und ihn ersucht, bey Abfassung derselben sein Augenmerk sowohl auf Abwendung des schimpflichen Verhörs über Artikel, als des, seiner Ehre eben so nachtheiligen Reinigungseides zu richten. Zu Erreichung dieser Absicht wird sich also der

Vertheidiger mit folgenden drey Puncten beschäftigen: Er wird

A. zeigen, daß die zur Vernehmung eines Inculpaten über Artickel allgemein nöthigen gesetzlichen Erfordernisse in vorliegender Untersuchungssache fast gänzlich ermangeln.

B. Darthun, daß in gegenwärtigem Falle ein Erkenntniß auf Specialinquisition noch aus besondern Ursachen unzulässig sey, und denn

C. aus der Stärke des, für Inculpatens Unschuld, vorhandenen Beweises erhärten, daß nicht einmal ein Reinigungseid, sondern höchstens nur ein Erfüllungseid Statt finden könne.

Zu A.

Ein gerechtes Erkenntniß auf Specialinquisition setzt bekannten Rechten noch folgendes voraus:

I. Daß ein Verbrechen in Untersuchung befangen sey, welches wenigstens eine Leibesstrafe nach sich ziehen kann. Gesetzt also, das gerügte consilium dolosum könnte erwiesen, und Inculpat der Ertheilung desselben überführt werden: so kann doch kein Rechtskundiger behaupten, daß ein Rath zu Begehung eines Verbrechens, welcher a) zum Schaden eines Andern gar nicht ausgeführt worden, (denn das vorgeblich angerathene wucherliche Geschäft soll vom Juden dem Postmeister zwar zugemuthet, von diesem aber nicht eingegangen worden seyn) welcher b) vom Rathgeber auf Anfragen des Berathenen ganz allgemein, ohne Anwendung auf einen Fall, und ohne den Rathnehmer durch besondere Instruction, oder Zuredungen zu dessen Befolgung zu vermögen, oder durch die Ausführung einen Gewinn ziehen zu wollen, ohne also an dem Verbrechen selbst nur den entferntesten Antheil zu nehmen, in Vorschlag gebracht worden ist, mit einer Leibesstrafe sollte geahndet, und für ein inquisitionsmäßiges Verbrechen gehalten werden können:

S. Wernheri obs. for. p. IX. obs. 50. de Boehmer ad art. 177. §. 5. C. C. C. — Quistorp im deutsch. peinl. Recht; Th. I. §. 60. 70.

Vielmehr behaupten bewährte Rechtslehrer, daß ein einfacher Rath zum Verbrechen selbst dann, wann er ausgeführt worden ist, mit keiner harten Leibes- sondern mit Geld- oder Gefängnißstrafe zu belegen sey:

S. Jac. Reinhardt diss. de consilio in criminib. ejusque effect. Erford. 1732. §. 8. Leyser sp. 181. m. 2. Hommel in Promtuar. Bertoch. voc. Consilium n. 4. — qui ad delinquendum dedit consilium simplex secuto delicto poena afficitur extraordinaria, non tamen corporis afflictiva.

Wie viel weniger wird dergleichen Leibesstrafe dann Statt finden können, wenn, wie hier der Fall ist, das Verbrechen wirklich nicht erfolgt.

II. Soll die Gewißheit des Verbrechens, und daß der Inculpat Urheber desselben sey, wenigstens halb erwiesen worden seyn. — Um die Abwesenheit dieses Erfordernisses in vorliegendem Falle außer Zweifel zu setzen, muß der Vertheidiger untersuchen:

1) Auf was für Beweise man die Gewißheit des von Inculpaten dem Secretair Werner ertheilten consilii dolosi eigentlich gründe, und

2) Ob durch diese Mittel ein halber Beweiß des Verbrechens, und dessen Thäters wirklich erlangt worden sey?

Es sind aber

zu 1.

die Beweismittel, wodurch man die Gewißheit des in Untersuchung befangenen verbrecherischen Raths zur Zeit zu begründen gesucht hat, hauptsächlich folgende:

α) Zeugenaussagen, und zwar theils des Bedienten, Johann Sturms, welcher Fol. — eidlich versichert:

„daß er seinen Herrn mit dem Advocat Schlegel von Testamenten, und wucherlichen Zinsen eine vertraute Unterredung habe halten, nicht weniger erstern über das Testament des Postmeisters öfters Unwillen äußern hören!"

theils des Juden, Isaac Moses, welcher Fol. — versichert:

„der Secr. Werner habe ihn zu sich rufen lassen, und eröffnet: er brauche 2000 Thlr. Geld, sollte es auch gegen 12 p. C. seyn! und auf Befragen: woher er, Deponent, denn solches sogleich nehmen solle, und zu was der Herr es so nothwendig brauche? ihm geantwortet: er solle nur zum Postmeister Sibrandt gehen, der werde die 12 p. C. gewiß mitnehmen, er brauche es zu besondern Absichten!"

β) Gründet man jene Gewißheit des Verbrechens auf die vermeintlich nahen Anzeigen, daß a) Schlegel Fol. — so wie Werner Fol. — eingeräumt, von den Wirkungen der usurariae pravitatis, von den Ursachen, welche einen unfähig machen, ein Testament zu errichten, und andern dergleichen rechtlichen Gegenständen sich unterredet zu haben, b) daß Werner den Juden wegen Erborgung eines Capitals gegen wucherliche Zinsen an den Postmeister gewiesen, auch, daß er das Geld zu besondern Absichten brauche, geäußert habe. In wiefern kann nun also wohl

zu 2.

behauptet werden, daß durch diese Beweismittel der Satz:

> Der Adv. Schlegel hat dem Secr. Werner den boshaften Rath ertheilt, er solle suchen den Postmeister des Wuchers zu überführen, um dadurch das von ihm errichtete Testament ungültig zu machen, und dessen Erbschaft an sich zu bringen!

wenigstens semiplene erwiesen worden sey? das heißt, daß ad α) ein gültiger Zeuge vorhanden, welcher es wirklich mit angehört, daß Inculpat dem Secr. Werner diesen Rath gegeben hat! — Man beruft sich vielleicht auf die vorgedachten Zeugnisse des Bedienten und Juden! Allein diesen Zeugnissen steht zweyerley entgegen. Denn erstlich sind weder Bedienten in Sachen ihrer Brodherrn, noch Juden wider Christen vollgültige Zeugen,

S. Hommel Rhaps. obs. 56. 211. voc. Famulus, Judaei, Haeretici.

Wollte man aber auch diese zwey verdächtigen Zeugen einem unverdächtigen gleich achten: so würde ihrem Zeugnisse dennoch dies entgegen stehen, daß keiner derselben im Stande ist, die Wahrheit des vorgedachten Satzes so zu bekräftigen, wie es die Natur des Zeugenbeweises erfordert; indem keiner behaupten kann, ausdrücklich gehört zu haben, daß der Inculpat Werner oft gedachten Rath wirklich ertheilet habe. Denn die Aussage des Bedienten, nach der er seinen Herrn über Testamente, und wucherliche Zinsen mit Inculpaten hat reden hören wollen, ist viel zu generell, und unbestimmt, als daß ein ausdrückliches, und sinnliches Vernehmen jenes bösen Rathschlags dadurch nur im mindesten erwiesen werden könnte. Vielmehr besaget sie nichts weiter, als was die Inculpaten selbst einräumen, nämlich daß sie sich über diese Gegenstände freundschaftlich, und unabsichtlich unterhalten. — Die vorbemerkten Aussagen des Juden aber können allenfalls den Secretair verdächtig, und es wahrscheinlich machen, daß dieser ein Unternehmen von der Art habe ausführen wollen, den Sachwalter aber können sie eben so wenig graviren, so wenig es Rechtens ist, daß ein Zeuge über Reden, die er, wie der Jude, mit seinen Ohren nie vernommen, ein gültiges Zeugniß sollte ablegen können. — Es beruht folglich außer Zweifel, daß die Gewißheit des vermeinten consilii dolosi, und dessen Urhebers, durch die geprüften Zeugenaussagen so, wie es ein Erkenntniß auf Specialinquisition voraussetzt, keinesweges dargethan worden sey. — Eben so unzulänglich ist zu dieser Absicht der auf die ad β) vorgedachten Anzeigen gegründete Beweiß. Diese Anzeigen sind entlehnt

a) von der Unterredung, welche Inculpat über die rechtlichen Wirkungen der usurariae pravitatis, und die Mittel, Testamente zu entkräften, geständigermaßen mit dem Secr. Werner gehalten hat. Sollte diese Anzeige einen halben Beweiß der Gewißheit des gerügten consilii dolosi enthalten: so müßte ihre Wahrscheinlichkeit durch keine überwiegendern Gründe für die Wahrscheinlichkeit des Gegentheils entkräftet werden können. Diese Schwächung widerfährt ihr aber dadurch, daß Schlegel Fol. — versichert: er habe diese Belehrungen blos auf Anfragen des Secretairs, ganz allgemein, und ohne die geringste Beziehung auf des Postmeisters Testament, ihm mitgetheilt; daß der Secretair selbst Fol. — gesteht: er habe blos einen allgemeinen Unterricht über diese Puncte verlangt; — daß Inculpat Fol. — betheuert: es sey ihm von dem Testamente des Postmeisters eher nichts bekannt geworden, als bis ihn Werner beym Fortgehen davon benachrichtiget, — daß dieser Fol. — hiermit übereinstimmte, — und der Bediente endlich, nur allgemeine Reden über diese Gegenstände vernommen zu haben, Fol. — geständig seyn muß. — Sollten nicht diese Umstände es weit wahrscheinlicher machen, daß Werner mehr erwähntes Consilium aus dem unschuldigen Unterrichte des Sachwalters selbst gefolgert, als die aus jener Unterredung allein hergeleitete Anzeige die Hypothese wahrscheinlich macht, daß der Inculpat Wernern diesen Rath boshafter Weise ertheilt habe? Von gleicher Schwäche ist

b) die Anzeige, daß Werner den Juden zu Ausführung eines solchen Plans hat misbrauchen wollen. Denn dieser Umstand macht es zwar wahrscheinlich, daß ihm jene rechtliche Wirkung des Wuchers müsse bekannt gewesen seyn, und begründet daher die Vermuthung, daß Werner aus den allgemeinen

Belehrungen des Sachwalters dieses Mittel zur Vernichtung des Testaments seines Vetters sich von selbst abstrahirt, und in Anwendung gebracht haben möge. Er beweißt aber den Satz noch lange nicht halb: Inculpat hat den boshaften Rath wirklich ertheilt! — Kann also die Gewißheit des in Untersuchung befangenen consilii dolosi weder durch Zeugen, noch durch Vermuthungen zu dem Grade erhöht werden, welcher den peinlichen Rechten nach zur Anordnung eines Verhörs über Artickel nothwendig erfordert wird: so kann auch dieses Verhör selbst nach dem strengsten Rechte in vorliegendem Falle nicht Platz ergreifen. — Sollte man jedoch, wider Verhoffen, auf diese Gründe die Rücksicht nicht nehmen, welche die Gerechtigkeit erheischt: so erwartet doch der Vertheidiger von den schonenden Gesinnungen der Herrn Urtelsverfasser, daß sie

Zu B.

ein Erkenntniß auf Specialinquisition in vorliegendem Falle noch aus gewissen besondern Ursachen nicht zulässig erachten dürften. Denn schwerlich werden sie es von sich erlangen können, über einen unbescholtenen Menschen eine Handlung zu verfügen, welche in diesem Falle ganz zwecklos, für das zeitliche Wohl des Inculpaten aber höchst verderblich seyn würde. Denn, man frage sich selbst, ist wohl zuförderst in unserem Falle die Vernehmung des angeschuldigten Sachwalters über Artickel so nothwendig, wie sie es seyn müßte, wenn ein Erkenntniß hierauf nur einigermaßen sollte gerechtfertiget werden können? — Ihr Endzweck läßt sich nur in dem Falle erreichen, und ihre Zufügung in etwas vertheidigen, wenn die Umstände, welche auf die Gewißheit eines gerügten peinlichen Verbrechens, und dessen Thäters, wesentlich abzielen, so mannichfaltig, so verwickelt, und widersprechend sind, daß eine Ergründung ihrer wahren Beschaffenheit nicht anders möglich ist, als wenn sie in kurze Fragsätze zergliedert, den Theilhabern am Verbrechen zur Beantwortung einzeln vorgelegt werden.

Leyser meditt. ad 7. sp. 560. m. 13. 17.

Und, wie zahlreich, wie intricat, und widersprechend sind wohl diese Umstände in vorliegendem Falle? — Nichts ist hierbey zu wissen nöthig, als soviel: „hat der Sachwalter dem Secretair wirklich dolose gerathen, seinen Vetter zum Wucherer zu machen, und dadurch dessen Testament umzustoßen!" — Alle hierauf abzweckende Fragen sind bereits beym summarischen Verhöre an ihm gethan worden: Er hat sie bestimmt, und so beantwortet, wie er sie eidlich erhärten zu können Fol. — erbötig ist. Er hat sie in der Hauptsache verneint, und die nöthigen Entschuldigungen bereits angeführt. Wozu ist es also nöthig, ihm diese Fragen nochmals in gekünstelten Artickeln vorzulegen, sie ihn nochmals gleichförmig beantworten zu hören, dadurch aber die Grundvesten seiner Ehre, und Zufriedenheit zu erschüttern? — Kann es wohl ferner, man frage sich selbst, die Behauptung verjährter, und zweckloser Gerichtsbräuche rechtfertigen, einen noch unbescholtenen Bürger der Vortheile seiner innehabenden Aemter und Würden zu berauben, in ihm die Hoffnung, neue zu erlangen, zu ertödten, das Bewußtseyn von Ehre und Verdiensten aus seinem Innersten zu reißen, seine Kräfte und Fähigkeiten zum Dienste des Staats, und der Gerechtigkeit in schlaffer Unthätigkeit schwinden zu lassen, die Mittel, sich und die Seinigen berufsmäßig zu nähren, ihm aus den Händen zu winden, die Quellen der edelsten Freuden, welche der gesellige Umgang mit Andern gewährt, für ihn zu vergiften, und endlich unter den nagenden Bissen der Schande und des Kummers ihn von dem bürgerlichen zum natürlichen Tode übergehen zu sehen! Es wird dem Vertheidiger unmöglich, sich auf der einen Seite diese Gründe als wahr, und dennoch auf der andern das Erkenntniß auf Specialinquisition als gerecht zu denken, unmöglich, zu dessen Abwendung stärkere Motiven, als die nur erwähnten, aufzufinden. — So innig aber auch der Vertheidiger von der Unstatthaftigkeit der Specialinquisition in vorliegendem Falle überzeugt ist: so sehr fürchtet er doch, es möchten die Herrn Urtelsverfasser den wider Inculpaten erregten vorgeblichen Verdacht zur Auferlegung eines Reinigungseides für zulänglich erachten, und auf den für dessen Unschuld vorhandenen Beweiß die gebührende Aufmerksamkeit nicht richten. Er wird also

Zu C.

noch schlüßlich darthun, daß dieser Beweiß zu der Stärke ansteige, daß in gegenwärtiger Untersuchung ein Erkenntniß auf den Erfüllungseid das allein gerechte, und zweckmäßige sey; weil nur allein dadurch die unverdienten Nachtheile des Verhörs über Artickel, und des Reinigungseides von Inculpaten abwendig gemacht werden können. — Denn es verstatten bekanntlich die Rechte, (§. 29. ad III. γ.) daß der Erfüllungseid auch in peinlichen Sachen, in Fällen, wo eine harte peinliche Strafe nicht bevorsteht, zur Ergänzung eines minder vollkommen geführten Beweises der Unschuld eines Inculpaten Statt finden, und darauf erkannt werden könne. Nun ist aber bereits im ersten Abschnitte dieser Schrift dargethan worden, daß der in Frage befangene boshafte Rath selbst dann für ein peinliches Verbrechen nicht gelten könnte, wenn er völlig in Gewißheit gesetzt worden wäre. Ueberdem ist es Rechtens, daß beym Erweis der Unschuld selbst Vermuthungen, deren Ungrund nicht zu erweisen gewesen, die Stelle vollgültiger Beweißthümer vertreten. [1]) Wenn man also auch zugeben wollte, daß den, oben (A. 2. a.) erwähnten Anzeigen für die Unschuld des Sachwalters durch einige verdächtig scheinende Umstände an der Kraft eines vollständigen Beweises wiederum etwas entzogen würde: so könnte doch nicht der geringste Zweifel übrig bleiben, daß eben deshalb ein Erkenntniß auf den Erfüllungseid in gegenwärtigem Falle das sicherste, und zweckmäßigste Auskunftsmittel abgeben werde. Defensor erwartet daher ein Urtel des Inhalts:

> Würde Johann Jacob Schlegel vermittelst Eides erhalten, und daß er dem Secretair Werner den gerügten boshaften Rath zu Vernichtung des Sibrandtschen Testaments nicht ertheilt habe, zur Erfüllung schwören: so ist wider ihn weiter etwas nicht vorzunehmen!

1) Diese Behauptung dürfte jedoch mit den Ansichten neuerer Criminalisten nicht übereinstimmen.

Schutzschrift für George Fischern, um dessen Unschuld an Ermordung und Beraubung des Tischlers Winter, und des Professors von Kügelgen zu beweisen.

Nach Fol. 1. Act. W. No. 10. wurde am 29. December 1819. auf der Straße zwischen Dresden und den Wildenmann der Tischler Gottlob Leberecht Winter ermordet und beraubt gefunden, und von dem Amt Dresden aufgehoben. Als man Fol. 7. sqq. zur Section verschritt, fand man bedeutende, absolut tödtliche Kopfwunden und war Fol. 8.[b] der Meinung, daß die Hauptwunden von der stumpfschneidenden Breite eines Hammers herrühren möchten, was auch der nur erst am 24sten April 1820. zu den Acten gekommene Sectionsbericht bestätigte. Der Thäter dieses Raubmords wurde nicht ausgemittelt, als nach Fol. 1. sqq. Act. K. No. 25. den 27. März 1820. Gerhard von Kügelgen vor dem schwarzen Thor ermordet und beraubt, von dem Amt Dresden aufgehoben wurde, die Section erfolgte Fol. 3., das Fol. 81. abgegebene Gutachten sprach die vorgefundenen Kopfwunden für absolut tödtlich aus. Nach Fol. 1. Act. F. No. 14. erschienen am 4. April 1820. in der Behausung des Stadtgerichtsactuar, die beyden hiesigen israelitischen Handelsleute

Abraham Hirschel Mendel
und
Hirschel Selig Salomon,

und ersterer zeigte an, daß den 28. März früh um neun Uhr ihm ein Mensch, den er nach seiner Kleidung für einen Artilleristen gehalten, eine silberne

Uhr zum Kauf angeboten, und für 4 Thaler verkauft habe. Er habe dann diese Uhr an Hirschel Selig Salomon zum Verkauf gegeben, und dieser sie für 5 Thaler 8 Gr. weiter verkauft, übrigens habe Moses Baldel den Kauf mit angesehen. Noch am 4. April wurde nach Fol 2. die casernirte Artilleriemannschaft den gedachten drey Juden vorgestellt, die jedoch den Verkäufer der Uhr darunter nicht auffanden. An demselben Tage Nachmittags wurde Fol. 3. von Mendeln ein junger Mann angehalten, auf die Polizeywacht gebracht, von da an das Amt abgegeben, die drey Juden erschienen ebendaselbst und gaben Fol. 4. Folgendes zu vernehmen. So eben hätten sie auf dem Neumarkt einen, mit einem dunkeln Oberrock bekleideten langen Menschen gefunden, welchen Mendel besonders an seinem blonden Haare für den Verkäufer der fraglichen Taschenuhr um so mehr zu erkennen geglaubt hätte, da er so viel, daß er ein Artillerist sey, gewiß gewußt, und er ihm von Ansehn schon bekannt gewesen. Er habe ihn daher wegen der Uhr scharf angeredet, dieser jedoch gethan, als ob er von gar nichts wisse, und der Verkäufer der Uhr nicht sey, hierüber sey ein Zusammenlauf entstanden, die Polizey dazu gekommen und habe ihn fest genommen. Fol. 5. wurde der aufgegriffene Mann vernommen, er war der Untercanonier George Fischer, und recognoscirte die ihm vorgelegte Taschenuhr nicht, versicherte, daß er nie sie gesehen, nie in seinen Händen gehabt, wohl aber, daß er am 28. März, er wisse nicht, ob Vormittags oder Nachmittags, von einem Juden einen Spencer gekauft habe, bestimmte jedoch nachher den Nachmittag für die Zeit des Handels. Fischer wurde Fol. 7. den drey Juden vorgestellt, Mendel bemerkte, wie er glaubte, in Fischern den Verkäufer der Uhr wieder zu erkennen, Baruch und Baldel wollten eine Aehnlichkeit in ihm mit dem Verkäufer der Uhr wahrnehmen, alle drey wollten besonders an dem blonden Haar die Aehnlichkeit finden, Fischer läugnete, recognoscirte die Uhr nicht. Nun sagte Mendel, er erinnere sich genau, Fischern Nachmittags den 28. März ein Jäckchen verkauft zu haben, er glaube, daß der Verkäufer der Uhr, und der Käufer des Jäckchens dieselbe Person gewesen. Fol. 25.b wurde Fischer in Artilleriemontur den drey Juden vorgestellt, sie erklärten sämmtlich, daß sie Fischern für den Verkäufer der Uhr nicht anerkennten, er habe ohngefähr dieselbe Länge, wie der Verkäufer der Uhr, sein Haar habe Aehnlichkeit mit dem Haare des Verkäufers, das Gesicht sey jedoch nicht dasselbe. So war denn jeder anscheinende Verdacht gegen Fischern verschwunden, das Mißverständniß und der Mißgriff in der Person war außer Zweifel gesetzt, und die Acten lagen so, daß der sofortigen Entlassung Fischers ein rechtliches Bedenken nicht mehr entgegenstand. Nichts desto minder wurde Fol. 26. sqq. die Untersuchung gegen Fischern fortgesetzt. Als man ihm hier vorhielt, daß er gesagt, er habe die Uhr gefunden, entgegnete er Fol. 28., ein Polizeygensdarme habe ihm zugeredet, er solle sagen, daß er die Uhr gefunden habe, so würde er am besten wegkommen, der Polizeygensdarme Pegelow räumte Fol. 30. dieses ein; Fischer blieb in Haft; Fol. 57.b sqq. wurden zwey Corporals vernommen, beyde sagten, daß Fischer den 27. März um 6 Uhr Abends zugegen gewesen, dann, wie gewöhnlich ausgegangen, und vor halb neun, kurz nach 8 Uhr zurückgekehrt, nichts an ihm auffallend gewesen; der eine setzt hinzu, Fischer sey ein sehr simpler Mensch, der wenig Worte mache. Fol. 68. sqq. wurden die

Juden nochmals befragt, ihre Aussagen waren den vorherigen gleich, nichts in ihnen, was Fischern hätte verdächtig machen können. Nach Fol. 82. zeigte den 18. April Abends um 8 Uhr der Amtsfrohn an, daß Fischer die Ermordung des Professors von Kügelgen eingestanden habe, und nun wurde zu Protocoll gebracht, was Fischer erzählte. Den folgenden Morgen Fol. 87. zeigte der Amtsfrohn an, Fischer habe auch den Mord an Wintern eingestanden, es erfolgte nun eine gleiche Erzählung, was auch geschah, als er Fol. 91. an die Orte gebracht wurde, wo beyde Mordthaten verübt worden. Fol. 94. nahm Fischer schon den 21. April früh die Geständnisse zurück, versicherte seine gänzliche Unschuld, und, daß er habe sterben wollen, weil er so ganz unschuldig in Verdacht gekommen sey. Fol. 103. zeigte der Amtsfrohn abermals an, Fischer habe den 23. April gestanden, und bey der hierauf angestellten Vernehmung kam eine gleiche Erzählung zu den Acten, wie die Fol. 87. ersichtliche. Schon am 24. April erschien Löbel Graf, und gab Fol. 114. im Amte Dresden an, er habe am 3. Februar und am dritten Osterfeyertage von dem Kanonier Kaltofen einen stahlgrünen und einen blauen Tuchoberrock gekauft, Kaltofen habe jetzt vorgegeben, sie von Fischern gekauft zu haben. Der Untercanonier Johann Gottfried Kaltofen wurde Fol. 116.b sqq. vernommen, er bestätigte das Anführen Löbel Grafs. Bey Aussuchen in Kaltofens Wohnung wurden Fol. 121. drey Schlüssel gefunden. Fol. 119. wurde Kaltofen mit Fischern confrontirt, letzterer verneinte, daß er die Kleider in Frage jenem verkauft habe, Kaltofen wollte Fol. 19.b sich besinnen, daß er die Schlüssel in einem der beyden von Fischern gekauften Röcke gefunden habe, Fischer verneinte dies; die Schlüssel wurden Fol. 120.[b] von der Wittwe des ermordeten von Kügelgen für die seinen anerkannt. Fol. 123. zeigte an demselben Tage den 24. April der Sergeant Kludig an, der Kanonier Kießling habe ihm erzählt, Kaltofen habe ihm eröffnet, es lasse ihm keine Ruhe, er habe den von Kügelgen erschlagen, und zwar mit einem Beile, auch habe er von den geraubten Sachen noch einen Hosenträger und ein Westchen in dem Quartier, wo er schlafe, versteckt. Er wisse nicht, was er machen solle, er müsse sich ein Leids anthun und ins Wasser springen, oder alles auf Fischern schieben. Kießling bestätigte dieses Fol. 123.[b] und gedachte zugleich, daß Kaltofen ihm ein paar Stiefeln gegeben, um sie auszubessern, jetzt aber ängstlich sie zurückgefordert habe, Kaltofen läugnete alles Fol. 124.[b] sqq.; bey einer Fol. 134. in seinem Quartier angestellten Aussuchung wurden mehrere Gegenstände gefunden, von denen in der Folge sich ergab, daß sie den beyden Gemordeten abgenommen worden. Am 25. April wurde Kaltofen Fol. 137. wieder vernommen, und gestand nun, daß er beyde Mordthaten, und zwar allein, mit einem Beile vollbracht habe, wurde auch Fol. 141.[b] von Baruch und Baldel für den Verkäufer der Uhr anerkannt, wobey er Fol. 144. noch anführte, daß, wenn Fischer etwas gestanden, er es aus Angst gethan haben müsse, da er nichts davon gewußt, sie auch gar keinen Umgang mit einander gehabt. Fol. 145.[b] wurde Kießling ferner befragt, und erwähnte, daß Kaltofen ihm gesagt, er begreife nicht, wie Fischer gestehen könne, den Mord verübt zu haben, da er doch gar nicht dabey gewesen sey. Bey einem weitern Verhör gedachte Kaltofen, Fol. 151. er habe sich schon manchmal gewundert, wenn er gehört, daß Fischer diese Mordthaten gestanden, und mitunter Dinge angegeben haben sollte, die zu passen schienen, da er doch gleichwohl von diesem Verbrechen gar nichts gewußt, und durchaus gar keinen Antheil daran genommen habe; blos die Angst müsse ihn zum Geständniß gebracht haben. Fol. 189. den 2. May wurde Fischer nochmals vernommen, und versicherte, daß er weder Wintern, noch von Kügelgen gemordet habe, sondern gestanden, weil er sich gefürchtet, daß sein Arrest noch immer schwerer werden würde, und da habe er lieber unschuldigerweise alles zugeben wollen. Nachdem Fol. 214. die oft erwähnten drey Juden ihre Aussage auf die Thora beschworen, Mendel auch noch versichert, wie er keinen Zweifel hege, daß Kaltofen der Verkäufer der Uhr seyn möge, wurden Fol. 219. sqq. mehrere Kammeraden Fischers befragt, und sagten sämmtlich aus, daß Fischer ihnen als ein höchst simpler Mensch bekannt sey, der ein guter Wirth gewesen, nie aber unerlaubter Mittel sich bedient habe, um sich zu bereichern, ein gleiches bezeugten seine Vorgesetzten. Fischer wurde Fol. 20. sqq. Vol. II. ausführlich über den Widerruf und die Beweggründe seiner Geständnisse befragt, und auf den Fol. 7. Vol. II. ersichtlichen allerhöchsten Befehl wurde Fol. 62. wider Fischern mit der Specialinquisition vorgeschritten, bey welcher unverrückt alle seine Aussagen dessen gänzliche Unschuld aussprachen.

Diese kurze Darstellung des Ganges der Untersuchung wider Fischern mußte vorausgehen, um den Beweiß

der gänzlichen Unschuld Fischers

folgen zu lassen. Die Anzeige, auf deren Grund Fischer verhaftet wurde, bestand darinnen,

daß er eine, dem ermordeten von Kügelgen geraubte Uhr, am Morgen nach dem Mord verkauft haben sollte, und, da er diese Behauptung läugnete, so mußte sie erwiesen, oder doch wahrscheinlich gemacht worden seyn, allein, da die drey Juden Fol. 25.[b] Vol. I. den Angeschuldigten nicht anerkannten, für denjenigen, welcher die Uhr verkauft habe, dabey bemerkten, daß er an Statur und Haaren Aehnlichkeit mit dem Verkäufer der Uhr habe, im Gesicht aber nicht, so war hiermit auch jede Anzeige verschwunden, Fischer war verkannt worden, seine Unschuld war mit diesem Augenblick erwiesen, er war der Haft zu entlassen, nichts stand dem entgegen, und wenn geschehen wäre, was geschehen sollte, so wäre auch Fischers Namen mit dem Namen so vieler, die in dieser Untersuchung verhaftet und entlassen wurden, aus den Acten verschwunden. Ein unseliges Verhängniß waltete über ihn, und er gestand Thaten zu, an denen er auch nicht den mindesten Antheil genommen, und da kein Verdacht, auch nicht der leiseste, der entfernteste, wider Fischern vorhanden ist, so beschränkt sich dessen Vertheidigung lediglich auf die nähere Erörterung darüber:

ob Fischern Geständnisse, die er gethan, und widerrufen, entgegenstehen.

Dem Vertheidiger hat es immer geschienen, daß Geständnisse von Verbrechen ganz anders beurtheilt werden müssen, als Geständnisse in civilrechtlichen Verhältnissen, und wohl haben die Rechtslehrer, auch die Gesetzgeber selbst, die Verschiedenheit der hier aufzunehmenden Rücksichten nicht immer klar und deutlich aufgefaßt. Klagt einer wegen einer Schuldforderung, der Beklagte gesteht sie zu, so muß der Richter ihn verurtheilen, allein, wenn einer sich eines Vergehens anklagt, das er nicht begangen hat, so darf der Richter ihn nicht verurtheilen, der Richter muß den Selbstankläger schützen, gegen seine eigene Anklage, er muß ihn schützen selbst wider seinen Willen. Will der Staatsbürger sein Vermögen verschenken, wegwerfen, will er dieses dadurch thun, daß er zu Bezahlung von Schulden sich verbindlich macht, indem er sie zugesteht, ohne aber wirklich sie contrahirt zu haben, oder an der Einlassung sich versäumt, Urkunden anerkennt, die er nicht ausgestellt hat, so hat der Staat nicht zu widersprechen, es läßt sich eine solche Maxime in Allgemeinheit denken, ohne daß der Staat dabey zu Grunde geht. Zeigt aber der Staatsbürger ein Verbrechen an, als von sich begangen, was er nicht begangen hat, so ist dessen Bestrafung auf den Grund eines solchen Bekenntnisses ungerecht, da der Mensch seiner Persönlichkeit, seiner Freyheit sich nicht entäußern darf, ein solcher Wille ein rechtswidriger Wille ist, der mit dem Zweck des Staats nicht sich vereinbaren läßt. Was ist wohl der Unterschied zwischen Selbstmord und Zugeständniß eines nicht begangenen Capitalverbrechens, zwischen Hingabe zur temporairen Knechtschaft und Einräumen eines mit Zuchthausstrafe zu ahnenden Verbrechens, was nicht begangen wurde. Darf nun der Staat den Selbstmord nicht gut heißen, nicht die Sclaverey, weder die permanente, noch die temporaire, so kann er auch, will er nicht mit unbestreitbaren Rechtsbegriffen in nicht zu hebendem Widerspruch treten, Zugeständnissen ohne Ueberführung bey Verbrechen keinen Werth beylegen. Zeigt einer an, er habe eine Stadt angezündet, in der gar kein Feuer gebrannt, er habe seinen Bruder ermordet, der noch lebt, nun so wird man wohl solchen Zugeständnissen keine Gültigkeit beylegen, das Unrecht wäre dann zu schreyend; allein in der Sache selbst macht es keinen Unterschied, wenn die Stadt abgebrannt, wenn der Bruder ermordet ist, so bald es nur an jedem Beweise darüber ermangelt, daß der Selbstangeber jenes, daß er dieses vollbracht habe. Der Richter in bürgerlichen Rechtssachen kann sagen,

volenti non fit injuria,

der peinliche Richter darf dieses nicht sagen, will er nicht ungerecht richten. Das römische Recht

L. 1. und L. 6. D. de confessis.

L. un. C. de confessis.

spricht blos von Zugeständnissen in Civilsachen, wie man schon aus der Stelle sieht, die der Titel de confessis in den Pandecten und dem Codex einnimmt, und man aus den einzelnen Gesetzen wahrnimmt, wenn man sie nach dem Labittischen Index näher betrachtet. Der Hauptsatz darinnen ist immer nur dieser, daß, wer etwas einräumt, eben so angesehen wird, als ob gegen ihn rechtskräftig erkannt sey, pro judicato habetur, und dieser Satz findet auf Untersuchungssachen keine Anwendung, da ein Strafurtel ja nie rechtskräftig wird. Im frühern Mittelalter gab man in Deutschland dem Eingeständnisse keinen Werth, wenn es nicht durch Ueberführung unterstützt wurde,

Boehmer ad C. C. C. art. XXII. §. 2.

ja auch

C. C. C. art. LIV.

ist deutlich genug gesagt worden, daß, wenn einer eine Missethat bekennt, dem Richter obliege, nun zu erforschen, ob dieselben Umstände also sich vorfinden, was ja gar nicht nöthig seyn würde, wenn Geständniß gleichgeltend mit Ueberführung wäre. Es scheint beynahe, daß, seitdem die Tortur aufgehoben wurde, man auf das Bekenntniß, welches nach Aufhebung der Tortur nur ein freywilliges seyn kann, so schien es wenigstens, einen höhern Werth gelegt habe, als früher, und dieses dürfte ein Verhältniß unter den mehrern seyn, in denen die Criminalverfassung durch die Aufhebung der Tortur noch verloren hat. Europa hallte wieder von den Blutschulden, die Frankreichs Süden durch die Schandthaten gegen die Familie Calas auf sich wälzte, Beccaria schrieb, viele nach ihm, man überzeugte sich von den Gräueln der Folter, diese wurde nun aufgehoben. Man meinte aber, daß es den Staat gefährte, daß mancher Verbrecher aus Mangel an Ueberführung straflos ausgehen möchte, wenn nicht Auswege ergriffen würden, und da verfiel man auf deren zwey, den Reinigungseid, die außerordentliche Strafe wegen Verdachts; jenes Hülfsmittel ist trügerisch, dieses ist ungerecht, und anstatt sich zu der categorischen Alternative

Schuldig oder Nichtschuldig

zu erheben, blieb man auf halbem Wege stehen, und da auch bey dem stärksten Verdacht die Möglichkeit der Unschuld des Angeschuldigten bleibt, so ist durch diese Surrogate der Tortur immer noch der Staatsbürger in so weit gefährtet, als er unschuldig zu einer Strafe wegen Verdacht gezogen werden kann, zu einer willkührlichen Strafe, was mit dem Rechte sich nicht einigen läßt, da in dem, was Rechtens ist, nichts willkührlich seyn darf. Trügerisch fand man die durch Tortur erzwungenen Bekenntnisse, dagegen meynte man aber nun, die ohne Tortur erlangten Bekenntnisse für ganz untrüglich annehmen zu können. Aeltere Rechtslehrer hatten ferner angenommen, daß nur solche Bekenntnisse dem Widerruf nicht unterworfen wären, die bey der Specialinquisition auf Artikel erfolgt, wobey man wahrscheinlich die Antwort auf Artikel der Litiscontestation gleich stellte; dieser Unterschied verlor die Anwendbarkeit, als für den größten Theil der Untersuchungen die Specialinquisition aufgehoben wurde. Wenn man aber von dem in dem Wesen des Staats und dessen Strafrechte begründeten Satze, daß Geständniß ohne Ueberführung wirkungslos seyn müsse, sich losreißen könnte, nun so sind dieselben Gründe, welche dem Geständniß Wirksamkeit zusichern, sey es auch von Ueberführung getrennt, die für den Widerruf des Geständnisses sprechen, und es würde die größte Inconsequenz sich nicht verkennen lassen, wenn man ein Geständniß ohne Ueberführung für unwiderruflich ansehen wollte; beydes, Geständniß und Widerruf, steht gleich kräftig und gleich unkräftig neben einander, eines hebt das andere auf. Wird ein Zeuge abgehört, in einer Untersuchungssache, bejaht er hier heute, was er morgen verneint, so hat er nichts ausgesagt; ist es nun wohl ein anderes, wenn einer sich heute eines Verbrechens anschuldigt, dessen er nicht verdächtig ist, und morgen widerruft, entweder muß beydes gelten, oder es gilt keines, ein widerrufenes Geständniß geht in sich selbst unter. Denke man sich die, von dem inquirirenden Richter vertretene Gesammtheit des Staats, gegen den, welcher sich selbst anklagt, und die Anklage zurücknimmt, welchen Beweiß hat jene gegen ihn, da eine verneinte Behauptung keine ist? Mit einem Streich vermeinten die Criminalisten, auch die der neuesten Zeit noch, diesen Satz zu widerlegen, indem sie sagen,

> es sey nicht zu glauben, daß sich einer werde eines Verbrechens anklagen, das er nicht begangen, besonders wenn auf das Verbrechen eine große Strafe gesetzt sey, vor allem, wenn die Todesstrafe dafür bestimmt sey.

Hierdurch soll ein Geständniß die höchste Wirksamkeit gewinnen, dagegen soll der Widerruf nichts erheben,

> weil dadurch der Angeschuldigte sich der Strafe zu entziehen suche,

allein in diesen Ansichten verläugnet der Richter seine Pflicht, die mit gleicher Heiligkeit ihm gebietet,

> daß er keinen Unschuldigen strafe,

als

> daß er keinen, der schuldig einer Frevelthat geworden, ungestraft lasse,

er sorgt für letzteres mehr, als für das erstere. Daß dem gewöhnlich so sey, ist eine der mehrern traurigen Folgen des inquisitorischen Criminalverfahrens, man hat dieses in Deutschland angenommen, während man die Inquisition, wie sie in Spanien und in Rom ausgebildet wurde, verwarf, ja man hat das, in dem canonischen Recht nur für schwer zu erforschende Verbrechen bestimmte inquisitorische Verfahren auf alle Vergehungen übergetragen, und der inquisitorische Richter *ist* nicht, und *kann* kaum seyn, was nach richtigen allgemeinen Grundsätzen des heiligen Rechts der Criminalrichter seyn *soll*. Das Verhältniß ist zu ungleich, in welchem ein Angeschuldigter zu dem, die Untersuchung leitenden Richter steht; jener ist unvorbereitet, ist sach- und rechtsunkundig; *so* dem Richter gegenüber stehend, der vorbereitet, sach- und rechtskundig ist, wie kann man ihn im Zustand der Freyheit sich denken, der Freyheit, des erkennenden und begehrenden Vermögens. Doch dieses ist nicht genug; der Staat verläugnet auch gegen ihn alle Rücksichten, die jeder Angeschuldigte in Anspruch nehmen kann, wenn er fordert, daß, so lange er nicht Gefängnißstrafe zu erdulden hat, das Gefängniß, welches blos dazu dienen darf, seiner Entweichung vorzubeugen, nichts sey, als Entziehung der Freyheit. Wie läßt es sich damit vereinigen, daß ein Mann, der nicht zu Gefängnißstrafe verurtheilt ist, der wegen eines ungegründeten Verdachts in Haft ist, daß er gefesselt, zur Kost eines Sträflings verdammt, im engen Kerker schmachte? Man schreit wehe, und dies mit Recht, über die Kerker der spanischen Inquisition, allein das Ungerechte jenes Verfahrens ist auch aus unsern Gefängnissen nicht verbannt, so lange man die Gefangenen im Lauf der Untersuchung eben so behandelt, ja oft strenger noch, als diejenigen, die Gefängniß bey Wasser und Brod und in Ketten als Strafe erdulden. Kaum ist es zu glauben, daß bey den vielen Bänden, die seit 50 Jahren über Criminalrecht und über Criminalverfassung geschrieben wurden, man noch nicht dahin gediehen ist, den Grundsatz festzustellen, und zu handhaben, daß der Verhaftete ganz ein Anderer, als der, Gefängnißstrafe Erduldende sey, und doch darf man nur die Gefängnisse Deutschlands betreten, um überall zu finden, daß nicht nur kein Unterschied hierinnen gemacht werde, sondern gewöhnlich der Sträfling besser gehalten wird, als derjenige, der wegen Verdachts, oft eines ungegründeten, das Unglück hatte, in Verhaft zu kommen. Sorgfältig bemerken die Protocolle unserer Criminalrichter, daß der Angeschuldigte bey der Vernehmung bandenfrey erscheine, allein diese transitorische Bandenbefreyung, wodurch die Freyheit der Aussagen verbürgt werden soll, ist nichts, wenn dem Unglücklichen, der vernommen wird, die Erinnerung an das Erlittene, die Besorgniß für das zu Erleidende, nur noch lebendiger in den Augenblicken der Bandenbefreyung vorschweben muß. Man denke sich einen Mann in vollem Genuß der Freyheit in jeder Beziehung, einen Mann, für den Leben und Lebensgenuß einen hohen Werth hat, wenn dieser eines mit Todesstrafe zu ahndenden Verbrechens, ohne irgend eine Veranlassung, wenigstens ohne eine solche, die Freyheit des Willens und Entschlusses in ihm fesselt, sich schuldig erklärt, wenn er solche Umstände angiebt, die das Gepräge der Wahrscheinlichkeit an sich tragen, dann hat ein solches Geständniß einen innern Werth, den es nicht verliert, wenn er es zurücknimmt. Ein ganz anderer Fall aber ist doch wohl der, wenn ein Mann, der kümmerlich lebte, dessen Lebensgenuß fast nur darauf sich beschränkte, daß er persönlich frey war, daß er ein reines Gewissen in seinem Busen trug, wenn er durch einen bloßen Mißgriff in der Person in Kerker und in Ketten kam, hier bey elender Kost schmachtete, die kaum seinen Hunger spärlich stillte, einer traurigen Einsamkeit hingegeben, gelockt wohl durch Verheißungen, bedroht durch die Qualen einer Fortdauer dieses erbärmlichen Zustandes für lange Zeit, ein Mann, der den Tod in der Schlacht gesehen, wie er Menschen zu Tausenden niederwirft, wenn er eine That bekennt, deren Begehen ihm den Tod als Ende seiner jetzigen Qualen verspricht, wegen der kein Verdacht auf ihn lastet, die unwahrscheinlich war, und als unwahr bald erschienen, wenn er bald dieses Bekenntniß zurück nimmt, sollte dann Schiller nicht wahr gesprochen haben:

Das Leben ist der Güter höchstes nicht,
Der Uebel größtes ist die Schuld.

Diese allgemeinen Bemerkungen durfte der Vertheidiger nicht verschweigen, da sie in der Untersuchung gegen Fischern und in deren Resultaten ihren Commentar leider gefunden haben, und es bedarf nur ihrer Anwendung, um Fischers Unschuld mit siegenden Gründen zu bewähren. Es kommt im wesentlichen auf eines hinaus, ob man den Wendepunct so stellt,

> geben Fischers Geständnisse einen Beweiß wider ihn,

oder

> ist der durch Fischers Geständnisse wider ihn erhobene Beweiß durch seinen Widerruf vernichtet worden;

der Vertheidiger wird beyde Fragen getrennt beantworten, und hofft den Beweiß zu führen,

I.

> daß seine Geständnisse an sich keinen Beweiß enthalten,

II.

> daß, wenn sie einen Verdacht enthalten könnten, auch dieser durch den Widerruf beseitigt werde.

Zu I.

Beyde Mordthaten waren begangen worden, ohne daß der mindeste Verdacht auf Fischern lastete, nur so viel kam endlich wegen der Ermordung des allgemein geachteten von Kügelgen an den Tag, daß ein Artillerist eine Uhr, die der Ermordete getragen, als die That an ihm verübt worden, an einen Juden verkauft habe. Die Juden fanden einen Mann auf der Straße, in Civilkleidern, der dem Verkäufer der Uhr ähnlich sah, er wurde ergriffen, man verhörte ihn, er versicherte seine Unschuld, er wurde in seiner Montur den Juden vorgestellt, sie recognoscirten ihn nicht als den Verkäufer der Uhr, und so war der einzige entfernte Verdacht beseitigt. Nun muß man fragen, warum wurde Fischer nicht entlassen, indem es doch in der Wirkung dasselbe ist, ob einer ohne Verdacht zur Haft gebracht wird, oder ob er nach entferntem Verdacht nicht entlassen wird. Seit dem 5. April war die Verhaftung Fischers ungerecht, sie war zu einem Anspruch auf Sachsenbuße geeignet, denn es ist reine Wahrheit, die jeder Rechtskundige für Wahrheit anerkennen muß, daß vom 5. bis zum 18. April Fischer ohne Verdacht und widerrechtlich gefangen war. Das Gesetz verwirft die Folter, ahndet ungerecht verhangenes Gefängniß, wie soll man nun es deuten, wenn man einen unschuldig Befundenen 14 Tage in Ketten läßt, und welchen Werth kann ein Gefängniß haben, das durch vierzehntägigen ungerechten Arrest in Ketten und Banden erpreßt wird, mag ein solches Geständniß wohl eine größere Gültigkeit behaupten, als ein durch Folter erlangtes. Wenn der Einzelne im Staat dem Einzelnen eine Urkunde zur Unterschrift vorlegt, und ihn 14 Tage einkerkert, und dieser des ungerecht erleidenden Zwanges müde, die Urkunde unterzeichnet, welcher Richter wird auf den Grund dieser Unterzeichnung condemnatorisch erkennen? War diese Unterschrift eine erzwungene, so ist auch ein durch ungerechtes Gefängniß erzwungenes Bekenntniß nicht gültig, und ist an und für sich wirkungslos, wenn es auch nicht widerrufen wird. Fischer hatte gehört, daß man ihn wegen einer angeblich von ihm erkauften Uhr verhaftete, er hatte gesehen und gehört, daß diejenigen, an die und in deren Beiseyn er die Uhr verkauft haben sollte, erklärten, „sie könnten ihn nicht für den Verkäufer anerkennen", er selbst war sich bewußt, daß er die Uhr nicht verkauft habe. Man hatte gar keine Anzeige wider Fischern, aber dennoch inquirirte man ohne allen Stützpunct wider ihn fort, gleichsam als ob er ein Mörder seyn müsse, weil er in einen als ungegründet befundenen Verdacht gerathen war, man achtete nicht der leidenden Unschuld, man vergaß der Pflicht für den Verhafteten, gleichsam als ob er ein Schlachtopfer jenes Mißgriffes der Juden, der Verwechselung seiner Person seyn, es werden müsse, bis endlich der Amtsfrohn das Organ seines Bekenntnisses wurde. Um nun dieses im ungerecht erduldeten Gefängnisse erlangte Geständniß zu würdigen, muß man berücksichtigen,

1) Fischers Eigenthümlichkeit,
2) die von dem Amtsfrohn eingeschlagene Verfahrungsart, um zu diesem Bekenntniß zu gelangen,
3) das Unwahrscheinliche in dem Angeben Fischers,
4) die Widerlegung des Geständnisses durch spätere Auffindung und Erlangung des wahren Thäters.

Zu 1.

Schon Fol. 58.[b] Vol. I. sagte der Corporal Böttcher, daß Fischer ein sehr simpler Mensch sey, Fol. 220.[b] Vol. I. versicherten sechzehn Kameraden Fischers,

> daß sie Fischern stets für einen höchst simplen Menschen gekannt, der sehr oft von den übrigen Kameraden sich habe zum Besten halten lassen, ein bösartiges und boshaftes Gemüth habe er nie gezeigt, eben so wenig eine Verschlagenheit, auch habe er nie unerlaubter Mittel sich bedient, um sich zu bereichern.

Der Major Tzschöckel ließ Fol. 221.b sq. sich über Fischern in Folgendem aus:

Fischer habe nach allgemeinem Urtheil stets in die Klasse derjenigen Menschen gehört, die man rücksichtlich ihrer Verstandesfähigkeiten, zu den unbedeutenden zu rechnen pflege. Als Recrut habe er bey jedem Zweige der militairischen Dressur weniger bösen Willen als Ungeschicklichkeit gezeigt, er habe im Allgemeinen für einen stupiden Menschen gegolten. Während eines Zeitraums von 13 Jahren, so lange er gedient, könne es ihm nicht leicht geworden seyn, List und Verschlagenheit unter dem Deckmantel einer geheuchelten Dummheit zu verläugnen, die sich bey ihm oft in ihrem natürlichen Zustand verrathe. Mangel an Fassungsvermögen, an Geistesgegenwart, und ein leicht zu verblüffendes Wesen, das durch eine einzige nachdrückliche Anrede ihm die Fassung verlieren lasse, wären stets die hervorstechendsten Züge seines Verstandes gewesen, und zu Ausführung eines so schweren Verbrechens, als vorsätzlicher Mord sey, würde niemand ihm Unternehmungsgeist genug zugetraut haben.

Der Capitain Knauth erklärte Fol. 223.

Fischers Geistesfähigkeiten hätten stets mehr Simplicität als Umfassungskraft gezeigt, sein ganzes Betragen habe nie vermuthen lassen, daß er eines solchen Verbrechens, dessen er jetzt angeklagt worden, schuldig seyn könne,

und Capitain Dietrich bemerkte noch Fol. 224.b

Fischers Verstandeskräfte hätten jederzeit sehr gering geschienen.

Fol. 74.b Vol. II. führte der Amts-Actuar Küster, dem die Untersuchung wider Fischern übertragen war, an.

Es sey eine nicht unbedeutende Beschränktheit seiner Verstandeskräfte und Gedächtnißschwäche an ihm wahrzunehmen gewesen,

und das erforderte Gutachten des Amtsphysicus fiel dahin aus Fol. 76.

Fischer sey sonst körperlich gesund, leide jedoch am Andrange des Blutes nach dem Gehirn, Kopfschmerzen und Ohrensausen, welches zuweilen ihn ganz betäube. Dieser krankhaften Disposition sey wohl auch der düstere Blick seiner tiefliegenden Augen und seine trübsinnige, ihm eigne Gemüthsstimmung zuzuschreiben. Er mache sich jetzt schwermüthige Gedanken über sein thörichtes Bekenntniß, daß er eine böse That auf sein Herz genommen, die er nie begangen habe. Er sey zwar weder melancholisch, noch blödsinnig, besitze jedoch nur schwache Geisteskräfte, sey mit geringer Beurtheilungskraft begabt, und sein Seelenvermögen werde durch Dummheit oder Stupidität beschränkt.

Zwanzig Zeugen, die theils viele Jahre mit ihm gelebt und beobachtet, theils bey der Untersuchung gegen ihn näher ihn kennen lernen mußten, theils als sachverständig nur jüngst erst ihn geprüft, stimmen dahin überein:

daß Fischer ein ängstlicher und einfältiger Mensch sey,

daher denn auch Kaltofen Fol. 144. Fol. 145.b und Fol. 151. Vol. I. sehr richtig sagte:

blos die Angst könne Fischern zu einem Geständniß vermocht haben.

Fischer selbst hat über die Beweggründe seines Geständnisses im wesentlichen Folgendes angegeben

Fol. 95.

er habe gern sterben wollen, weil er doch so ganz unschuldig in Verdacht gekommen,

Fol. 95.[b]

er sey in großer Verlegenheit gewesen, weil er doch so ganz unschuldig sey.

Fol. 96.[b]

er wolle auch jetzt noch gern sterben und man möge ihn martern, wie man wolle, es kämen ihm alle Abende so viele Gedanken ein, daß er keine Ruhe habe.

Fol. 120.

er könne nun gar nichts mehr sagen, sein Verstand stehe ihm still,

Fol. 189.[b]

er habe sich gefürchtet, daß sein Arrest noch immer schwerer werden würde, und da habe er lieber unschuldigerweise alles zugeben wollen.

Fol. 190.

er sey über seine Arretirung so in Schrecken und Angst gewesen, daß er nicht gewußt habe, was er sagen sollen,

Fol. 21. Vol. II.

er habe es schon tausendmal bereut, daß er sich so, wie geschehen, benommen, und Dinge gestanden habe, an welche von ihm gar nicht gedacht worden, er könne es sich auch manchmal kaum selbst erklären, wie er so seyn können. Sein Gedanke aber sey freylich gewesen, daß, da er einmal so ganz unschuldig in die Sache gekommen, es doch besser für ihn seyn würde, wenn er Alles zugestände, und nur recht bald erlößt würde, als wenn er lange auf Verdacht sitzen sollte,

Fol. 21.b Vol. II.

es sey doch gewiß schrecklich für ihn gewesen, wenn er sich gedacht habe, daß er vielleicht Jahre lang im Gefängniß schmachten müsse, und da habe er denn geglaubt, daß, wenn er Alles auf sich nähme, er bald von der Welt kommen, und sich so viel Elend ersparen würde. Wenn man so im Gefängniß liege, da kämen einem gar viele Gedanken ein,

Fol. 71.b

ich dachte, wenn du einmal jenes auf dein Herz nimmst, so mußt du dies auch auf dein Herz nehmen, sonst verlängertest du es noch immer mehr,

Fol. 72.

ich kann nicht anders sagen, als daß ich Alles blos deswegen gestanden habe, um von der Welt zu kommen, und nicht so lange unschuldig zu sitzen,

und

ich würde doch noch mehr geschlossen worden seyn.

Alles dieses nun führt zu dem sichern Resultat:

daß Fischer ein einfältiger, zugleich aber auch ein ängstlicher Mensch, von voller Unbescholtenheit sey, der Thaten gestand, die er nicht begangen hatte, um von einem Arrest befreyt zu werden, den er unschuldig und streng erlitt, wovon er anders, als durch den Tod, nicht Befreyung zu erlangen hoffte.

Noch ergab sich aber auch aus dem Gange der Untersuchung Folgendes, daß

a) das dreymal erfolgte Geständniß Fol. 82. Fol. 87. und Fol. 103. Vol. I. von dem Amtsfrohn J. ausgegangen,

b) J. nach Fol. 70.b und Fol. 72. Vol. II. in Fischers Aussagen unmittelbar eingewirkt,

c) Fischer nicht undeutlich, indem er von Martern und mehrerm Schließen redet, bemerklich gemacht, daß gegen ihn im Gefängnisse wohl schwerlich so immer verfahren worden, wie gegen einen verfahren werden soll, der wegen ungegründeten Verdachts in Haft ist.

Die in

Stübel Criminalverfahren, §. 765.

bemerklich gemachten Rücksichten mußten nun den Vertheidiger auffordern, diese Spuren weiter zu verfolgen;

Zu 2.

seine Bemühungen waren nicht ganz fruchtlos. Auf einen Menschen von Fischers Individualität konnte auf vielfältige Art gewirkt werden, entweder durch Drohungen oder Versprechungen und durch Realisirung von jenen und von diesen.

Auf die Fol. 80. sqq. Vol. II. von dem Vertheidiger gegebene Veranlassung, wurde Fischer aus dem Amtsarresthaus weggebracht, und Fol. 86. sq. J. befragt. Er gab an Fol. 86.b

daß er Fischern eine einzige Nacht habe in die Prezel legen lassen,

und dieses war offenbar eine Art von Folter, die der Amtsfrohn der gesetzlich aufgehobenen Tortur substituirte. Es war von Wichtigkeit, daß man in Gewißheit setzte, welches die unselige Nacht gewesen, in welcher Fischer in dieser Maße mißhandelt worden, und welcher Scheingrund, ein wahrer ausreichender Grund war undenkbar, J. zu jener gesetzwidrigen Marter vermocht habe. J. gab an:

einige Wochen nach dem zweyten Geständniß sey es geschehen,

und zwar

weil Fischer geäußert, daß er sich das Leben nehmen wolle.

Am 25. August sprach der Vertheidiger mit Fischern, und dieser gab auf das Bestimmteste an:

daß in der Nacht vom 21. bis 22. April, nachdem er das erste Bekenntniß zurückgenommen, J. ihn in die Prezel gelegt habe.

J. läugnete solches am 28. August, Fischer aber behauptete es, läugnete auch, daß er in dem Gefängniß sich habe wollen das Leben nehmen. Mehrere Gründe vereinigen sich dafür, daß Fischers Angaben hierinnen mehr getraut werden muß, als denen J., denn

1) daß J. sich selbst gar wohl bewußt gewesen, er handle pflichtwidrig, und frevle wider das Gesetz, ergiebt sich schon daraus, weil er das Legen in die Prezel ganz im Geiste der geheimen Marter, der geheimen Inquisition allein vorgenommen, ohne Beyfrohnen es zu überlassen, ohne sie zuzuziehen, denn Fol. 89. und Fol. 90. Vol. II. wissen beyde Beyfrohne nichts davon.

2) Daß es eine Lüge ist, wenn J. sagt, er habe dieses ungerechte Verfahren eingeschlagen, weil Fischer sich das Leben habe nehmen wollen, ersieht man schon daraus, weil J. bey seiner in dieser Sache allenthalben erwiesenen Dienstbeflissenheit

nicht einen Augenblick Anstand genommen haben würde, im Amte Dresden treulich ohne allen Anstand und Zeitverlust zu referiren, daß Fischer sich das Leben nehmen wolle, wenn er nur so einen Gedanken geäußert hätte. Ferner sind

3) J. Angaben auf seine Pflicht geschehen, dadurch gewinnen sie keine Glaubwürdigkeit, denn was einer über pflichtwidriges Verfahren auf diese von ihm verletzte Pflicht angiebt, ruht auf sehr morschen Stützen. Es ist wohl nicht zu verkennen, daß rücksichtlich dieses von J...en verschuldeten pflichtwidrigen Frevels er der Angeschuldigte, und Fischer der Ankläger war. Wollte man nun den 28. August eine Confrontation vornehmen, auf welche der Vertheidiger nicht angetragen hatte, so war die Admonition gegen Fischern ganz unpassend, was auf einen so ängstlichen Menschen, wie Fischer war, sehr übel berechnet, sondern wider J...en hätte sie sollen angewendet werden, man kann den Argwohn nicht verbannen, daß eben durch diese Admonition Fischer eingeschüchtert werden, und J. gegen ihn als Ankläger auftreten sollen. Dieses konnte der Vertheidiger, bey der Präsumtion für Legalität des Verfahrens, nicht ahnden, denn sonst würde er förmliche Untersuchung wider J...en vor einer andern Gerichtsbehörde eingeleitet haben, doch die Urtelsverfasser werden diese Confrontation an sich und in ihrer Modalität würdigen, werden in ihr nicht verkennen, wie so schwer es dem sächsischen Criminalrichter werde, aus dem Wirkungskreise eines Inquisitors herauszutreten, und zu seiner wahren Pflicht zu erheben, die ihm in Heiligkeit gebietet, daß die Unschuld an den Tag kommen möge, der Unschuldige nicht

strafbar erscheine. Der Kerkermeister hatte durch die Prezel eine Realterrition angewendet, hohnsprechend dem Gesetz, die Folter selbst an Fischern vollzogen, früher hatte er einen Versuch mit der Verbalterrition gemacht, damit Fischer die in Sachsen aufgehobene Folter in allen ihren Graden genieße. Fischer hat J...en unter die Augen gesagt,

> daß an dem Abende, an welchem er gestanden, J. ihm gesagt, er würde, wenn er fortfahre, zu läugnen, außer den zwey Ketten, die er habe, noch zwey bekommen, und diese Ketten hätten auf dem Tische gelegen,

und diese Verbalterrition hat J. auf seine Pflicht, die er so schwer gegen Fischern verletzt, geläugnet. Um dieses Verfahren in seiner vollen Verwerflichkeit zu erblicken und mit gerechtem Unwillen zu verabscheuen, muß man erwägen, daß Fischer vom 5. April an im Arrest beybehalten wurde, man weiß nicht, aus welchem Grunde. Nachdem man nun den unglücklichen Mann durch vierzehntägiges ungerechtes, und ohne Schuld, selbst ohne Verdacht erlittenes Gefängniß gänzlich gequält hatte, das Publicum den Mörder des allgemein geachteten von Kügelgen haben wollte, das Gericht diesen Wunsch nicht befriedigen konnte, trat J. in das Mittel, und bedrohte Fischern, den er in diesen 14 Tagen als einen ängstlichen Menschen kennen gelernt, der nicht wußte, nicht wissen konnte, warum er immer noch sitze, von dem er annehmen mußte, daß er an freyem Genuß der Luft (worauf sich bey dem Sold eines Untercanoniers und seiner Sparsamkeit, sein Lebensgenuß fast allein beschränkte) gewöhnt, die Freyheit schmerzlich entbehren werde, bedrohte ihn mit schwerem Arrest. Den Grund, warum er gerade den 18. April und keinen frühern Tag zu diesem Unternehmen wählte, findet man in den Acten bald, und es ist nicht zu verkennen, daß J. hierinnen ganz die Verschmitztheit eines inquisitorischen Dieners erprobt hat. Nach Fol. 77. Vol. II. beantwortete das Artilleriekriegsgericht in einem am 17. April eingegangenen Schreiben einen von dem Amte Dresden, wegen Fischers Verpflegung geschehenen Vorschlag dahin, daß die wenigen Pfennige, welche Fischer an Brode nach der Militairkost mehr erhalte, als ein Amtsgefangener, nemlich zwey Pfennige, schwerlich dazu beytragen möchten, Fischern übermüthig zu machen, und vom Geständniß abzuhalten, doch wolle man geschehen lassen, daß Fischern täglich nur 1 Gr. 4 Pf. gereicht, dieses jedoch ihm bekannt gemacht werde. Es besagen aber die Acten nicht, daß Fischern eröffnet worden sey, was das Artilleriekriegsgericht ihm eröffnet wissen wollte, sondern der Erfolg hat bewiesen, daß das Amt Dresden den Kerkermeister zu seinem Organ erwählt, dieser aber nicht den Erlaß Fol. 77. in seinem ganzen wesentlichen Inhalte, sondern nur den Verlust der täglichen zwey Pfennige und daß Fischer sich nunmehro von dem Militair aufgegeben zu betrachten habe, bekannt gemacht. J. gesteht Fol. 88.[b]

> er habe noch vor dem ersten Geständniß auf erhaltenen Befehl, Fischern eröffnet, daß, da er nunmehro an das Amt abgegeben sey, er auch künftig in Ansehung der Beköstigung den übrigen Arrestanten gleich gesetzt würde.

Da nun Fol. 77. kein Wort davon steht, daß Fischer an das Amt abgegeben sey, er auch viel später erst aus den Listen gestrichen worden, und nach Fol. 77. die zwey Pfennige Fischern auf künftige Abrechnung zu gute gehen sollten, so hat Junig Fischern eine offenbare Lüge bekannt gemacht, gleichviel ob er auch zu dieser Lüge Befehl erhalten oder nicht, der Frevel, den der gerade Sinn des rechtlichen Mannes in einem solchen Benehmen von Trug und Lug gegen einen Gefangnen mit Abscheu erkennt und verwirft, bleibt derselbe, der Kerkermeister möge ihn auf seine Faust verübt oder auch hierzu Befehl erhalten haben. Jeder Gefangene ist unter des Gesetzes besondern Schutz gestellt, mit Schaudern muß jeder, dem das Recht heilig ist, davor zurückbeben, wenn er sieht, daß der Verhaftete von dem Kerkermeister, doppelt empörend ist es, wenn der Richter ihm dazu befehligt haben sollte, belogen und betrogen wird. Mit höchster Wahrheit wohl sagt

Kant in den metaphysischen Anfangsgründen der Tugendlehre, im 2ten Hauptstück des 1sten Buchs, des 1sten Theils der ethischen Elementarlehre:

Die größte Verletzung der Pflicht des Menschen, gegen sich selbst blos als moralisches Wesen betrachtet, ist die Lüge. Die Lüge ist Wegwerfung und gleichsam Vernichtung der Menschenwürde, ein Mensch, der selbst nicht glaubt, was er einem andern sagt, hat einen noch geringern Werth, als wenn er blos Sache wäre; die Lüge ist Verzichtthuung auf Persönlichkeit, eine blos täuschende Erscheinung von Menschen, nicht der Mensch selbst. Es ist merkwürdig, daß die Bibel das erste Verbrechen, wodurch das Böse in die Welt gekommen, nicht vom Brudermorde, sondern von der ersten Lüge datirt, und als den Urheber alles Bösen den Lügner von Anfang und den Vater der Lügen nennt.

Von dieser Lüge nun, deren J. sich erfrechte,

daß Fischer nunmehro an das Amt abgegeben sey,

ist das Bekenntniß Fischers ausgegangen, allein der Kerkermeister verwendete, nachdem er Fischern belogen; der nach Finkels Aussage Fol. 94.[b] Vol. II. über diese ihm gesagte Lüge sehr ängstlich geworden war, nachdem er mit härtern Fesseln ihn bedroht, welche Bedrohung dadurch an Gewißheit gewinnt, daß Finkel Fol. 94.[b] bemerkt, Fischer habe geäußert:

ehe er sich martern ließe, wolle er lieber gestehen,

nachdem er wahrgenommen, daß die Verkündigung, Fischer solle in der Beköstigung zurückgesetzt werden, ihm, der überdieß bey seinem Alter und seiner Gesundheit ein starker Esser ist, nicht gleichgültig war, nun fernere Mittel, wie nur der abgefeimteste Diener der Inquisition sie ersinnen und verwenden konnte. Er vertauschte nun sein bisheriges Geschäft eines Dieners der Inquisition mit dem des Großinquisitors selbst, und ließ Fol. 87. Fischern aus der Marterkammer, in welche er durch Lüge und Territion den Kerker zu verwandeln beliebt hatte, in sein Gemach hervorbringen. Er bewirthete ihn dann mit Speise und Trank, und lockte ihm so ein Geständniß ab, welches er spornstreichs im Hochgefühl des Gelingens dem Amt mittheilte. Nach dem Geständnisse Fol. 88. bat er Fischern um Gotteswillen, zu gestehen

weil es so besser für ihn sey.

Diese letzte Aeußerung ist merkwürdig, sie lüftet

jeden Schleier, in ihm ist ausgesprochen, wie treulich J. seinen einmal aufgefaßten Entschluß weiter verfolgt habe. Diese Worte konnten ja gar keinen Sinn haben, wenn nicht J. vorher Fischern die schreckliche Lage vorgestellt hätte, in welche er kommen müsse, wenn er nicht gestehe, und zugleich, daß eine bessere Lage ihm zu Theil werde, wenn er gestehe. J...en war es, wie jedem Handhaber der Folter und jedem Inquisitor, höchst gleichgültig, ob das Geständniß wahr sey oder nicht, wenn er nur zum Geständniß brachte. Er machte nach Fol. 87.b auch hier wieder die Lüge geltend,

> Fischer sey dem Amte überlassen,

es konnte nach den Erfahrungen dieses Tags Fischern keine erfreuliche Aussicht seyn,

> dem Kerkermeister des Amts ganz (zu beliebiger Behandlung und Mißhandlung) überlassen zu seyn.

Dennoch mußte Fischern der Gedanke einkommen Fol. 87.b

> es könne sein Leben kosten.

Doch auch hierfür wußte J. Rath, indem er Fischern sagte:

> daß dieses nicht eben der Fall seyn müsse, es komme auf die Vertheidigung an.

Damit Fischer nun auch augenblicklich davon überzeugt werde, wie gut es für ihn sey, daß er gestehe, ließ J. Fol. 88. ihm Suppe kochen, tischte noch einmal Butterbrod ihm auf, und ermuthigte ihn noch mit einem Glas Wein, alles dieses war ein in die Augen springender Contrast mit der Kost eines Amtsarrestaten, zu welcher an demselben Tage J. auf erhaltenen Befehl Fischern verurtheilt hatte.

Die spanische Inquisition hielt ihre Verhöre gewöhnlich in der Nacht, worinnen sie den Sitzungen des Fehmgerichts ähnelte, auch das durch J...s Inquisition Fischern theils abgelockte, theils abgedrungene Geständniß wurde in der Nacht des 18. Aprils noch aufgenommen. Noch ließ sich J. hiermit nicht begnügen, er setzte seine geheime Sitzung Fol. 88. bis in die Mitternacht bey der Weinbouteille mit Fischern fort, nahm zu einer schändlichen Lüge Fol. 88.[b] seine Zuflucht,

> daß es ihm nichts helfen könne, Winters Mord zu verschweigen, nachdem er den Mord an von Kügelgen eingeräumt habe,

da doch wegen des Mords an Wintern, Fischer auch nicht die entfernteste Vermuthung gegen sich hatte. Lächeln müßte man, wenn das Lächeln nicht sträflich wäre, wo nur der Abscheu in der Brust des rechtlichen Mannes vorherrschen darf, wenn man dabey J...s Aeußerung bemerkt,

> er möge den alten Eltern Winters es zu Liebe thun, damit sie doch wüßten, daß der Thäter entdeckt wäre.

So war denn, glücklich für J...en, der nun damit prunken konnte, er habe auf einmal den Thäter für zwey Raubmordthaten erforscht, erspäht, gefunden, unglücklich für Fischern, der nun, anstatt, daß er längst hätte befreyt seyn sollen, und ohne dieses Bekenntniß wenigstens dann würde befreyt worden seyn, als Kaltofen überführt und geständig war, der Schmach und Qual des Kerkers bis jetzt noch hingegeben wurde, das erste Geständniß wirklich erlangt. Damit auch Fischer ferner wahrnehme und erkenne, wie gut er für sich gesorgt habe, als er in seiner Aengstlichkeit und Einfalt J...en die Siegespalme der Entdeckung der beiden Mordthaten gereicht, wurde den 19. April mit der Bewirthung Fischers fortgefahren, und er nach Fol. 88. mit Kaffee und Semmel reichlich erquickt, zu weiterer Befragung abgeführt. Man wird im neunzehnten Jahrhundert, nach Abschaffung der Folter, in Sachsen, Dank sey es dem Himmel, wenig so grelle Beweise eines mangelhaften Verfahrens in Untersuchungssachen, und einer unrichtigen Handhabung desselben finden, als sich in dem Verfahren gegen Fischern, wie er zu Geständnissen gebracht wurde, an den Tag legt. Durch ungerechtes Gefängniß, durch Lügen, durch Drohungen, durch Härte, durch Schmeicheley, durch Essen und Trinken, wurde auf einen ängstlichen und einfältigen Menschen gewirkt, damit er etwas bekenne, dessen er nicht verdächtig war, er wurde schmählich zur Lüge verleitet, und diese gewaltsam und durch Lügen gewonnene Lüge wurde nun gegen ihn gekehrt, um ihn zu verderben. Doch es bedurfte nur einige Tage, damit Fischer aus der Betäubung, in die J. sehr geschickt und künstlich ihn zu versetzen gewußt, erwache, und so waren kaum 48 Stunden verflossen, als Fol. 94. Vol. I. Fischer seine Aussagen zurücknahm, vielleicht wäre es früher geschehen, wenn er nicht den 19. und 20. April durch Verhöre ununterbrochen beschäftigt, keine Zeit gehabt hätte, über das, was er gestanden, weiter nachzudenken. Die der Admonition Fol. 94. beygefügten Worte,

> daß, indem er durch Läugnen sich als einen desto verwegneren Bösewicht darstellte, er den Maßstab seiner Bestrafung bestimmen würde,

scheinen beynahe darauf hinzudeuten, daß man einen Widerruf besorgt habe, und dieser erfolgte auch, die Fol. 94.[b] emsig aufgegriffene Veränderung der Gesichtsfarbe war an einem mißhandelten Manne von Fischers Individualität wohl nicht sehr zu verwundern. Eben so wenig wird man wohl auch darüber sich wundern, daß Fischer nur im allgemeinen Fol. 95. angegeben,

> er habe gern sterben wollen, weil er doch so ganz unschuldig in Verdacht gekommen sey,

und Fol. 96.[b]

> er wolle auch jetzt noch gern sterben und man möge ihn martern, wie man wolle.

Fischer hatte J...en als seinen Kerkermeister zu fürchten, und konnte, so lange er seiner Aufsicht Preiß gegeben war, nichts specielles wider ihn anführen, wenn er nicht besorgen sollte, die Martern der Haft noch schwerer auf sich zu laden, und seine Lage nur noch schrecklicher zu machen. Mit diesem Widerrufe war dem Kerkermeister der Sieg entrissen, den er in dem erpreßten und abgelockten Geständnisse errungen zu haben meinte, sein beleidigtes Ehrgefühl war heftig aufgeregt, er vergaß sich nun in einem solchen Grade, daß er, der sonst die Beyfrohner zu Anlegung der Fesseln brauchte und es unter sich hielt, die in Haft befindlichen selbst zu fesseln, im Ingrimm Fischern zur Prezel verdammte, und so seine frühere Drohung eigenhändig zur Vollziehung brachte, und diese eine Nacht hindurch fortgesetzte Folter bewirkte Fol. 103. ehe wieder 48 Stunden verflossen waren, ein zweytes Bekenntniß, es geschah den zweyten Abend, weil Fischer sonst hätte fürchten müssen, auch diese zweyte Nacht, wie die verflossene, in der Prezel zubringen zu müssen. Das Verhör Fol. 103 giebt abermals den Beweiß, daß unsere Criminalrichter ganz in dem Geist der Inquisition einzig dahin handeln, Verbrecher zu finden, nicht aber, daß der Unschuldige auch als unschuldig erscheinen möge. Als

Fischer sein erstes Bekenntniß widerrief, wurde er ausführlich darüber zur Rede gestellt und vernommen,

wie er die eingestandenen Verbrechen widerrufen könne,

allein, als er den Widerruf zurücknahm, da fiel es nicht dem Richter bey, auf diesen abermaligen Widerruf in Ausmittelung der Ursachen einzugehen, welche ihn bestimmt haben könnten. Wäre dieses geschehen, hätte man Fischern aufmerksam darauf gemacht, ja, hätte man ihn nur gefragt, wie er in den letzten zwey Tagen wäre behandelt worden, so ist es höchst wahrscheinlich, daß die Wahrheit dann an den Tag gekommen seyn würde, allein es liegt ja ganz im Geiste des inquisitorischen Prozesses, daß weniger die Wahrheit ergründet, als Geständniß erlangt werde, der inquirirende Richter ist zugleich öffentlicher Ankläger und Fiscal. Die von J..en gegen Fischern angewendete Territion hatte nur zwey Tage lang ein Geständniß bewirkt, die wirkliche Folter hatte mehr gefruchtet, und so geschah es denn, daß nach Fol. 189. Fischer das zweyte erzwungene Bekenntniß nur erst den 2. May zurücknahm. Es ist nicht unwahrscheinlich, daß J. mit fernerer Folter würde fortgefahren, Fischer dann widerrufen, nochmals den Widerruf zurückgenommen, wieder widerrufen, und dieses greuliche Spiel, wer weiß wie oft, sich wiederholt haben, doch die höhere Vorsehung trat in die Mitte, und endete den mit kecker Verwegenheit geführten Kampf der Ungerechtigkeit, des Hohnsprechens dem Gesetz gegen die wehrlose Unschuld eines rechtlichen Mannes, siegend trat sie hervor, und die Bestrebungen, einen Thäter des Mords aufzustellen, gleichviel ob er schuldig oder unschuldig, mußten nun beendigt seyn, da man den wirklichen Thäter erlangt hatte, er überführt und geständig war. Da nun nach

Tittmann über Gefängniß und Widerruf, 1stes Kapitel §. 4.

zu den formellen Erfordernissen eines Geständnisses gehört,

daß es frey und ungezwungen gethan sey,

so kann man solche Geständnisse, wie Fischer sie gethan, nicht frey und ungezwungen nennen. Will man aber nun noch

ad 3.,

die innere Unwahrscheinlichkeit dieser erzwungenen Geständnisse näher beurtheilen und prüfen, so muß man davon ausgehen, daß Fischer, wie Fol. 74.b und Fol. 76. Vol. II. bezeugt wird, eine sehr geringe Fassungskraft hat, und so war dem Vertheidiger die vollständige und zusammenhängende Erzählung vom 18. April auffallend. Sowohl der Beamte Fol. 95. als der Actuar Fol. 96. Vol. II. scheinen den Antrag des Vertheidigers verkannt zu haben, indem nie der Verdacht aufgestiegen, daß die Protocolle selbst unrichtig, sondern nur dieses ist wohl schwerlich zu verkennen, daß eine Erzählung, wie die vom 18. April, nicht von Fischern vorgebracht seyn konnte, und dieses hat insonderheit der Beamte Fol. 95. Vol. II. nicht in Abrede gestellt. Die Grenzen zwischen suggestiven und erlaubten Fragen sind sehr fein gezeichnet, und jene sind dann unvermeidlich, wenn man einem, der ein Verbrechen gesteht, über die nähern Umstände durch Fragen auf die Spur gleichsam helfen will. Fischer hat Fol. 82. Vol. I. ganz unwahrscheinlich besonders folgendes angegeben:

1) er habe den Herrn, der ihm begegnet, sogleich angeredet, gefragt, ob er Geld habe,

2) dieser habe es bejaht,

3) er habe das Geld verlangt,

4) der Herr habe es verweigert,

5) er habe sich nun mit ihm herumgebalgt,

6) er habe ihn mit dem Seitengewehr auf den Kopf geschlagen,

7) er sey nicht im Stande anzugeben, wie er es gemacht habe,

8) er wisse nicht, wie viel Geld er gefunden bey dem Erschlagenen,

9) die That sey ohne frühern Vorsatz ihm erst eingefallen, als er an den Ort gekommen,

10) er habe sie begangen, um Geld zu bekommen, weil er darauf gerechnet, den Abschied zu bekommen, und er dann etwas habe damit anfangen wollen.

Nun wird wohl Niemand es glauben, daß, wenn einer damit umgeht, einen zu ermorden und zu berauben, er erst in einen weitläuftigen Discurs mit ihm sich einlassen werde, und dann einen ordentlichen Zweikampf mit ihm abhalten, dieses ist doppelt unwahrscheinlich, wenn man erwägt, daß Kügelgen ein Mann von 47 Jahren, nicht schwächlich und nicht feig, daß die Handlung nicht in der Nacht, nicht an einem abgelegnen Ort, sondern zu Anfang des Abends auf einer begangenen Chaussee, nahe der Stadt vorfiel. Wie unglaublich ist ferner die Antwort eines auf der Straße angefallenen Mannes auf die Frage, ob er Geld habe, ja, er habe welches, noch dazu, wenn er nicht einmal welches hat, denn Kügelgen hatte nur wenig bey sich. Eben so ist es nicht zu glauben, daß ein Mörder nicht wissen werde, wie er den Mord begangen, und eben so wenig, wie viel Geld er bey dem Ermordeten gefunden habe, beydes pflegt sich doch wohl ein Mörder zu merken. Eben so wenig ist wohl denkbar, daß ein Mann der spazieren geht, wenn er einem begegnet, ein Mann, der sonst ein Verbrechen nie begangen hat, indem er ihm begegnet, den Entschluß fassen werde, ihn zu ermorden. Dieses würde höchstens dann sich denken lassen, wenn er für den Augenblick dringend Geld gebraucht hätte, und die Verzweiflung ihn zur grausen That getrieben, allein Fischer sagte, er habe aus Vorsorge wegen seiner künftigen Lage, wenn er den Abschied bekommen werde, so gehandelt, alles dieses konnte doch unmöglich das Werk eines Moments seyn. Die ganze Erzählung gleicht einem Mährchen, und man hätte der Wahrheit solcher Angaben vom Anfang an mißtrauen sollen. Bey Winters Ermordung sagte er Fol. 88. Vol. I. daß er eben so es gemacht, mit ihm gerungen und gekämpft habe, auch nicht wisse, wie er es weiter gemacht, wie er ihn verwundet und getödtet. Daß er die Winterische Ermordung ganz in simile mit der Kügelgenschen und nach dem Vorgange fingirt habe, sieht man auch daraus, weil er die Kleidungsstücke beyder verborgen, in derselben Gegend verborgen haben wollte. Sehr treuherzig sagte Fischer später, daß, nachdem er einmal die That eingestanden, er ja auch habe Umstände der That angeben müssen, und, daß J. ihn hierinnen treulich unterstützt habe, unterliegt keinem Zweifel nach Fol. 70.b Vol. II., es ist nicht zu verkennen, daß über die Winterische Mordthat nur erst im Arrest Fischer Umstände durch J...en erfahren. Niemand, der in Dresden lebte zu der Zeit, als von Kügelgen ermordet wurde, wird sich darüber wundern können, daß Fischer so vieles einzelne anzugeben wußte. Die schreckliche That erregte allgemeines Entsetzen, die Persönlichkeit des hochgeachteten Mannes, der durch sie das Leben verlor, erregte allgemeine Theilnahme, und so kann man wohl sich nicht darüber verwundern, daß Tag auf Tag in Dresden diese That der Gegenstand des allgemeinen Gesprächs war, hunderte, ja tausende von Menschen wallfahrteten auf die Stelle hin, wo die That verübt worden war, und ein allgemeines Interesse geleitete die Untersuchung über die Mordthat, dieses Interesse wurde dadurch noch gesteigert, daß ein Tag nach dem andern verfloß, ohne daß man eine Spur erlangte. Fischer war in den Casernen, die Casernen liegen ganz nahe dem schwarzen Thor, von welchem in geringer Entfernung der tödtende Schlag den hochgeachteten von Kügelgen getroffen, er war in den Casernen gleich seinen Kammeraden wenig beschäftigt, vor seinen Augen vorbey, wallten die theilnehmenden und neugierigen Dresdner zur Mordstätte hin, und so konnte es doch nicht fehlen, daß über Localität und Nebenumstände Fischer wissen mußte, was alle in Dresden wußten. Zu einem der merkwürdigeren Ereignisse im Anfang der Untersuchung gehörte die Auffindung des Mantels des Erschlagenen, ist es wohl zu verwundern, wenn dieses auch Fischern nicht unbekannt blieb. Er sollte angeben, wo die Sachen wären, die der Thäter dem Erschlagenen geraubt, war es nun nicht das natürlichste, nachdem er einmal die That, wie er immer sagt, auf sein Herz genommen hatte, daß er den Platz, wo der Mantel gefunden worden war, dafür angab, wo auch die übrigen Effecten aufgefunden werden sollten. Da es allgemein bekannt war, daß von Kügelgen von Loschwitz auf die Chaussee herein, gegangen, wo der Weg hereinführt, da ferner allgemein bekannt war, daß sein Leichnam auf dem Röhrlager und in dessen Nähe gefunden worden, so konnte Fischer auch anders nicht erzählen, als, daß er ihn auf der Chaussee angegriffen und auf das Röhrenlager herüber geschleppt habe. Daß er eine Uhr bey sich gehabt, war ebenfalls bekannt genug, da ja die von den Juden herbeygeschaffte dafür anerkannt wurde, alles dieses konnte und mußte Fischer eben so gut wissen, wie der größere Theil der Dresdner Inwohner es wußte. Unwahrscheinlich mußte jeder unbefangene Blick auch es finden, daß Fischer die von ihm zugestandene Mordthat begangen haben sollte, ohne daß auch nur die mindeste Spur davon geblieben, ohne daß unter seinen Effecten auch nur das Mindeste sich aufgefunden, was von dem Erschlagenen herrührte, ohne daß er auch nur hätte angeben können, an wem es gekommen, was er dafür erhalten, wozu er das Erhaltene verwendet hätte. Das unwahrscheinliche in Fischers Aussagen wurde also keineswegs dadurch überwogen, daß er specielle Umstände angab, wenn

C. C. C. art. LIV.

ein Geständniß vorzüglich dann berücksichtigt werden soll,

> wenn der Gestehende solche Umstände sagt, die bey der That geschehen seyn sollen, die kein Unschuldiger wissen kann,

so konnte alles, was Fischer ausgesagt hat, auch jeder andere Unschuldige sagen, der von der That so hatte sprechen hören, wie allgemein von der Ermordung des von Kügelgen in Dresden gesprochen wurde. Sehr menschenfreundlich und sehr dem Recht gemäß sagt Kaiser Karl in der eben angeführten Stelle der peinlichen Gerichtsordnung:

der Richter soll, wenn ein Angeschuldigter bekannt hat, mit allem Fleiß nachforschen, ob das Bekenntniß wahr sey oder nicht, und nur, wenn sich dieselben Umstände also befinden, ist anzunehmen daß der Befragte die von ihm gethane Missethat auch wirklich begangen habe.

Wer sich mit Lesen und Prüfen der Acten in Untersuchungssachen besonders über schwere Verbrechen auch noch so sehr beschäftigt hat, wird dennoch schwerlich eines Falles sich erinnern, in denen bey vorhandenem Geständniß sich gar nichts für Ueberführung, gar kein Verdacht sogar nach dem Geständniß aufgefunden hätte, dieser unerhörte und einzige Fall würde aber bey Fischern seyn, denn die Acten schweigen über jede Spur eines Verdachts wider ihn wegen beyder Mordthaten. Sein vorheriges Leben bewährte ihn als einen rechtlichen Mann, der solcher Thaten nicht fähig war, wie er sich ihrer anschuldigte, über jede Kleinigkeit seines Besitzthums konnte er Auskunft ertheilen, alle seine Angaben, die er unbeängstigt that, wurden durch Wahrheit bestätigt. Die Vorsehung selbst erbarmte sich seiner, indem durch sie an den Tag kam, was an den Tag kommen mußte, um alles weitere Schwanken zwischen Wahrscheinlichkeit zu vernichten, selbst gegen jede Gefahr ihn zu schützen, die in einem Richterspruch auf Asservation ihn hätte schuldlos verdammen können, es ist nun

zu 4.

erwiesen, daß ein anderer als Fischer die Mordthat begangen, daß Fischer keinen Antheil daran genommen, und sonnenklar muß seine Unschuld nun aus den Finsternissen hervorbrechen, in die ein abgedrungenes Geständniß den Armen gestoßen hatte. Kaltofen hat den doppelten Raubmord begangen, hat ihn gestanden, mit allen Umständen, die man nur erdenken mag, ist in seinem Geständnisse sich gleich geblieben, und, was wohl der Hauptumstand hier seyn dürfte, er ist nicht nur von den drey Juden als Verkäufer der Uhr des Ermordeten anerkannt worden, sondern man hat auch bey ihm theils selbst gefunden, theils nach seiner Angabe erlangt, was von Kügelgen, was Winter bey sich getragen, als der Raubmord an ihnen begangen wurde, er hat auch durch seine Aussagen alles entfernt, was nur irgend einen Verdacht gegen Fischern erregen könnte. Er hat

1) in allen seinen Aussagen, so Fol. 141. Fol. 151. Vol. I. Fol. 49. und Fol. 55.[b] Vol. II. Fischern von aller Theilnahme freygesprochen. Es ist

2) erwiesen, daß Kaltofen und Fischer einander nach Fol. 179. sqq. und Fol. 218 sqq. Vol. I. Act. nur von Ansehen gekannt, und durchaus keinen Umgang mit einander gehabt, wie sollten sie da wohl einen Verein zu Greuelthaten haben schließen können. Die Thaten waren

3) von der Art, daß sie von einem einzigen Mann verübt werden konnten, insonderheit in der Art, wie Kaltofen sie verrichtet hat, nämlich mit einem Beile, womit ein gewaltiger Streich nach dem Haupt geführt, den Verletzten besinnungslos zu Boden wirft und eine Gegenwehr unmöglich macht. Vorzüglich aber

4) ist zu beachten, daß, wenn zwey Bösewichter eine sträfliche That vereint begehen, die blos darauf abzweckt, in gesetzlich verbotene Wege und durch Uebelthat einen Gewinn zu machen, sie die Beute bald nach der That theilen, keiner dem andern traut, jeder der Diebs- und Raubgenossen seinen

Antheil nimmt. Wie läßt es also wohl sich denken, daß Fischer mit Kaltofen werde Wintern und von Kügelgen ermordet und den Genuß davon ihm allein gelassen haben.

Alle diese Momente waren so erheblich, daß sie selbst den Richter, der hier von dem Standpunkt des inquirirenden Richters auf den eines Richters in und über Untersuchungssachen sich erhob, Fol. 253.[b] Vol. I. die Ueberzeugung gewährten, daß Fischers Unschuld nunmehr als erwiesen angenommen werden müsse, und der Vertheidiger kann hier seine Ueberzeugung nicht verbannen, nicht verschweigen, daß bey dieser Lage der Acten es an einem ausreichenden Grunde ermangelte, auch noch die Schande der Specialinquisition und die Qualen längeren Gefängnisses über Fischern zu verhängen. Wenn einer sich anschuldigt, er habe seine Gattin ermordet, und diese Gattin ist noch am Leben, wenn einer sich anschuldigt, er habe einen Ring gestohlen, und der angeblich Bestohlne besitzt noch den Ring, oder man findet den Ring bey einem andern, der dem Selbstangeber fremd, einräumt, den Ring gestohlen zu haben, wird man wohl in jenem, wie in diesem Falle die Untersuchung wider den Selbstangeber fortsetzen; ihn mit Specialinquisition, ihn mit einem Reinigungseide beschweren? War wohl Fischer nach Inhalt der Acten in einer andern Lage? Nachdem nun und, wie der Vertheidiger verhofft, mit siegenden vollgültigen Gründen gezeigt worden, daß die gänzliche Unschuld Fischers, der von ihm geleisteten Bekenntnisse ohngeachtet, keinem Zweifel unterliege, wird nur noch weniges

über die Vollgültigkeit des Widerrufs Fischers beyzufügen seyn. Nach

C. C. C. art. LVII.

soll, wenn einer ein Geständniß widerruft, und doch Argwohn gegen ihn vorhanden, mit der Folter gegen ihn verfahren werden, allein, wenn einer, ohne daß Verdacht wider ihn vorhanden, ein Geständniß widerruft, so ist für diesen Fall keine Wiederholung der Folter anbefohlen, sondern, wenn der Verdacht blos in dem Geständniß bestanden, mußte mit dem Widerruf des Geständnisses auch der Verdacht wegfallen, und so wäre nach dem Geist der Carolina in einem Fall, wie der mit Fischern war, abgesehen von allen übrigen Verhältnissen bey Erlangung der Zugeständnisse Fischers, dessen Lossprechung Folge des Widerrufs gewesen. Die Carolina spricht allerdings nur von einem durch Tortur erlangten Bekenntniß, die Tortur konnte aber nicht anders als bey vorhandenem dringenden Verdacht angewendet werden, und so hat dieses Gesetz für diesen Fall nichts entschieden.

Für Sachsen haben wir

das Mandat vom 17. April 1810.

hier wird scheinbar dem Widerruf alle Kraft benommen, allein nur dann,

> wenn keine Gründe vorhanden sind, welche es in Gewißheit setzen, oder vermuthen lassen, daß der Angeschuldigte das widerrufene Geständniß wider die Wahrheit abgelegt habe.

und, daß solche Gründe in vollem Maaße hier vorhanden sind, und daß ein pflichtmäßiges Ermessen der Urtelsverfasser, Fischers gänzliche Unschuld aussprechen müsse, dieses ist in vorstehendem vollständig gezeigt worden. Fischer, ein ängstlicher Mensch von beschränktem Geistesvermögen, wird aus einem bloßen Mißverständnisse durch Verwechselung der

Personen verhaftet, diejenigen, die ihn verwechselt haben, erkennen ihr Mißverständniß, und, daß sie ihn mit einem andern verwechselt. Widerrechtlich wird er dennoch 14 Tage lang im Kerker gehalten, der Amtsfrohn sagt ihm die Lüge, daß er nun gänzlich dem Amt überlassen sey, bedroht ihn mit stärkern Ketten, setzt ihm zu, bewirthet ihn, suppeditirt ihm Aeußerungen und Antworten, er gesteht in der Nacht nach einem in Angst verlebten Tag, er widerruft das Geständniß, auch jetzt ist kein Verdacht wider ihn, er wird durch unerlaubte Kettenstrafe mißhandelt, geängstigt gesteht er zum zweytenmal, auch dieß Geständniß nimmt er zurück; immittelst ist der wahre Thäter ergriffen, dieser gesteht, er ist im Besitz der geraubten Sachen, er läugnet alle Theilnahme Fischers, es wird erwiesen, daß er in keiner Verbindung mit Fischern steht und je gestanden habe, die That ist so geeignet, daß sie so, wie der Thäter sie verübt zu haben angiebt, von ihm allein verübt werden konnte. So muß wohl alles sich vereinigen, um Fischers Unschuld zu beweisen, und des Vertheidigers Antrag zu rechtfertigen,

> daß George Fischer für schuldlos an den Raubmorden, die an Wintern und von Kügelgen begangen worden, zu achten, auch mit allem Beytrag zu den Untersuchungskosten zu verschonen, auch, dafern man seine fernere Dienstleistungen bey dem Artilleriecorps nicht verlangt, mit einem seine befundene gänzliche Unschuld bezeugenden Abschied der Militairdienste zu entlassen, und bis zu dem Tag, an welchem er nach Bekanntmachung des Vertrags den Abschied erhält, auch vom 17. April 1820. an, als dasjenige, was er an Löhnung und Beymontirungs-

stücken und sonst als Untercanonier zu erhalten gehabt, ihm zu verabreichen, und ihm auf die Zeit vom 5ten bis 18ten April 1820. die Ausführung des Anspruchs auf Sachsenbuße vorbehalten bleibe.

Nachtrag zu der für George Fischern gefertigten Schutzschrift.

Nachdem die Acten längst zu Erlangung eines Erkenntnisses versendet waren, letzteres erwartet wurde, zeigte am 5. October 1820. der Amtsfrohn J. bey dem Amt Dresden, und zwar diesmal schriftlich an, Kaltofen habe ihm eröffnet, sein Gewissen lasse ihm keine Ruhe, er müsse vorgebracht werden, um zu gestehen, daß er sich mit Fischern verschworen, daß keiner den andern angeben wolle, aber beyde die Mordthaten mit einander verübt hätten. Kaltofen wurde nun am 6. October vernommen, und gab vor, daß Fischer bey beyden Raubmorden mit ihm gewesen sey, und Wintern ausziehen helfen, gegen Kügelgen aber, als er sich geregt, noch des Seitengewehrs sich bedient habe. Er fügte bey, daß er Fischern einen Theil des vorgefundenen baaren Geldes und des Erlöses von dem Geraubten gegeben habe, und sich mit ihm verschworen, einer den andern nicht zu verrathen. Fischer leugnete die Anschuldigung und blieb bey diesem Leugnen, als er mit Kaltofen confrontirt wurde. Freytags den 20. October zeigte J. an, daß den 18. und 19. October Kaltofen geweint, auch geäußert, daß er seine Aussage gegen Fischern zurücknehmen müsse, am 20. aber dieses widerrufen habe, wie er denn auch an Amtsstelle seine Bezüchtigung gegen Fischern wiederholte. Jetzt wurden die Acten dem Vertheidiger nochmals vorgelegt, und, nachdem die Königlich Sächsische Landesregierung mehrere Anträge des Vertheidigers, zu denen er sich verpflichtet fühlte, zurückgewiesen, kann er nun, indem er auf alles von ihm in der frühern Schutzschrift Erörterte sich nochmals bezieht, blos mit Beantwortung der Frage sich beschäftigen,

ob Kaltofens Bezüchtigung irgend einen Verdacht auf Fischern werfen könne,

und diese Frage führt nothwendig auf eine zweyte zurück,

kann die Aussage eines geständigen und überführten Uebelthäters, wodurch er einen andern der Mittheilnahme bezüchtigt, den andern graviren.

Die verneinende Antwort darauf findet man schon

I.

im römischen Recht.

Wie treffend sagt nicht

Paulus Recept. sentent. Lib. I. tit. XII. §. 7.

qui de se confessus est, in alium torqueri non potest, ne alienam salutem in dubium deducat, qui de sua desperavit.

und diese Ideen gingen in das Pandectenrecht über

L. 16. §. 1. D. de quaest.

und von diesen Ansichten hat

II.

das canonische Recht

sich nicht entfernt, es spricht sich dahin aus

cap. 10. X. de testibus.

cap. 1. X. de confessis.

Ausführlich verbreitet sich über diese Frage

III.

die peinliche Gerichtsordnung art. XXXI.

wo festgesetzt wird, daß eine

Argwöhnigkeit

aus einer solchen Aussage dann nur entnommen werden kann,

1) wenn auf eine sonderliche Person nicht gefragt, nicht gemartert worden, sondern der Angeschuldigte im Allgemeinen befragt, wer ihm geholfen habe, einen Mitthäter angegeben hat,

2) wenn die Angaben speciell und umständlich sind,

3) wenn er nicht in Feindschaft, Unwillen, Widerwärtigkeit mit den Angegebenen steht,

4) wenn der Bezüchtigte ein Mann ist, zu dem man einer solchen Missethat sich wohl versehen kann,

5) wenn der Bezüchtiger auf der Bezüchtigung beständig bleibt, und dann soll besonders der gute oder böse Stand und Leumund des Bezüchtigten und, was Gemeinschaft oder Gesellschaft mit dem Anschuldiger er gehabt, erwogen werden.

Vergleicht man nun diese Erfordernisse mit dem vorliegenden Fall, so findet man

zu 1.

daß Kaltofen bey summarischer Vernehmung und Specialinquisition wiederholt gefragt worden, ob Fischer mit ihm an den Raubmordthaten Antheil genommen habe, und, wenn er früher oder später Fischern als Theilnehmer angab, so kann doch nicht gesagt werden:

Fischer sey ihm mit Namen nicht vorgehalten, er sey auf ihn nicht gefragt worden.

Zu 2.

In die Details gehen Kaltofens Bezüchtigungen

allerdings, allein Wahrscheinlichkeit haben sie nicht für sich. Das Mährchen, wie Kaltofen auf die Scheunen gekommen, wie er Fischern hier getroffen, wie er mit ihm ohne weiteres auf Raub und Mord Genossenschaft gemacht haben will, wird doch wohl niemand wahrscheinlich finden können; an einen nur obenhin gekannten, wie Fischer Kaltofen war, wird niemand solche Fragen richten, niemand solche Antworten ertheilen, wie Fischern von Kaltofen geschehen seyn sollen.

Zu 3.

Kaltofens Unwillen auf Fischern wird auch erklärlich, wenn man erwägt, daß Kaltofen glauben gemacht worden, die Untersuchung werde dadurch aufgehalten, daß Fischer mit darin verflochten sey, auch war der böse ruchlose Wille Kaltofens gegen Fischern vom Anfang der Untersuchung an, dadurch an den Tag gekommen, daß er ihn solcher Dinge bezüchtigte, die er nachher zurücknahm, und auch jetzt nicht wieder aufgefrischt hat. Dahin gehört die Lüge wegen der Uhr und wegen der Kleider.

Zu 4.

Fischer ist ein unbescholtener Mann, der weder dieser Missethat, noch irgend einer andern jemals verdächtig worden. Mit dem äußersten, dem Mord, hat nicht leicht ein Verbrecher begonnen; der gewöhnliche Weg ist, daß mit Stehlen der die Lasterbahn beginnt, der mit Raubmord sie endigt, wie Kaltofen gethan hat. Alle nähere Umgebungen Fischers haben in das hellste Licht gesetzt, daß niemand solche Thaten Fischern zutrauen könne, der auch mit Kaltofen gar keine Gemeinschaft, keinen nähern Umgang hatte.

Zu 5.

Kaltofen hatte anfänglich ja gleich die Schuld auf

Fischern bringen wollen, doch siegte noch das letzte Ueberbleibsel des bessern Ich in Kaltofen, er nahm alles zurück, bekannte sich als den alleinigen Thäter, bis er auf Fischern eine Mittheilnahme anschuldigte, auch dieses wollte er wieder zurücknehmen, und es ist möglich, daß am 18. und 19. October er der Lüge sich schuldig erklärt haben würde, wenn J. nicht für gut gefunden, erst am 20. October Anzeige zu thun.

So fehlen denn die fünf Erfordernisse, damit eine solche Bezüchtigung nicht werthlos sey, einige ganz, andere zum Theil, und doch mußten sie alle vorhanden seyn, wenn eine Anzeige wider Fischern daraus entnommen werden sollte. Wäre aber auch alles vorhanden, was die Carolina erfordert, und was, wie hier gezeigt worden, zum Theil gar nicht, zum Theil nur zum kleinsten Theil vorhanden ist, so muß dennoch beherzigt werden, was einer der ersten Rechtslehrer Deutschlands

Struben Rechtliche Bedenken 3. Theil Bd. CXVII.

bemerkt:

> wegen der bloßen Beschuldigung eines Missethäters mag allen Rechten nach niemand gefoltert werden. Die peinliche Gerichtsordnung erfordert zum Beweiß der Anzeigungen art. 23. zwey gute Zeugen. Ein solcher ist der Missethäter nicht, sondern als ehrlos, ein verwerflicher Zeuge,

und hieraus folgert Struben

> daß, wenn die fünf Erfordernisse des 31. Artikels der Carolina vorhanden sind, höchstens zur Specialinquisition geschritten, nicht aber auf Tortur erkannt werden könne.

In allen solchen Fällen aber, in denen nicht auf Tortur zu erkennen ist, und in denen die Specialinquisition schon statt gehabt hat, also nicht noch einmal erkannt werden kann, muß die unbedingte Lossprechung erfolgen, und man muß

Kleinschrodt Entwurf eines peinlichen Gesetzbuchs für die Kurpfalzbayrischen Staaten, §. 1707.

beypflichten:

> Urheber und Gehülfen des nämlichen Verbrechens können gegen einander nie zum Zeugniß gelassen werden.

Man würde auch in der That mit allen Rechtsbegriffen in den schneidendsten Contrast sich versetzen, wenn man

> der unbeeidigten Aussage eines verleumdeten Verbrechers, geständigen und überführten Bösewichts

einen Glauben beymessen wollte, auf den die unbeeidigte Aussage des rechtlichen Mannes nicht Anspruch machen kann.

Obwohl die Königlich Sächsische Landesregierung, indem sie die Anträge verwarf, zu denen der Vertheidiger seiner Pflicht gemäß sich aufgerufen fühlte, den Vertheidiger außer Stand gesetzt hat, noch näher auf die Spur zu kommen, wie wohl Kaltofen auf seine lügenhafte Bezüchtigung gekommen seyn möge, so wird doch der unbefangene Blick der Urtelsverfasser nicht unbeachtet lassen, was auch jetzt die Acten schon darbieten.

Wie leidenschaftlich und unberufen thätig J. sich in diese ganze Untersuchung eingemischt, ist in der Vertheidigungsschrift für Fischern gezeigt worden, und man würde, wenn Kaltofen an das Stadtgericht abgegeben worden wäre, wie gebeten worden, und ohne allen Nachtheil gewährt werden konnte, den Schleyer zu lüften vermocht haben, der Kaltofens Bezüchtigung nur leicht deckt, allein auch jetzt sieht man wenigstens Folgendes, was nicht ohne Einfluß seyn kann.

J. hat eingeräumt, daß bey ihm die Idee sich festgesetzt habe, und von ihm gegen andere geäußert worden sey:

> Kaltofen habe mit Fischern zu Begehung beyder Raubmorde sich verschworen gehabt.

Es ist erwiesen,

> daß Kaltofen gegen seine Schwester sich darüber beklagt, daß die Sache so lange daure, und die Schwester gegen ihn gesagt:
>
> > sie denken immer, daß du es gestehen sollst, daß du es nicht allein gewesen bist, sie denken, daß ihr euch verschworen habt.

Nun ist wohl nichts natürlicher, als daß Kaltofen durch die ihm in dieser Maaße suppeditirte Lüge,

> er habe sich mit Fischern verschworen (denn unter dem
>
> „ihr“
>
> konnte niemand als Kaltofen und Fischer verstanden werden)

vermeinte, die Untersuchung abzukürzen, und eher der Haft, sey es auch durch den Tod, befreyt zu werden. — Daß J. pflichtwidriger Handlungen gegen Fischern in dieser Sache geständig, jetzt auf Befragen nichts einräumen werde, was ihm einen Nachtheil bereiten könnte, war wohl natürlich, und eben so natürlich ist es auch, daß Kaltofen, so lange er in J... s Gewahrsam ist, nichts aussagen werde, was J...s fixen Ideen zuwiderläuft. Ist es dem Vertheidiger gelungen, was er in festem Vertrauen hofft, Fischers gänzliche Unschuld in der ersten Vertheidigungsschrift gezeigt zu haben, nun so ist er gewiß überzeugt, daß Kaltofens ruchlose Bezüchtigungen an einer unbedingten Lossprechung Fischers nichts ändern können; das römische, canonische und deutsche Recht ist mit den aufgeklärtesten Rechtsgelehrten darüber einverstanden, daß solche Bezüchtigung den Unschuldigen mit irgend einem Verdacht nimmer belasten könne.

Das von den Königl. Sächs. Schöppen zu Leipzig hierauf eingeholte Urthel erkannte folgendermaßen:

> Hiernächst ist wider Johann Georg Fischern wegen der ihm beygemessenen Theilnahme an der Ermordung und Beraubung Winters, und des von Kügelgen in Mangel Verdachts weiter nichts vorzunehmen, derowegen derselbe von der Inquisition wiederum zu entbinden, sowohl nach Leistung des Urphedens der gefänglichen Haft zu entlassen ꝛc.

Wer sich über die Untersuchungsgeschichte der von Kaltofen an von Kügelgen und Wintern begangenen Mordthaten näher zu unterrichten wünscht, findet Nachweisung hierüber in dem Leben Gerhardts von Kügelgen, von F. Ch. A. Hasse. Leipzig 1824. 8. S. 447. ff.

Vertheidigungsschrift für Auguste Wilhelmine Strohmin, wegen des von ihr an Dorotheen Sophien Flügelin begangenen Todschlags.

Nach Fol. 1. Act. ließ den 12. August 1821. spät Abends der Stadtrichter zu Dresden dem Neustädter Stadtgericht melden, daß in No. 29. auf der Meißner Gasse eine Frauensperson erschlagen worden sey, und das Gericht fand Fol. 2. in dem gedachten Hause den Leichnam der Ermordeten. Da die Thäterin sich selbst angegeben, und in Gewahrsam gestellt hatte, so wurde sie Fol. 3. befragt, und sagte: sie habe gemordet, sey von der Ermordeten nicht beleidigt worden, sie habe es nicht aus Eigennutz, nicht aus Rache gethan, sie wären gute Freunde gewesen, sie habe schon lange sich vorgenommen, Jemanden ums Leben zu bringen, wenn ihr dazu eine Gelegenheit vorkäme, wenn es gerade sich so passe; die Idee, einen Mord zu begehen, herrsche schon lange in ihr, sie habe gewußt, daß sie ein schweres Verbrechen begehe, und Strafe verdiene, sie wolle diese Strafe gern leiden, und werde dabey standhaft bleiben, sie habe immer sehr christlich gebetet, viel gebetet und gesungen, um sich den Gedanken des Mords zu benehmen, es sey ihr aber nicht möglich gewesen, sich dessen zu erwehren; sie habe schon in ihrer Jugend die Weinholdin hier hinrichten sehen, und schon da sey ihr der Gedanke eingekommen; sie habe sich niemanden entdeckt, sey sonst weich und gefühlvoll, und könne nicht gern jemanden einen Schiefer aus dem Finger ziehen. Mit Fleiß habe sie der Hinrichtung Kaltofens zugesehen, und sey zu ihm in das Gefängniß gegangen, um einen Abscheu vor einer solchen That zu bekommen; je mehr sie aber dawider gearbeitet, desto mehr habe der Gedanke, und der Vorsatz, zu morden, ihr sich aufgedrungen, sie denke, es sey ihr so beschieden, es sey ihr vor der That schrecklich gewesen, jetzt aber nicht mehr, die Ermordete daure sie, auch deren Eltern, sie habe es aber nun einmal gethan, nach vollbrachter That sich aber als Mörderin zu melden, habe sie schon lange sich vorgenommen. Den 11. August sey sie, Auguste Wilhelmine Strohmin, bey der Ermordeten, welche Flügelin heiße, und in der Rathsbaderey zu Dresden diene, gewesen, indem sie ihr gereinigte Wäsche zurückgebracht. Hier sey unter ihnen verabredet worden, daß die Flügelin den 12ten einen Kaffee bey ihr trinken solle, welches sie schon längst Willens gewesen. Nun sey die Flügelin heute Nachmittags zu ihr gekommen, wo sie mit einander Kaffee getrunken, auch dem bey ihr wohnenden Feuerwerker Götze einige Tassen gegeben. Etwa in der vierten Stunde habe die Flügelin, welche sich von ihren die Woche über gehabten schweren Arbeiten etwas erholen wollen, auf der Strohmin Bette sich gelegt, und sie habe sich zu ihr an das Bette gesetzt. Nach einer kleinen Stunde, etwa in der sechsten Stunde, habe sie sie todt geschlagen, was sie schon Abends vorher sich vorgesetzt, als die Flügelin versprochen, zu ihr zu kommen, wenn sich Gelegenheit dazu finden würde. Sie habe ihr, als sie fest eingeschlafen gewesen, einen Schlag mit dem Beile auf den linken Schlaf gegeben, sodann einen Stich mit dem Messer in den Hals, hierauf aber wohl noch fünf Schläge mit dem Beile. Die Flügelin habe Anfangs einigemal geschrieen, sey aber gleich beym ersten Schlage confus gewesen. Nachher habe sie die Betten, ein Stück nach dem andern, unter der Erschlagenen weggezogen, auch den Strohsack, so daß sie ganz unten in die leere Bettstelle zu liegen gekommen. Anfangs habe sie diese Nacht noch zu Hause bleiben und sich auf ihr Bette legen wollen, weshalb sie dieselben, da sie voll Blut gewesen, verwaschen und über die Ermordete hingelegt, und das Bette ordentlich wieder zurecht gemacht habe; sich selbst habe sie ebenfalls gereinigt, und weiß angezogen. Diesen Entschluß aber habe sie geändert, da es ihr zu schauerlich vorgekommen, sich auf ihre Betten, unter welchen die Erschlagene sich befunden, zu legen, daher sie denn nach etwa einer Stunde fortgegangen, um sich auf dem Dresdner Rathhause als Mörderin anzuzeigen. Fol. 7. sqq. wurde die Section des Leichnams der Ermordeten vorgenommen, und in dem Fol. 105. sqq. enthaltenen viso reperto fiel das Gutachten der Secanten dahin aus, daß von den gefundenen 27 Wunden und Verletzungen, theils die mehrern Verletzungen der Schädelknochen und die Extravasate im Gehirn als Folge der Kopfwunden, wie die bewirkten Hirnerschütterungen, theils aber die Blutvergießungen in Folge des Durchstechens der jugularis interna dextrae den Tod der Flügelin zur unvermeidlichen Folge gehabt. Fol. 12. sqq. wurde der Rathswachtmeister Schuster befragt über der Strohmin Angaben, als sie sich als Mörderin bey ihm zur Haft gestellt; der wesentlichere Inhalt seiner Aussagen wird unten näher bezeichnet werden. Fol. 15. sq. wurde die Strohmin summarisch vernommen, und gab an, sie sey bald 30 Jahr alt, und habe gedient, bis sie wegen Mangel an Athem und Blutschwerungen in das Krankenhaus gehen müssen, wo sie ein Jahr geblieben, und Ostern 1820. wieder entlassen worden, seitdem aber nicht wieder gedient habe. Sie gab an, daß sie drey uneheliche Kinder gehabt, und zwey derselben weggesetzt habe, wie sie denn nach Fol. 24. mit einem vierten Kinde abortirt. Fol. 25. wurde von ihr angegeben, sie habe die Neigung einen Mord zu begehen, schon lange, und sie könne behaupten, schon von der Zeit an, als sie die Weinholdin hinrichten sehen; sie habe lange Zeit gegen diese Neigung gearbeitet, sie aber nicht unterdrücken können, sie habe gebetet, es habe ihr nichts geholfen, der Trieb sey einmal in ihr gewesen, sie müsse durchs Schwerdt sterben; hätte sie die Flügelin nicht umgebracht, so wäre es jemand' anders gewesen, nun sey es vollbracht; nur dieses könne sie trösten, daß sie sterben müsse; sie habe den unwiderstehlichen und nicht zu bekämpfenden Hang gehabt, durch Mord sich die Todesstrafe herbey zu führen, sie werde auch nicht eher ruhig werden Fol. 26.b, als bis sie erfahre, daß sie hingerichtet werden solle; sie glaube, daß wenn dieses nicht statt finden sollte, es ein schreckliches Ende haben werde.

Das ihr vorgelegte Beil und Messer wurden von ihr als die Werkzeuge anerkannt, deren sie sich bey Ermordung der Flügelin bedient habe, und sie wiederholte Fol. 32., daß sie der Flügelin mehr nicht als fünf Schläge mit dem Beile und einen Stich mit dem Messer, das sie nachher weggeworfen, in den Hals gegeben habe. Nun wurden Fol. 36. bis Fol. 85. viele Zeugen abgehört, deren Aussagen, inwiefern sie erheblich, unten eine passende Stelle finden werden. Die Strohmin wurde Fol. 67. sq. und Fol. 85. sq. nochmals vernommen, auch Fol. 123. sq. über Inquisitional-Artikel; Fol. 112. sq. kam ein ausführliches Gutachten des Physicus zu den Acten, die nun, nachdem Fol. 137.b noch eine Zeugin abgehört, von ihr und den übrigen Zeugen ihre Aussagen eidlich bestärkt worden, geschlossen wurden, um, nachdem die Inquisition mit einer Schutzschrift gehört worden, zu rechtlichem Ausspruch versendet zu werden.

Der Vertheidiger hofft, jeder, dessen Blick mit Unbefangenheit auf den ergangenen Acten verweilt, werde die Ueberzeugung mit ihm theilen, daß alle Umstände, unter denen die That begangen worden, alle subjectiven Eigenthümlichkeiten der Thäterin, die Frage:

> ob der Strohmin die That zuzurechnen sey, oder nicht, vielmehr sich ergebe, daß ihr Gemüthszustand jede Zurechnung ausschließe?

nothwendig an die Spitze der Vertheidigung stellen, ja zweckmäßig die letztere blos auf diese Frage beschränkt seyn müsse. In dieser Rücksicht wird man auch den Vertheidiger keiner Sorglosigkeit anschuldigen, wenn er den allerdings sonderbaren Umstand,

> daß die Strohmin nur fünf Hiebwunden oder Schlagwunden und eine Stichwunde eingeräumt hat, und nicht mit Gewißheit behauptet werden kann, ob denn diese zugestandenen Wunden von den mehreren vorgefundenen die absolut tödtlichen gewesen,

eben so wenig einer nähern Erörterung unterwirft, als er die Legalität der Section, bey welcher nicht beygebracht ist,

> ob der Amtschirurgus auch zu solchen Handlungen verpflichtet sey, die vor einem andern Gerichte als vor dem Amte Dresden vorfallen,

in Zweifel zieht; auch ungerügt läßt,

> daß die Registratur Fol. 2.[b] nicht vorgelesen worden, was auch Fol. 6.[b] der Fall ist,

nicht minder,

daß bey Marginalregistraturen Fol. — Fol. die Vorlesung gänzlich ermangelt,

so wie,

daß außer den Marginalregistraturen noch häufig Bemerkungen am Rande der Protocolle sich finden, die gar nicht unterschrieben sind.

Alles dieses würde die Ausmittelung des Thatbestandes als unvollständig darstellen, und die Anwendbarkeit der auf den Todschlag gesetzten ordentlichen Strafe ausschließen, wenn von einer Strafe hier die Rede seyn könnte, allein es bedarf keiner weitern Eröffnung darüber, wenn die Frage:

ob der Strohmin der an der Flügelin verübte Todschlag zuzurechnen sey,

verneinend beantwortet werden muß. Sehr treffend sagt schon das römische Recht,

L. 12. D. ad leg. Cornel. de sicariis:

furiosum, si hominem occiderit fati infelicitas excusat, und

C. C. C. art. CL. XXIX.

hat eine gleiche Tendenz. Niemand wird wohl in unsern Tagen die Meynung einiger älterer Criminalisten theilen,

daß eben so, wie bey einer Sodomie das Thier, mit welchem die Sodomie begangen worden, zu tödten, so auch ein Wahnsinniger der einen Mord begangen die Todesstrafe erleiden müsse,

sondern der Mensch ist nicht verantwortlich für Handlungen, die er nicht als Vernunftwesen begangen hat. — Will man den Gemüthszustand der Strohmin prüfen, wie er war in dem Augenblicke, als sie die That beging, so muß man hauptsächlich ihre eigenen Angaben näher in das Auge fassen, denn niemand war zugegen, als sie die That verübte. Die größte Aufmerksamkeit müssen diejenigen Aeußerungen verdienen, welche die Strohmin noch am Tage der That gethan hat. Der Rathswächter Leigh sagt aus, Fol. 65.

den 12. August des Abends ¾ auf 9 Uhr sey die Strohmin in das Rathhaus gekommen, und habe ihn mit den Worten angeredet:

ich muß heute bey Sie schlafen, ich kann in meinem Quartier nicht bleiben, ich habe eine Person ermordet.

Nähere Umstände gab sie hierbey gar nicht an, sondern diese eröffnete sie erst dem Rathswachtmeister Schuster, welcher Fol. 12. von ihr auf seine Fragen über die Ursache ihrer That die Antwort erhielt:

schon längst habe sie einen heftigen Drang und die Idee gehabt, jemanden zu ermorden,

und als sie gefragt wurde, ob sie wisse, welche Strafe darauf gesetzt sey, erwiederte sie Fol. 13.

das wisse sie sehr gut, sie habe alles mit Bedacht gethan, und werde in Verzweiflung gerathen, wenn ihr nicht die Strafe einer Mörderin zuerkannt würde,

und sagte Fol. 14.

sie habe sich schon acht Tage zuvor, als die Ermordete bey ihr gewesen, geärgert und vor Aergerniß nicht schlafen können, daß sie es nicht schon damals gethan, übrigens aber immer den Mordsinn und die Absicht gehabt, Götzen oder die Jäpeltin zu ermorden, und so oft sie das Rathhaus erblickt, habe sich ihr der Gedanke aufgedrungen, daß sie hier durch das Schwerdt werde sterben müssen.

Ihre Aeußerungen bey der ersten Vernehmung Fol. 4. stimmen damit im wesentlichen überein:

der Gedanke und Vorsatz, zu morden, habe sich ihr aufgedrungen, sie denke, es sey ihr so beschieden, es sey ihr vor der That schrecklich gewesen, jetzt aber nicht mehr,

und diese Aeußerungen that sie Fol. 6. ganz gefühllos. Was sie am Tage der That ausgesagt, ist auch bey den fernern Vernehmungen von ihr bestätigt worden; so giebt sie an Fol. 25.

Sie habe die Neigung, einen Mord zu begehen, schon lange, und sie könne behaupten, schon von der Zeit an gehabt, als sie die Weinholdin hinrichten sehen. — Fol. 25. Sie könne sich nicht helfen, es möge mit ihr kommen, wie es wolle, der Trieb sey einmal in ihr gewesen, sie müsse durch das Schwerdt sterben; wäre es jetzt die Flügelin nicht gewesen, die sie umgebracht, so wäre es jemand anders gewesen; nun sey es vollbracht, nur dieses könne sie trösten, daß sie sterben müsse. — Fol. 26. Sie habe den unwiderstehlichen und nicht zu bekämpfenden Hang gehabt, durch Mord die Todesstrafe sich herbeyzuführen. Bey der Hinrichtung der Weinholdin sey sie 13 Jahr alt gewesen, habe damals viel geweint, sey sehr unruhig gewesen. Bey Kaltofens Hinrichtung habe eine gewisse Schubartin sie begleitet, die ihre Unruhe und ihr Weinen bemerkt habe; sie habe über ihre unglückliche Neigung viele Nächte geweint, da sie immer geglaubt, daß sie durch das Schwerdt sterben müsse, sie werde auch nicht eher ruhig werden, als bis sie erfahren, daß sie hingerichtet werden sollte.

Fol. 27. Sie habe sich alle Folgen ihrer That vorgestellt, sich darauf präparirt, ihre Messer vor drey Wochen schleifen lassen, sie sey jetzt froh, daß sie es gethan, sie habe nichts mehr auf ihrem Herzen, es könne niemand sagen, daß sie ihren Verstand nicht gehabt, sie habe immer mit andern Leuten ordentlich gesprochen, sie habe die begangene That ganz mit Vorsatz verübt, der Gedanke zu sterben sey ihr angenehm.

Fol. 27.b Sie habe zu fest es sich vorgenommen, irgend jemanden zu ermorden.

Fol. 28. Tags vor dem Mord habe sie die Schrift Fol. 53. sq. gekauft, und am Tage des Mordes darinnen gelesen, sie habe die Predigten des M. Güldemann und des M. Jaspis wider den Mord angehört, und sich für unwürdig gehalten, unter dieser christlichen Gemeinde zu sitzen.

Fol. 34. Sie habe sich durchaus selbst melden, niemanden es vorher wissen, sich von niemanden antasten lassen wollen, dieses habe sie sich von jeher vorgenommen, und sich wohl überlegt; der Umstand, daß sie sich gemeldet und zu Arrest gekommen, beruhige sie eben so, wie der Gedanke, daß sie die Todesstrafe leiden müsse, sie wisse und glaube, daß, da sie Menschenblut vergossen, sie nun auch sterben müße.

Fol. 67.b Nach ihrer Entlassung aus dem Krankenhause sey sie mehr als vorher, in die Kirche gegangen; sie habe geglaubt unter den Menschen, und zumal beym Dienen in verschiedenen Häusern, nirgends Religion zu finden, habe doch ihrem Gotte ordentlich dienen wollen, und sey, zumal sie wegen ihres fleißigen Kirchengehens und Singens zu Hause ausgespottet und verlacht worden, auf den Entschluß gekommen, ganz für sich zu ziehen, und nicht mehr unter den Leuten zu dienen.

Fol. 68. Bey der Rückerinnerung an das Wegsetzen ihrer Kinder und an das viele veränderliche in ihrem vorigen Leben habe sie sich vorgenommen, nunmehr einen andern, bessern Lebenswandel zu führen, sich mehr zur Kirche zu halten, und das Begangene wieder gut zu machen.

Auch bey der Special-Inquisition sagt die Strohmin ad art. — Fol. —

Nichts habe sie verleitet, den Mord zu begehen, als der Trieb zu morden, den sie schon von frühern Jahren an gehabt.

ad art. In spätern Zeiten, als dieser Trieb heftiger sie bestimmt, habe sie deshalb in den Kirchen geweint, den Personen aber, die sie darum befragt, die Ursache nicht angegeben.

ad art. Sie habe fleißig gebetet, um diesen Trieb zu unterdrücken.

ad art. Schon, als sie gedient, wäre sie Willens gewesen, jemanden zu morden, späterhin habe sie sich die Kleinpaulin, die Göbelin, Götzen, und die Flügelin ausersehen.

ad art. Sonntags, Mittwochs und Freytags sey sie in die Kirche, gewöhnlich alle Tage in die Betstunden gegangen, habe auch zu Hause Betstunde gehalten.

ad art. Sie würde ihrer Neigung nach fortmorden, bis ihr Wunsch, durch das Schwerdt zu sterben, befriedigt sey, da der Gedanke, morden zu müssen, sie immer noch beunruhige, verfolge.

Mit diesen Aeußerungen, wie die Inquisition sie am Tage der That, und im Fortgange der Untersuchung gethan, muß man die Aussagen der Zeugen verbinden, die in näherer Berührung mit ihr gestanden haben. Von besonderer Wichtigkeit sind die Aussagen des Feuerwerker Göbels, mit dem die Strohmin in einem Hause wohnte, der oft Besuche von ihr erhielt, dieser nun sagt aus Fol.

Sie sey oft sehr vergnügt und heiter gewesen, und in einem Augenblicke sey sie wieder in eine traurige Stimmung übergegangen; sie habe oft sehr irrige religiöse Meinungen geäußert, wobey die Hauptidee vorgeleuchtet, daß man begangene Verbrechen durch anhaltendes Beten gleichsam versöhnen und tilgen könne. Bey Gelegenheit der Untersuchung Kaltofens, worüber sie oft mit ihm gesprochen, habe sie immer behauptet, jeder solcher Verbrecher habe nothwendig so handeln, ein solches Verbrechen verüben müssen, es sey ihm so bestimmt gewesen, nach welchen Aeußerungen sie fast an eine Prädestination geglaubt, und sich dieses nicht ausreden lassen. Nachdem sie Kaltofen in der Frohnfeste besucht, habe sie gegen Göbeln geäußert, ein solcher Mensch sey in der That zu beneiden, sey glücklich, wisse seinen Tod mit Bestimmtheit voraus, könne sich darauf vorbereiten, und werde gewiß selig.

Noch führt er an,

daß die Strohmin oft tief geathmet, und dann gesagt:

Ach! wäre ich doch gestorben.

was sie auch noch wenige Tage vor der That gesagt, als er ihre Liebkosung zurückgewiesen.

Göbels Ehefrau bestätigt ihres Ehegatten Aussagen Fol. und fügt noch bey:

die Strohmin habe oft geäußert, Kaltofen habe so einem Schicksal nicht entgehen können, und werde eben so selig, vielleicht seliger, als die Menschen, welche ordentlich stürben. Ueber Kaltofens Enthauptung habe sie geweint, und gesagt: dieser Mensch komme ihr nicht aus dem Sinne. Sie habe oft sich darüber beklagt, daß sie des Nachts nicht schlafen könne, und auf die Frage, warum sie so häufig bete und singe, und die Kirchen besuche, habe sie zur Antwort gegeben:

sie halte einmal viel von Gottes Wort.

Johanne Christiane Dorothea Schubertin giebt an Fol. 40:

Sie sey mit der Strohmin in Kaltofens Gefängniß und bey dessen Enthauptung gewesen, und habe nach dieser Hinrichtung eine auffallende Unruhe und Blässe im Gesicht bemerkt, und als sie ihr gesagt,

was sie denn weine, Kaltofen habe ja die Strafe verdient,

hat die Strohmin geantwortet:

das käme auf den Gusto eines jeden an.

Bey einer Frauensperson von der Strohmin Individualität ist es von doppeltem Gewicht, wie sie gegen ihren Beichtvater sich äußere, und da hat M. Güldemann Fol. angegeben:

die Strohmin habe gegen ihn jetzt geäußert,

es sey ihr schon längst seit der Weinholdin Hinrichtung so gewesen, als ob sie eben so, wie diese sterben müsse, und aus dieser sie verfolgenden Idee, als Verbrecherin sterben, die Todesstrafe leiden zu müssen, sey der Gedanke, daß sie vorher einen Mord begehen müsse, entstanden, sie habe also diesen Mord begehen müssen, obwohl sie es nicht gewollt.

Hanne Rosine Leitholdin, die in einem und demselben Hause mit der Strohmin wohnte, giebt Fol. an:

Sie habe die Strohmin oft laut lesen, auch beten und singen hören, sie sey immer ernsthaft, immer für sich gewesen.

Der Geliebte der unglücklichen Flügelin, Anton Liebisch sagt Fol.

die Strohmin sey ihm aufgefallen wegen ihres verstohlnen Blicks, sie habe Niemanden ins Gesicht gesehen, und bey Spaziergängen habe sie nicht mit fortgekonnt, und Blut gespuckt.

Carl Gottfried Götze, der in einer von der Strohmin ihm sublocirten Kammer wohnte, bemerkt Fol.

sie habe wenig gesprochen, oft Stunden lang gar nicht; sie habe oft sehr tiefsinnig dagesessen, mitunter geseufzet, jedoch keine Ursache angegeben; hingegen manchmal über ihre schlechte Lage geklagt, und geäußert, daß sie kränklich sey, nicht in Dienst gehen könne, zum Nähen zu schwache Augen habe. Abschreckend sey ihm ihr Blick gewesen; sie habe ihm und andern oft fünf Minuten starr in die Augen gesehen, dann wieder lange Zeit die Augen niedergeschlagen. Nachdem sie bey Kaltofens Hinrichtung gewesen, habe sie hiervon und von der Hinrichtung der Weinholdin gesagt:

Es wären beydes recht hübsche Processionen gewesen, so ein Mensch müsse so selig, vielleicht seliger als ein anderer auf dem Todesbette sterben.

Der Hauswirth der Inquisitin, Christian Friedrich Ehregott Hörrig sagt aus Fol.

sie habe ihm etwas tiefsinnig, hypochondrisch geschienen, sey fleißig in die Kirchen gegangen, und habe das Gesangbuch fast nicht von sich gelegt. Ueber Kaltofens Hinrichtung habe sie zu erkennen gegeben, daß ihr die Hinrichtung und die Prozession gefallen, sie habe ganz herzhaft und dreist davon gesprochen.

Sophie Friedericke Kleinpaulin, bey welcher die Strohmin vom 1. August 1820. an, fünf Monate gewohnt, bemerkt Fol.

daß Inquisitin dreymal die Woche in Predigten und in alle Betstunden gegangen sey.

Johanne Christiane Lohsin bemerkt Fol.

die Strohmin, welche bey ihr gewohnt, sey bisweilen traurig gewesen, habe über ihr trauriges Schicksal geklagt, da sie alle Tage älter werde, und doch nichts verdienen könne, und sich lieber den Tod gewünscht; in die Kirche sey sie gar nicht gegangen.

Friedrich Samuel Kahle, der Strohmin vormaliger Vormund, giebt an Fol.

so lange er sie kenne, habe er einen finstern Blick an ihr wahrgenommen.

Noch sagt Herr H. W. Baron v. Kneppstädt Fol.

daß er, bey dem die Strohmin 1818. gedient, den jetzt an ihr wahrgenommenen düstern und stieren Blick an ihr nicht bemerkt, daß sie in der auffallenden Maße ihn nicht gehabt.

Da aus der Strohmin Aussagen hervorging, daß sie eine geraume Zeit im Krankenhaus gewesen, so wurde Herr D. K..., dem die ärztliche Sorge für das Stadtkrankenhaus obgelegen, zu dem Gutachten Fol. veranlaßt. Nach dessen Inhalte wurde die Strohmin am 2. März 1819. aufgenommen, und litt an chronischen Brustleiden mit chronischen Abdominal-Beschwerden, einer periodischen Auftreibung des Unterleibes als Folge einer hysterischen Affection, begleitet von Störungen in der Menstruation, Mangel an Appetit, Kopfschmerzen, Ohnmachten und Schlaflosigkeit. Nach mehrern Monaten hätten während dieser Kränklichkeit sich

periodische Visionen von beunruhigenden und der Kranken lästig fallenden Gestalten

gezeigt, während welches Zustandes

die Strohmin gleich einer Wahnsinnigen vollkommen irre gesprochen, und die Aerzte bisweilen gebeten, sie möchten ihr den Leib aufschneiden, und sie dadurch von ihrer angreifenden Krankheit befreyen.

Gegen den Hausverwalter Richter habe sie einigemal während dieser Krankheit sich verlauten lassen,

daß sie sich das Leben nehmen wolle, oder daß man ihr es nehmen solle.

Was das frühere Leben der Strohmin anlangt, so geben außer demjenigen, was sie selbst darüber angeführt hat, die Aussagen der Martinin Fol. hierüber den besten Aufschluß, und zwar dahin, daß ungezügelte Geschlechtslust sie beherrschte, und, wenn man die Aussagen ihres Vormundes und ihrer Schwester damit verbindet, so ist nicht zu verkennen, daß Leichtsinn besonders in dieser Beziehung von den ersten Jahren ihrer gereiften Weiblichkeit an, in ihr vorwaltete.

Wenn man nun alles dieses auffaßt, so gelangt man zu folgenden Resultaten. Mit großer Reizbarkeit und Empfindlichkeit des Nervensystems begabt, warf sie sich im Ungestüm frühzeitig auf den Geschlechtstrieb, zu dessen Befriedigung sie überhaupt in einer großen Stadt, besonders aber zu einer Zeit, in welcher Officiers verschiedener Nationen in Massen in der Stadt waren und nach Mädchen begehrten, Veranlassung genug fand, und in leichtem frohen Sinn leerte sie den Kelch der Sinnenlust. Dieses war ihre erste Lebensperiode, nachdem sie aus den Jahren der Kindheit geeilet, und, als der Frieden wieder kehrte, mit ihm die Concurrenz der Bewerber um sie aufhörte, vier Kindbetten und Uebermaß in den Genüssen der Sinnenlust ihre körperlichen Reize zerstört hatten, nun gieng sie wieder in Dienste, allein in keinem Dienste blieb sie länger als wenige Monate; an Stetigkeit in der Arbeit mochte sie eben so wenig sich gewöhnen, als ihr überreizter Zustand sie mit ihren Herrschaften sie verträglich seyn ließ; auch mochte sie wohl auf die Ungebundenheit nicht verzichten, die sie als Lustdirne, als diese war sie während des Generalgouvernements concessionirt, genossen hatte. Ihre Gesundheit war untergraben, und ihre zweyte Lebensperiode im Krankenhause, entfaltete die Zerrüttungen ihres Nervensystems; sie war schon 1819 und 1820 wahrhaft wahnsinnig, wie das angezeigte ärztliche Gutachten außer Zweifel setzt. Anscheinend wiederhergestellt, wurde sie entlassen, und nun gab sie das oft gesehene Schauspiel Personen ihres Geschlechts, die Coquetten waren und Bigotte wurden, wenn ihre Reize verblühten, und ihr aufgeregtes Gemüth nun in dem Ueberirdischen wieder finden will, was in der Sinnlichkeit untergegangen. Ihre Leidenschaft war nun Kirchengehen und Lieder singen;

sie schwelgte bis zum Uebermaß in der Befriedigung dieser Andachts-Uebungen, gestaltete ihren früheren Leichtsinn nun in Tiefsinn um, und wenn schon auch hier noch die Geschlechtslust in ihr nicht erloschen war, so steigerte sich doch ihre Religiosität bald bis zur Schwärmerey, und endete in religiösem Wahnsinn; dieser war es, der sie trieb zur blutigen That. — Ein Trübsinn, der genährt wurde durch die Erinnerungen an das frühere tadelhafte Leben, an dem eine bange Aussicht in die Zukunft sich knüpfte, da der Gesichtssinn der Unglücklichen so geschwächt war, daß sie feinere weibliche Arbeiten nicht fertigen konnte, ihre Brustbeschwerden aber die Verrichtung schwerer Arbeiten ihr nicht verstatteten, ein Trübsinn, der durch Einsamkeit in einer finstern Wohnung zunehmen mußte, war in der letzten Lebensepoche der Strohmin, hiermit stimmt sie mit allen Zeugen überein, in ihr der vorherrschende Gemüthszustand. Daß religiöser Wahnsinn nur zu oft in Selbstmord, oder in Mord endige, wurde von Vielen schon beobachtet, so sagt

> Metzger gerichtliche Arzneywissenschaft §. 420. Der Wahnsinn aus Lebensüberdruß verleitet sehr oft zu Selbstmord, oder zu Mordthaten, er ist oft Folge oder Gefährte des religiösen Wahnsinnes, beynahe des hartnäckigsten von allen; dieser entsteht aus der übertriebenen Furcht vor den göttlichen Strafgerichten, artet aus in Verzweiflung an der Gnade Gottes, und erzielt sehr oft Selbstmord, oder Menschenmord.

Vielleicht hätte die Vernunft doch obgesiegt, und die Unglückliche hätte die Schauder erregende That unterlassen, wenn nicht die Execution des Raubmörders Kaltofen vorausgegangen wäre. Hierdurch wurde ihre irrige Ansicht ausgebildet, und reifte zu blutigen Entschlüssen; die Feyerlichkeit, mit der

Kaltofens Hinrichtung erfolgte, das ihm zu Theil gewordene Geleite der Geistlichen bis auf das Blutgerüst, dieses war es vorzüglich, was ihre Reizbarkeit ergriff. Man muß die Aeußerungen erwägen, deren sie gegen mehrere sich hierüber bediente, und in denen, wenn der Vertheidiger sich nicht trügt, folgende Ideenfolge sich ausspricht:

Der Mensch ist ein blindes Werkzeug des Verhängnisses, dieses ereilt ihn; alle Unthaten, die der Mensch irgends begeht, kann er büßen und versöhnen, und, wenn er nur reuevoll aus diesem Leben scheidet, so geht er einer seligen Ewigkeit entgegen, wie er auch gelebt, wie er im Leben gesündigt und gefrevelt habe. Der Uebelthäter, der auf dem Blutgerüst vollendet, muß ja, wenn er das höchste, wenn er sein Leben opfert, hiermit abbüßen und sühnen, und rein steigt sein Geist empor, reiner als die Seele so vieler, die auf dem Krankenbette enden, während sie nicht ahndeten, daß ihre letzte Stunde geschlagen habe. — Ein Widerspruch scheint zwar darin zu liegen, daß derjenige gerade, der eine den Tod verdienende That begangen, vor vielen andern die Palme der Seligkeit gewinne, doch dieser Widerspruch verliert sich, wenn man die Idee festhält, daß der Mörder mordete, weil sein Verhängniß es gebot, und daß man ihn nicht verdammen kann, weil er handelte, nicht, wie er handeln wollte, sondern wie er handeln mußte. Daher erklärt sich auch leicht die Ruhe, mit welcher Inquisitin sich äußerte; sie hatte ja nichts gethan, als die Gebote des Verhängnisses befolgt, und nun ging sie mit Zuversicht der Seligkeit entgegen. Nur im Wahnsinn war der Mord möglich, wie ihn die Strohmin an der Flügelin verübte, sie war mit ihr in dem freundschaftlichsten Benehmen, sie hatte keinen Zweck, als nur den, daß ein Mensch von ihr getödtet werde, und sie dadurch den Tod auf dem Blutgerüst gewinne, daher gab sie auch selbst sich an, und mehrmals sagte sie in den angezogenen Aussagen, sie werde standhaft seyn. Bey ihren Vernehmungen hat sie mit einer Schlauheit, die dem Wahnsinnigen eigen ist, wohl vermieden, einen Lebensüberdruß als Ursache der That zu bezeichnen, eben so sehr aber auch die von ihr angenommene blinde Vorausbestimmung nicht bemerklich zu machen sich bemüht, ihre religiösen Meinungen gar nicht ausgesprochen, auch mehrmals versichert, daß nicht Kaltofens Hinrichtung und deren Feyerlichkeit, die Meinung über seine gewisse Seligkeit, sie irre geführt habe. Diesem Verfahren liegt offenbar die Besorgniß unter, daß sie ihren Zweck, über das Blutgerüst zur Seligkeit sich zu erheben, verfehlen könne, und in dieser Rücksicht muß man in der That die größere Glaubwürdigkeit demjenigen schenken, was die abgehörten Zeugen ausgesagt haben. Gegen diese hat sie ihr Herz aufgeschlossen, es geschah dieses aber weniger bey den Vernehmungen, auf die sie mehr vorbereitet war, und bey denen es vorleuchtet, wie sehr sie bemüht sey, nicht den Tod auf dem Blutgerüst zu verfehlen, für den sie den Todschlag begangen hatte. Der Vertheidiger muß sich hier auf einen Fall beziehen, der dem vorliegenden nicht unähnlich ist, in

Kress ad C. C. C. ad art. 179. p. 600 sq.

auch hier wollte die Mörderin die That mit Vernunft begangen haben, und man setzte entgegen:

So gestehen melancholici auch niemals, daß sie krank seyen, sie können gar wohl in einem oder dem andern eine Reue oder dergleichen vernunftmäßiges von sich blicken lassen, ob sie gleich in andern Dingen erroneae mentis sind.

ferner:

Dieser gradus melancholiae ist also beschaffen, daß derselbe, so damit behaftet, des richtigen Gebrauchs seines Verstandes in dem Stück, worinnen der error mentis ist, beraubt, und zu verzweifelten, abscheulichen und wider die Vernunft laufenden Handlungen gereizt wird, indem ein solcher sich mit truculentis rebus beschäftigt, um entweder ihm selbst oder andern das Leben zu nehmen.

dann:

Nun ist bey Inquisitin das fundamentum erroris melancholici eine wahre desperabunda h. e. summa tristitia, welche vermögend gewesen, theils zum Selbstmord, theils zu andern verzweifelten, abscheulichen und wider die Vernunft laufenden Handlungen dieselbe anzureizen.

insonderheit noch:

Melancholia tristis et desperabunda ist von solcher Beschaffenheit, daß wo sie einmal eingewurzelt, sie nicht leicht wieder gänzlich ausgerottet werden kann, und, ob es gleich bisweilen scheint, die Gemüthskrankheit sey gänzlich gehoben, so bricht sie doch öfters ganz unvermuthet so heftig wieder hervor, als sie vorher niemals gewesen.

Daß die Strohmin, als sie im Krankenhaus war, Wahnsinn überhaupt, und den Gedanken insonderheit, sich oder andere zu morden, geäußert, ist erwiesen, und dieser Wahnsinn erhob sich in ihr mit doppelter Kraft, als sie eine blinde Vorausbestimmung in ihren Ideenkreis aufgenommen, als die Feyerlichkeiten bey Kaltofens Hinrichtung ihre Frömmeley angesprochen, und so war ihre Vernunft in Fesseln, als ihre Hand die tödtenden Werkzeuge ergriff, und mit ihnen das Leben der Flügelin endete. Die Strohmin selbst nennt einen Trieb zu morden als den Beweggrund zur That, und geht in dieser Behauptung so weit, daß sie beyfügt, sie habe seit ihrem 12. Jahre, von dem Tage, als sie die Weinholdin hinrichten sehen, diesen Trieb empfunden, er sey auch durch die Ermordung der Flügelin nicht getilgt, und sie werde, wenn sie es könne, fort morden und so lange morden, bis sie ihr Ziel erreicht habe. Der Vertheidiger kann sich nicht überzeugen, daß dieses Vorgeben eines Mordtriebes gegründet sey, ihm scheint es vielmehr, daß sie diesen Mordtrieb blos deshalb sich beylege, um dadurch des Todes auf dem Blutgerüst desto mehr vergewißert zu werden, und seine Ueberzeugung wird dadurch bestimmt, daß sie fast nie diese Aeußerung thut, ohne damit eine Hinweisung auf den durch des Henkers Hand ihr werdenden Tod zu verbinden. Wäre aber es auch wirklich der Fall, daß sie instinctmäßig gemordet habe, nun so war auch dann ihre Handlung nur die des Sinnenwesens ohne Willen und Willensfreyheit, denn der Trieb zu tödten, ohne Zweck und blos um zu tödten, ist der menschlichen Natur so fremd, daß ein Wesen menschlicher Form, in dem dieser Trieb sich bildet und herrschend wird, aus dem Gebiet der moralischen Freiheit ausgeschieden ist. Der Cannibale mordet, um mit dem Blute sich zu laben, mit dem Fleische sich zu mästen; der Irokese tödtet seine Gefangenen, um sie seinen Göttern zu opfern, der weniger wilde Europäer mordet, um sich zu rächen, um sich zu bereichern, er thut es im Zorn, er thut es um zu schaden, kein Mensch aber keines Volkes, auf welcher Stufe moralischer Bildung es stehe, mordet harmlos; nur für den Wahnsinnigen kann ein Instinct zu morden gedenkbar seyn. Der Psycholog wird nicht ungewiß darüber seyn, daß der Strohmin die grausenvolle That nicht zugerechnet werden dürfe, da sie im Wahnsinn sie begangen habe; der psychologische Arzt aber wird noch mehr sich davon überzeugen. Ihm kann nicht entgehen, daß die beharrliche Schlaflosigkeit, über welche die Strohmin immer sich beklagte Fol., und die nach Fol. noch fortwährt, allein ausreichen konnte,

Loder Anthropologie S. 287.

Wahnsinn zu erzeugen, ja wenn bey Wahnsinnigen die gewöhnlichen übrigen Functionen des Körpers ungestört sind, so findet man dagegen beharrliche Schlaflosigkeit bey ihnen als ein gewöhnliches Symptom in Folge des überreizten Nervensystems. Bey einem Mädchen, die kaum den Kinderjahren entwachsen, den Umarmungen der Männer sich hingiebt und eine Reihe von Jahren in den Lüsten der Buhlerin verlebt, kann man sich nicht darüber wundern, wenn in Folge dessen das Nervensystem die größte Empfindlichkeit annimmt, und diese theilt sich dem Hirn mit. Dem Arzt ist auch bekannt, wie blutreich der Uterus mit seinen Umgebungen ist, und wie alle dessen Veränderungen auf den Blutumlauf einwirken. Der Inquisitin körperliche Beschwerden waren nach den oben ausgehobenen Zeugenaussagen hauptsächlich auch Störungen im Blutumlaufe, Blutspucken, ihre Klage war immer über Beängstigung, und, als sie die That beging, hatte sie eben ihre monatliche Reinigung, ein Zustand, der bey allen Frauen nicht gleichgültig ist, bey der reizbaren Strohmin aber die Beängstigung wohl noch vermehren konnte, die ja auch sonst ihr hauptsächliches Leiden war. Wirft man noch einen Blick auf der Strohmin Aeusseres, so ist auch in ihm einiges, was auf Wahnsinn, oder wenigstens einen solchen Tiefsinn folgern läßt, der, wenn sich eine Veranlassung bietet, in den Wahnsinn übergreift. Die Zeugen sagen aus, daß sie einen stieren und finstern Blick, ja, wie einer der Zeugen bemerkt, einen Furcht erregenden Blick hatte; dieser ist nach Fol. auch noch jetzt ihr geblieben, das Auge aber ist der Seele Spiegel. — Daß aber, um auch diesen Punkt nicht unberührt zu lassen, die Zerrüttung des Gemüthes in der Strohmin nicht etwa ein von ihr simulirter Zustand sey, ergiebt sich aus den Acten unwidersprechlich. Sie selbst behauptet ja, die That mit Vorsatz und Ueberlegung begangen, und ihren Verstand dabey in voller Thätigkeit gehabt zu haben, sie wünscht ja, daß auf dem Blutgerüst sie falle, wenigstens spricht sie dieses in ihren Vernehmungen nicht undeutlich aus, wenn schon sie bisweilen directe Fragen hierüber nicht bejaht hat. So ist auch die beharrende Schlaflosigkeit ein Symptom, was mit großer Kunst doch nicht in die Länge der Zeit hin simulirt werden kann, und dann wird niemand wohl ahnden können, daß die Strohmin 1819 schon Wahnsinn im Krankenhaus simulirt habe, um einen Todtschlag 1821 damit zu entschuldigen. Der Vertheidiger kann sich nicht von der Ueberzeugung trennen,

daß Auguste Wilhelmine Strohmin im Wahnsinn den Todtschlag an der Flügelin begangen habe, in einem Wahnsinn, für welchen eine ungewöhnliche Empfindlichkeit des von Natur reizbaren und durch jugendliche im Uebermaß genossene Wollust nur noch mehr aufgeregten Nervensystems sie empfänglich machte, wodurch es geschah, daß sie, wie überall hienieden Extreme sich berühren, von grenzenlosem Leichtsinn zu Tiefsinn überging, diesen Tiefsinn dann durch Hinbrüten über phantastisch verbildete Religions-Begriffe, über Vorherbestimmung und durch Reflexionen über ein unmoralisches früheres Leben, und dessen Sühne durch den Tod, zugleich aber auch durch bange Aussichten auf ihren fernern Lebensunterhalt, vielleicht auch durch die Furcht, ihren entschiedenen Trieb für Geschlechtslust nicht bekämpfen zu können, während sie ihn verwarf, nährte und steigerte, und endlich durch das Anschauen der Kaltofenschen Hinrichtung in ihrer Feyerlichkeit aufgeregt wurde, mit gleichem Tod zu büßen, zu vollenden, und durch Tröstungen der Religion zuversichtlich die Seligkeit zu gewinnen, wie sie ihr werden müsse, wenn sie unter Gebet und Segnungen von der Welt scheide.

Beklagen muß der fühlende Mensch den Mitmenschen, der solchen Zerrüttungen seiner Vernunft erlag; allein über eine Grausen erregende Handlung, wozu er in solchem Zustande verschritt, kann kein Strafurtheil gesprochen werden. Das ärztliche Gutachten Fol. kommt auf gleiche Resultate zurück, wenn schon andere Prämissen ihm unterliegen, die hauptsächlich auf der Strohmin Aeußerungen über ihren Mordtrieb zurückkommen, worüber der Vertheidiger bereits sich verbreitet, und die Gründe bemerklich gemacht hat, aus denen auch dann, wenn dieses gegründet wäre, die That der Inquisitin nicht zuzurechnen seyn würde. Ist es wahr, wie die Strohmin angiebt, daß sie von ihrem 13ten Jahre an, einen Trieb in sich gefühlt, einen Menschen zu morden, und 17 Jahre lang diesen Trieb bekämpft habe, so verdient sie das Mitleid jedes Gefühlvollen in verdoppeltem Grade, und, wenn vielleicht schwärmerische religiöse Schriften oder Schicksalstragödien, beyde jetzt an der Tagesordnung und das Erzeugniß kräftig seyn wollender Schwäche, in ihrem Kopfe die Ideen von Verhängniß, Schicksal, Vorsehung verunstalten, so muß sie um so mehr bemitleidet werden, und, wenn mit einer an Gewißheit streifenden Wahrscheinlichkeit gesagt werden kann, daß Kaltofens Hinrichtung unter religiösen Feyerlichkeiten die Gelegenheitsursache der Tödtung der Flügelin war (um nicht das Gesagte zu wiederholen, hier nur so viel, daß die Strohmin nur erst acht Tage nach Kaltofens Hinrichtung das Mordmesser schleifen ließ, daß der Todestag Kaltofens in ihrer Stube angeschrieben war, daß sie die Geschichte der Kaltofenschen Raubmorde Tags vor ihrem Morde sich kaufte, am Tage des Mordes gelesen hatte) so muß auch dieses dazu dienen, das Mitleiden zu steigern. Die angegebenen Aussagen der Zeugen, wie das ärztliche Gutachten rücksichtlich des Aufenthaltes der Strohmin im Krankenhause, können den wahren offenbaren Wahnsinn in der Strohmin nicht zweifelhaft machen, allein, wenn dem nicht so seyn sollte, nun so würde ein versteckter Wahnsinn

Platners Untersuchungen über einige Hauptcapitel der gerichtlichen Arzneywissenschaft. Leipzig 1820. S. 16.

ein Drang und Bestreben des belästigten Gemüths nach einer gewaltsamen Handlung, wobey es diese Handlung heimlich begehet, und verbreitet, als sey sie ein Mittel zur Erleichterung und Befreyung von ihrem Drucke, in der Strohmin Handlungsweise nicht zu verkennen seyn; auch dieser Wahnsinn würde die Zurechnung aufheben, da auch er die Freyheit des Willens fesselt.

Möge es dem Vertheidiger gelungen seyn, die Urtelsverfasser hiervon zu überzeugen; ein absolutorisches Erkenntniß für die Unglückliche möge diese Ueberzeugung aussprechen!

Das hierauf von den Königl. Sächs. Schöppen zu Leipzig gesprochene Urthel lautete dergestalt:

Daß Auguste Wilhelmine Strohmin an einen sichern Ort, wo sie weder sich noch andern schaden kann, zu bringen und daselbst mit einer ihren Kräften angemessenen Arbeit zu beschäftigen. Auch ist dieselbe die, in dieser Sache aufgelaufenen Unkosten nach vorgängigem deren Ansatz, abzustatten verbunden rc. V. R. W.

Zur Vollziehung dieses Urtels und Erreichung des Zweckes desselben ward die Strohmin in das Zucht- und Arbeitshaus nach Waldheim gebracht, wo sie gegenwärtig noch sich aufhält.

Schutzschrift *) zur Milderung der Catharinen Elisabeth Erdmannin wegen eines eingestandenen Kindermords bevorstehenden ordentlichen Todesstrafe. Vorstellung des Inhalts.

A) Geschichtserzählung des Verbrechens §. 1 — 3.

B) Stoff der Vertheidigung zu Abwendung der Todesstrafe §. 4. entlehnt

I) aus den Fehlern und Nullitäten, welche

1) in Bestellung des peinlichen Gerichts §. 5.

2) In der Person des zur Section gebrauchten Arztes. §. 6.

3) In dem Verfahren selbst, besonders bey der Confrontation, vorgefallen. §. 7.

II) Aus Gründen, welche die Natur des Verbrechens an die Hand giebt; immaasen

1) nicht alle wesentliche Bestandtheile desselben vorhanden sind. §. 8. indem

a) das Leben des Kindes ungewiß ist, §. 9. und zwar ungewiß

aa) in Rücksicht medicinischer Grundsätze hierüber, angesehen

*) Diese Defension befindet sich zwar schon in den Claprothischen gedruckten Acten; da sie aber an sich meisterhaft ist, meine Grundsätze vortrefflich erläutert, und jene Acten in hiesigen Gegenden in wenig Händen sind: so halte ich es für verantwortlich, ihr hier einen zweyten Platz einzuräumen. Der Verfasser ist Hr. D. Erxleben, vormals geh. Justitzrath und Prof. in Marburg.

α) Weder die äußere Gestalt des Kindes §. 10. noch

β) Das Meconium und die Lungenprobe Beweise von dem Leben des Kindes enthalten. §. 11.

bb) In Rücksicht juristischer Gründe, nämlich

α) des Schreyens des Kindes. §. 12.

β) Des Geständnisses der Mutter §. 13.

b) Die Absicht der Mutter, einen Kindermord zu begehen, nicht erwiesen werden kann; §. 14.

c) Die Gewißheit des Verbrechens selbst annoch Zweifel zuläßt. §. 15.

2) Milderungsursachen der ordentlichen Strafe vorhanden sind, nämlich

a) die Jugend der Inquisitin, verbunden mit roher Unwissenheit. §. 16.

b) Die Härte und Strenge des Vaters, sammt den Geburtsschmerzen. §. 17.

c) Ihr eigenes Geständniß, und aufrichtige Reue. §. 18.

3) Aus der dem Richter bey Zufügung und Verwandelung einer Strafe gelassenen Willkühr, welche

a) dem Richter auch bey dem Kindermorde, und in Rücksicht der darauf geordneten gesetzlichen Strafe nachgelassen ist, §. 19. besonders aber

b) dann zusteht, wann der Endzweck der Strafe auch durch eine andere, als Todesstrafe erreicht werden kann. §. 20.

C) Schluß und Bitte um Verwandlung der Todes- in eine Zuchthausstrafe. §. 21.

Dem erhaltenen Auftrage zu schuldiger Folge, unternehme ich die Vertheidigung einer reuevollen Inquisitin, und hoffe dabey auszuführen, daß sie nach den vorkommenden Umständen wegen des eingestandenen Kindermords die harte gesetzmäßige Strafe nicht verdient; auch da, wo sie schuldig bleibt, auf Mitleiden und Erbarmen ihrer einsichtsvollen Herren Richter zu hoffen große Ursache hat. — Ich führe zuvörderst dasjenige actenmäßig an, was aus den Lebensumständen derselben auf das gegenwärtige Verbrechen, und dessen Bestrafung einen Einfluß haben kann.

§. 1.

Catharine Elisabeth Erdmannin ist den 16ten Januar 1758. in dem Dorfe Gelliehausen geboren, und also gegenwärtig 23 Jahr alt. (Act. No. 17.) Ihr Vater Johann Lorenz Erdmann, der wegen seiner bösen Lebensart in der ganzen Gegend berüchtigt ist, hielt diese seine Tochter nur sehr wenig zu Kirchen und Schulen an. Hieraus folgte nothwendig, daß sie nicht nur in den Grundsätzen der Religion, sondern auch in Begriffen von Moralität der Handlungen, ja überhaupt in den gemeinsten Kenntnissen sehr roh und unerfahren bleiben mußte. (Act.) Eine natürliche Dummheit, und wenig Vermögen über den Zusammenhang der Dinge nachzudenken, mit dem schlechten und niedrigen Lebenswandel ihres Vaters zusammengehalten, lassen eine Erziehung erwarten, in welcher nicht allein das begangene Verbrechen, sondern noch viel andere und schrecklichere so vorbereitet lagen, daß es nur eines äußern Zufalles bedurfte, dieselben wirklich auszuführen. Besonders wurde der nachher erfolgte Kindermord dadurch vorbereitet, daß ihr roher Vater gegen sie, unter seinen Kindern, von jeher am härtesten gewesen, daß er ihr bey allen Gelegenheiten mit harten Worten, mit Schlägen und Stößen zusetzte, und sie dadurch zur Verheimlichung alles dessen anhielt, wovon sie glauben konnte, daß es seinen Unwillen erregen würde. (Act.)

§. 2.

Diese so schlecht erzogene unwissende Person, verläßt nun ihr väterliches Haus, geht in Göttingen bey verschiedenen Brodherrschaften in Dienst, und hält sich insonderheit die längste Zeit in einem niedrigen Gasthofe bey dem Becker und Gastwirthe Quentin als Magd auf. Ohngeachtet während dieser Zeit ihre Herrschaften mit ihrer Arbeit, und ihr Beichtvater mit ihrem äußerlichen Lebenswandel wohl zufrieden waren: (Act.) so läßt sich doch leicht schließen, was böse Beyspiele, so wie man sie in einem schlechten Gasthofe unter Fuhrleuten und dergleichen findet, und alle Tage zu sehen Gelegenheit hat, auf eine Person, wie Inquisitin ist, für Einfluß haben mußten. Insonderheit ist es nicht zu verwundern, daß dieselbe von einem dortigen Fleischer, Namens Riemenschneider, zu einem wiederholten Beyschlafe verführt wurde. — Ihre große Einfalt, und gänzliche Unwissenheit in solchen Sachen, nicht weniger die öftern mißverstandenen Versicherungen des Riemenschneiders, daß ihr der Beyschlaf nichts schaden solle, machten, daß an eine Schwangerschaft von ihr gar nicht gedacht wurde. (Act.)

§. 3.

Die Krankheit ihrer Mutter verursachte, daß sie im December 1780. ihre Eltern zu Benniehausen besuchte, wo sie gewiß der Mutter ihre Schwangerschaft würde gestanden haben, wenn sie damals dergleichen vermuthet hätte. — Ohne Bewegungen des Kindes in Mutterleibe zu bemerken, ohne ihr bekannte Zeichen der Schwangerschaft zu fühlen, vollendete sie ihre Zeit, bis sie in der Nacht vom 5. zum 6. Januar von heftigen Leibesschmerzen angegriffen ward. Nach mehrern Versuchen ihres Vaters, diese Schmerzen mit Brandewein zu stillen, (Act.) führt sie derselbe in die kalte Luft auf den Hof, läßt sie ganz allein, und so bekommt sie unvermuthet und hülflos das Kind. Ein Gemisch von Erschrockenheit über das, was sie nie gemuthmaßet hatte, von Geburtsschmerzen, Wirkungen des genommenen Brandeweins, Furcht vor ihrem entsetzlichen Vater, das Schreckliche ihrer ganzen Lage bringt sie außer aller Fassung. Ohne einen Augenblick nachzudenken, ihrer selbst unbewußt, wirft sie das neugeborne Kind in den von ihr wenige Schritte entfernten Fluß; begeht also ein Verbrechen auf eine solche Art, daß es fast als eine unwillkührliche That angesehen werden muß. — Das darauf erfolgte Bekenntniß der That an ihre Eltern, den Schulzen des Orts, und die Bademutter (Act.) nebst dem freywilligen Geständnisse bey dem gerichtlichen Verhöre, welches das richterliche Verfahren so kurz gemacht hat; die so häufig declarirte ernstliche Reue, das aufrichtige Anzeigen aller kleinen Umstände, lassen hierüber um so weniger Zweifel zu.

§. 4.

Es wird also bey diesem eingestandenen Kindermorde zu untersuchen seyn:

> Ob die in der P. G. O. art. 131. auf das genannte Verbrechen gesetzte Todesstrafe, welche in den Braunschweig-Lüneburgischen Landen in die Strafe des Schwerdts verwandelt wird, hier in Anwendung kommen könne?

Ich hoffe zu zeigen, daß dieses nicht geschehen dürfe, und werde die Gründe dazu 1) aus dem gegen die Inquisitin angestellten Processe, 2) aus der von ihr vorgenommenen That selbst aufsuchen. Abwesenheit der Umstände, welche sich der Gesetzgeber bey Bestimmung der Strafe gedachte; besondere Milderungsursachen kommen hierbey in Betrachtung. Kann endlich 3) Erreichung der Endzwecke einer Strafe, ohne sie in ihrer ganzen Strenge aufzulegen, den fühlenden Richter, in dessen Gutbefinden der Gesetzgeber so viel Zutrauen setzt, bewegen, etwas von derselben nachzulassen; so wird die unglückliche Inquisitin auch gewiß in diesem Betracht auf Mitleid Anspruch machen können.

§. 5.

Eine in den peinlichen Rechten bekannte Regel will, daß die gesetzliche Strafe, insonderheit wann sie das Leben abspricht, nicht anders in ihrer ganzen Strenge angewandt werde, als wenn der peinliche Proceß den Vorschriften völlig gemäß geführt worden ist. Dieß, und die Wichtigkeit der Sache berechtigen mich, das gerichtliche Verfahren in gegenwärtigem Falle, und die darüber vorhandenen Gesetze mit einem kühnen Blicke untereinander zu vergleichen. Es wird also weder Unbescheidenheit noch Tadelsucht verrathen, wenn ich mich bemühe, dasjenige zu bemerken, was von dieser Seite etwa außer Acht gelassen worden seyn möchte.

Die P. G. O. art. 1. und die Braunschw. Lüneb. Criminal-Instruction C. I. §. 7. 8. erfordern, daß die Criminalgerichte bey solchen Fällen, wo es zu einer harten Strafe kommen kann, wenigstens bey den wichtigsten Stücken des Processes aus mehrern Personen, nämlich dem Richter, Actuarius und Beysitzern bestehen sollen. Nun hat man zwar (Act.) hierauf Rücksicht genommen; allein es läßt sich gegen die Art, wie solches geschehen, noch folgendes einwenden.

1) Ist die ganze Generalinquisition, die doch hier besonders wichtig war, weil dadurch fast das ganze Verbrechen ins Licht gesetzt wurde, gegen die gesetzlichen Vorschriften von einer einzigen Gerichtsperson geführt worden. Insonderheit wird bey der Section nach der

P. G. O. art. 149.

die Gegenwart mehrerer Personen ausdrücklich erfordert; worauf auch in Praxi gesehen wird:

Heil judex et defensor C. I. §. 5, de Boehmer ad Carpz. qu. 26. obs. 3.

die Section aber, welche hier vorgenommen worden ist, hat nach Maasgabe der Acten (Act.) ein Arzt und ein Wundarzt blos in Gegenwart des Herrn Amtmanns und eines Dorfschulzen, der hierzu nicht beeidiget ist, angestellt. — Eben das läßt sich gegen alle die übrigen Handlungen erinnern, welche bis auf die Specialinquisition vorgekommen sind, wo man zuerst auf die stärkere Besetzung der Gerichtsbank gedacht hat.

2) Werden zu einer gesetzmäßigen Besetzung des Criminalgerichts wenigstens zween Beysitzer und ein Actuarius außer dem Richter erfordert.

P. G. O. art. 149.

bey dieser peinlichen Untersuchung aber ist außer dem Secretair Leonhardt niemand zugezogen worden; und wenn man auch den Richter Mohnkern noch als eine dazu taugliche Person ansehen wollte, ob man gleich von seiner Beeidigung nichts weiß, so würde es doch noch an einem Actuarius fehlen, da nach der Meynung der mehresten Rechtsgelehrten der Richter und Actuarius nicht in einer Person vereiniget seyn dürfen.

de Boehmer ad C. C. C. art. 1. §. 8. Leyser spec. 70. m. 7.

3) Nach der schon öfters angeführten Braunschw. Lüneb. Criminalinstruct. soll zu einem peinlichen Gerichte niemand adhibirt werden, der nicht entweder öffentlicher Notarius ist, oder bereits bey einem andern Gerichte dergleichen mit verwaltet hat. Da nun keines von beyden in Ansehung des Herrn Secretair Leonhardts erhellet; so wird dieser Umstand so lange eine Nullität ausmachen, bis davon ein Erweis zu den Acten gebracht ist. Dazu kommt auch noch, daß der Herr Amtmann, als Hauptrichter bey dieser Sache, wohl nicht befugt war, die Beeidigung des Secretair Leonhardts selbst vorzunehmen.

§. 6.

Auf gleiche Weise sollen nach der P. G. O. art. 149. die bey legalen Sectionen zugezogenen Wundärzte beeidiget werden. Was nun in gegenwärtiger Sache den Chirurgus Hering anlangt, so kann man es zwar dem richterlichen Ermessen anheimstellen, in wiefern das über seine Beeidigung beygebrachte Document hinreichend seyn dürfte. Vorzüglich aber hat die Direction bey der angestellten Section von dem Herrn Doctor und Professor Stromeyer abgehangen. Nun kann zwar nicht geläugnet werden, daß er als Göttingischer Stadtphysikus, wofür er gehalten wird, die Wahrscheinlichkeit für sich hat, daß er bey Uebernehmung seines Amtes auf dergleichen Fälle allgemein beeidiget ist. Allein es fällt in die Augen, daß diese praesumtio hominis bey einer Sache, wo es auf Leben und Tod ankommt, nicht hinreichend geachtet werden dürfe. Defensor sieht sich daher genöthigt zu bitten:

daß diesem offenbaren Mangel zuvörderst abgeholfen werde, ehe und bevor man das vom Herrn Professor Stromeyer ausgefertigte Visum repertum bey Entscheidung einer so wichtigen Sache zum Grunde legt.

§. 7.

Endlich verdient auch hier bemerkt zu werden, daß der Vater der Inquisitin, Lorenz Erdmann, verschiedentlich über allerley Umstände des seiner Tochter beygemessenen Verbrechens ist befragt worden. (Act.) Seine Antworten sind auch von solcher Beschaffenheit, daß sie, sie mögen nun wahr, oder unwahr seyn, bey Entscheidung der Sache allerdings einen wichtigen Einfluß haben, welches das wohllöbliche Gericht veranlaßt haben mag, sie ex officio zu veranstalten. — Nach der gedachten Criminal-Instruct. C. 8. §. 18. ist der Richter angewiesen, in solchen Fällen jedesmal eine Confrontation vorzunehmen, um aus den Antworten, dem Betragen, und Mienen des Inquisiten die Wahrheit desto näher zu erforschen. Es läßt sich daher nicht absehen, warum diese wichtige, vorgeschriebene Handlung ganz und gar ist verabsäumt worden, da sie doch so leicht vor sich gehen konnte; jetzt aber, da Zeit, Umstände und kleine Verhältnisse in dem daraus zu hoffenden Nutzen zu viel abändern müssen, zu spät geschehen würde.

Ob ich nun schon gewiß bin, daß in Betracht aller dieser Richtigkeiten die ordentliche Strafe des Kindermords ohnmöglich erfolgen kann, so will ich doch, um zu zeigen, wieviel man der Inquisitin eigentlich zurechnen könne, und mit welcher Strafe sie belegt zu werden verdiene, noch einiges aus der Natur ihres Verbrechens, und der Art, wie sie sich dabey benommen hat, anführen.

§. 8.

Ich behaupte nämlich, daß, obgleich von einem eingestandenen Kindermorde die Rede ist, demohngeachtet die Umstände, welche erfordert werden, so oft eine Todesstrafe auf dies Verbrechen gelegt werden soll, hier entweder ganz, oder doch größtentheils wegfallen.

Nach der P. G. O. art. 131. und nach dem bekannten Grundsatze des peinlichen Rechts, daß eine harte Strafe nicht anders Platz ergreifen dürfe, als wenn alle Erfordernisse des Verbrechens, welche sich der Gesetzgeber bey Bestimmung der Strafe dachte, in ihrer größten Schärfe eintreten, muß bey einem Kindermorde folgendes vorhanden seyn:

1) Man muß wissen, daß ein Kind geboren sey.

2) Daß das Kind nach der Geburt gelebt habe.

3) Die eigentliche Absicht der Mutter, ihr Kind umzubringen.

4) Die wirkliche Vollziehung dieser bösen Absicht.

Von allen diesen Stücken ist in gegenwärtigem Falle eigentlich weiter keines mit gehöriger Genauigkeit dargethan, als das erste; bey welchem überhaupt selten Zweifel einzutreten pflegen, und worauf auch das Wesen des Kindermordes nicht beruht. — Läßt es sich aber darthun, daß auch die übrigen Erfordernisse nur mangelhaft erwiesen, und bey weitem nicht in das gehörige Licht gesetzt worden sind: so muß auch nothwendig die Todesstrafe wegfallen, welche der Gesetzgeber nur dann wollte eintreten lassen, wann der vollständige Begriff des Kindermords erwiesen, und dieser mit dem Grade von Bosheit vollzogen worden wäre, dessen das menschliche Herz nur immer fähig seyn kann.

§. 9.

Bey dem Beweise, daß das Kind nach der Geburt noch gelebt habe, kommt es theils auf medicinische, theils auf juristische Untersuchungen an; jedoch in der Maase, daß beyde vollkommen mit einander übereinstimmen, und dann keine Zweifel mehr übrig lassen müssen, wann der Richter die größte aller möglichen Strafen aufzulegen gedenkt.

Werner diss. de cerebrina certitudine corporis delicti. §. 37. Vitemb. 1719.

§. 10.

Die medicinischen Gründe, die man zum Nachtheil der Inquisitin aus der angestellten Section, und dem darüber ausgefertigten Gutachten der Aerzte hernehmen könnte, bestehen vorzüglich darinnen, daß

1) das Kind äußerlich das Ansehen einer vollkommenen und gesunden Leibesfrucht gehabt;

2) Eine feste Verbindung des Oberhäutchens mit der darunter liegenden Haut anzutreffen gewesen.

3) Sich Spuren einer Sugillation an der einen Oberfläche der äußern Kopfdecken, und den Hirnschalenhäuten gezeigt.

4) Das Kind am orificio ani, und andern Theilen mit dem meconio beschmutzt gewesen.

5) Bey der Lungenprobe die Lunge theils ganz, theils einzelne Stücken derselben auf dem Wasser geschwommen.

Was nun die drey ersten Stücke anlangt: so entsteht um deswillen daraus nur eine sehr geringe Wahrscheinlichkeit des Lebens nach der Geburt, weil die Fälle nicht selten sind, wo ein Kind, das im Mutterleibe schon völlig ausgewachsen, und gebildet war, kurz vor der Geburt noch im Mutterleibe stirbt, und wenn dann die Geburt bald erfolgt, alle diese Zeichen des Lebens noch nothwendig an sich tragen muß. Die Aerzte selbst sind über dergleichen Kennzeichen von dem Leben eines Kindes so uneinig, daß man ihnen, auch in denen auf ihren Eid ausgestellten Gutachten, keinen absoluten Glauben beymessen kann.

Wilh. Hunter über die Ungewißheit der Kennzeichen bey der Ermordung unehlicher Kinder; in d. Leipz. Magaz. für Rechtsgel. Th. I. S. 540. Büttner in der Anweisung, wie durch anzustellende Besichtigung ein Kindermord auszumitteln. Königsberg u. Leipz. 1771.

So wird z. B. in einem Gutachten der Medic. Facultät zu Göttingen (in Strubens rechtl. Bed. Th. III. Bed. 35.) versichert: man könne daraus, daß sich in den Blutgefäßen kein Blut gefunden, nicht schließen, daß das Kind gelebt, besonders da, wenn es ins Wasser geworfen worden, das Blut sich hätte verzehren können. — Ueberhaupt beruhen solche medicinische Kennzeichen höchstens nur auf einer Wahrscheinlichkeit, häufig aber entstanden sie aus Meynungen einzelner Aerzte, welche, nachdem sie sich dieses oder jenes physiologische System ausgedacht hatten, dergleichen Dinge als Folgen daraus andern aufzudringen, und glaubhaft zu machen suchten. So gut solche Untersuchungen nun auch zur Erweiterung menschlicher Kenntnisse seyn mögen: so würde es doch unbillig seyn, wenn der Richter sie bey den wichtigsten Vorfällen zum Entscheidungsgrunde annehmen wollte. Sie bleiben Hypothesen, mögen sie auch noch so wahrscheinlich seyn; und nach Hypothesen jemanden das Leben aburtheln — darf das der Richter?

§. 11.

Das eben gesagte gilt auch von dem vierten und fünften medicinischen Argumente für das Leben des Kindes. Weil jedoch diese einen vorzüglichen Beweiß ausmachen zu sollen scheinen, so müssen sie etwas näher untersucht werden.

Das Meconium hat die Gegend um das orificium ani, und verschiedene andere Theile des Körpers, ja die Windeln beschmuzt. Hierbey denke man nur daran, daß es, nach dem Zeugnisse der Aerzte selbst, eben so viel Fälle giebt, wo der Umstand bey todten Kindern, als bey lebendig gebornen vorfällt: so wird sich der Grad der Wahrscheinlichkeit von selbst bestimmen, der aus diesen Umständen entstehen kann. Der sel. Prof. Röderer hatte den Fall, daß bey einem Kinde, welches in der Geburt starb, das Meconium ganz abging, und den Körper besudelte; er versicherte, daß er bey seinen vielfältigen Erfahrungen in der Hebammenkunst diese Erfahrung sehr oft gehabt habe, daß es daher ein unsicheres Kennzeichen sey, hieraus auf das Leben des Kindes schließen zu wollen.

Strubens rechtl. Bed. Th. 2. p. 461.

Ich führe dieses nicht in der Absicht an, um diesem Umstande alle Aufmerksamkeit zu entziehen, sondern ich will nur zeigen, wie wenig die Aerzte selbst hierauf bauen, und daß daher ein Richter nicht befugt sey, auf dergleichen Anzeigen die Todesstrafe zu erkennen.

Was endlich noch die Lungenprobe betrifft: so würde ich zu oft gesagte Dinge wiederholen, wenn ich die unvollständigen und unbedachtsamen Schlüsse hieher setzen wollte, worauf sich dieselbe gründet. Genug, die Kunstverständigen haben oft erkannt, daß wenig Wahrscheinlichkeit daher zu nehmen sey.

Heister de fallaci pulmonum infantis experimento.

Wie weit sich diese Wahrscheinlichkeit erstrecke, hat man bisher noch nicht auszumessen gewagt. Streitigkeiten der berühmtesten Aerzte darüber haben viele Criminalisten bewogen, sie gar nicht bey Entscheidung wichtiger Fragen annehmen zu wollen, sondern sie, um nicht Unschuldige durch seichte Raisonnements ins Unglück zu stürzen, ganz zu verbannen.

Heil c. l. C. I. §. 7. Leyser spec. 611. m. 37.

Andere, welche die Sache näher trafen, legten ihr nur wenig Wahrscheinlichkeit bey, wenn man aus dem Oberschwimmen der Lunge das Leben des Kindes beweisen will, jedoch etwas mehr, wenn durch das Untersinken der Umstand, daß das Kind todt geboren worden, erhärtet werden soll.

Meister princip. jur. crim. Sect. II. part. 2. c. 7. §. 8. praebet argumentum fragile contra ream, fortius pro ea.

Auf so schwachen Gründen beruht also die Aussage der Aerzte auf die Frage: ob das Kind lebendig oder todt geboren sey? (Act.) Da es nun nicht sowohl auf die Aussagen derselben, als vielmehr auf die Gründe der Aussagen ankommt, und diese alle nur ungewiß, und unvollkommen sind; so ist nichts natürlicher, als daß man diese Qualitäten sämmtlich auf den daraus entstehenden Beweiß überträgt; und dann wird man sehr wenig zum Nachtheil der Inquisitin daraus folgern können.

§. 12.

Die juristischen Erweise, worauf man hier vorzüglich Rechnung macht, bestehen

1) in dem Schreyen des Kindes.

2) In dem eigenen und freywilligen Geständnisse der unglücklichen Mutter über den Umstand, daß ihr Kind gelebt habe.

Das Schreyen des Kindes behauptet der Vater der Inquisitin, (Act.) nicht weniger der Bruder derselben, (Act.) gehört zu haben; beyde aber können nur in sehr unzuverläßigen Ausdrücken davon urtheilen, als z. B. „es sey ihm so vorgekommen, er habe geglaubt.“ —

Wenn man diesen Aussagen einigen Glauben beylegen wollte, warum wurde denn nicht der Proceßordnung gemäß dabey verfahren? Warum der Vater nicht beeidiget? warum mit der Tochter nicht confrontirt? Alle dergleichen unbestimmte Aussagen hätten dann gewiß ein anderes Ansehen bekommen. Jetzt, da das alles zu spät ist, läßt sich freylich über solche Umstände besser philosophiren, als Entscheidungsgründe daraus hernehmen! — Doch die Mutter selbst hat ja behauptet, daß das Kind geschrien habe? (Act.) Ich glaube, es würde voreilig seyn, dieß Argument zu gebrauchen, wenn man nicht auch an die Umstände gedenken wollte, unter welchen dieß Geständniß abgelegt ward. Was für Bemerkungen darf man einer Mutter in Kindesnöthen zutrauen, die Unglück vor Augen, um und neben sich trostlose Zukunft erblickt: die, wie man aus ihren andern Antworten deutlich sieht, zu der Zeit auf nichts aufmerksam war, was sonst am gewöhnlichsten die Beschäftigung rege machen konnte. So hat sie z. B. nicht bemerkt, von was für Geschlecht ihr Kind gewesen, ob die Nabelschnur abgerissen sey, ob es sich geregt habe, u. s. w. (Act.) — Daß der Sinn des Gehörs mehr gereizt werde, als alle übrige Sinnen, haben die Physiologen bisher nicht behauptet. Ferner, unter was für Umständen sagte die Mutter aus, ihr Kind habe geschrien? Zu einer Zeit, wo sie schon hoffen konnte, durch ein uneingeschränktes Bekenntniß alles dessen, was der Richter wissen wollte, Milderung ihres künftigen Schicksals zu erlangen, da sie als eine höchst einfältige Person vielleicht wohl gar glaubte, sie müsse nur auf alles so antworten, wie sie gefragt würde. — Ich gestehe gern, daß man in weniger wichtigen Sachen solche Zweifel nicht aufsuchen muß. Allein wenn es auf

Todesstrafe ankommt, wo der Richter angewiesen ist, den deutlichsten Beweiß zu fordern, darf man über dergleichen Bedenklichkeiten nicht hinausgehen. — Dazu kommt endlich noch die Möglichkeit, welche sich nicht mehr ausmachen läßt, daß das Kind vielleicht bey unvollendeter Geburt gelebt, und geschrien hat, aber eher gestorben ist, als es von der Mutter völlig separirt war. — Die Aussagen der Mutter, daß das Kind nachher unbeweglich stille gelegen, und keine Spur des Lebens von sich gegeben habe, machen dieß sehr wahrscheinlich.

§. 13.

So verdient zwar ferner das allgemeine Geständniß der Mutter, ihr Kind habe gelebt, alle Aufmerksamkeit; aber auch da stehen jene Zweifel im Wege, und benehmen demselben an seiner Stärke ungemein viel. Die Unterschiede zwischen einem lebenden und todten Kinde sind oft so subtil, daß sie der Aufmerksamkeit eines Kunstverständigen selbst viel Mühe machen. Wie kann man also erwarten, daß eine so einfältige Person, als sich die Inquisitin bey allen Vorfallenheiten gezeigt hat, in den so wenigen Augenblicken, die zwischen der Geburt, und der verübten That vorgingen, ein so zuverläßiges Urtheil fällen soll, daß man darauf ein Erkenntniß auf Leben und Tod bauen dürfte? — Nie ist das bloße Bekenntniß einer Mutter hinreichend, wann ihr eine Lebensstrafe zuerkannt werden soll, sondern es müssen gewisse und zuverläßige Beweise von dem Leben des Kindes hinzukommen.

Meisters peinliche Rechtsfälle P. 2. p. 260. Heil c. l. p. 509.

Es müssen alle kleine Umstände miteinander übereinkommen, so daß die Ueberzeugung nicht sowohl aus dem Bekenntnisse, das Kind habe gelebt, sondern vielmehr aus dieser Consonanz entstehe.

Kress ad art. 131. §. 1. Boehmer ad art. 6. §. 15. C. C.

Insonderheit muß der Richter nicht nur allgemein fragen, ob das Kind gelebt habe, sondern es müßen die Gründe untersucht werden, warum sie solches glaube, und wisse? Daß auf diese Weise bey dem peinlichen Verhöre zu Werke gegangen worden, habe ich nicht befunden, sondern es ist (Act.) nur allgemein gefragt worden: ob das Kind gelebt habe? man ist mit der Antwort der Inquisitin: ja es habe gelebt: schon zufrieden gewesen. Wird nun dazu genommen, daß das Kind wirklich gelebt, aber vor der geschehenen That schon wieder verstorben seyn kann; so bleibt die Vermuthung für das Leben zu der Zeit, wo solches, um einen eigentlichen Kindermord zu finden, nöthig war, außerordentlich schwach und unvollständig.

§. 14.

Das bey einem Kindermorde erforderliche dritte Stück, die Absicht der Mutter, ihr Kind wirklich umzubringen, scheint — zwar hier außer Zweifel zu seyn, und man würde sich vergeblich bemühen, bey minder wichtigen Vorfällen Mängel diesfalls auszuspähen. Allein das imputirte Verbrechen ist von der Art, daß selbst, nachdem alles eingestanden worden, die Art dieses Eingeständnisses eine schlechterdings böse Absicht entfernen kann und muß. — Der Gesetzgeber, welcher wußte, daß der geringste Umstand die Sache verändere, wollte besonders die Todesstrafe des

Kindermordes nicht anders eintreten lassen, als wenn der höchste Grad von böser Absicht Triebfeder der Ermordung war, nur dann, wann eine Mutter nichts anders vor Augen hatte, als den Tod ihres Kindes, sollte die ordentliche Todesstrafe statt finden. — Die in der P. G. O. art. 131. gebrauchte Anhäufung der Worte, zeigt dieß deutlich an. Es wird gesagt: wann eine Weibsperson ihr Kind boshaftiger, heimlicher, und muthwilliger Weise umbringt u. s. w. Wäre nur schlechtweg eine jede Absicht gemeint, so hätte es der übrigen Beysätze nicht bedurft, sondern das Wort, boshafter Weise, hätte alles ausdrücken können, was der Gesetzgeber sagen wollte. — Wenn wir dieß auf unsern Fall anwenden, so ergiebt sich, wieviel an dem gesetzlichen Vordersatze fehlt, und daß folglich die dort angegebene Strafe in diesem Falle nicht angewendet werden dürfe. — Die unglückliche Inquisitin hegte nie vorher die Absicht, das Kind umzubringen. Sie unternahm zwar vorsätzlich diese böse That, aber nicht mit kalter Ueberlegung. Gehäufter Schmerz, eine sich ihr öffnende Zukunft voller Leiden, Kummer und Furcht, die ihrer und der unglücklichen Geburt warteten, gaben ihr den desperaten Entschluß ein, den sie vollführte, ehe Freyheit der Seele und Ueberlegung bey ihr zurückkehrten. — Vollkommen stimmt das Gesagte mit ihrem vorhin geführten Lebenswandel überein, der nie hämische Handlungen, oder Zeichen eines verdorbenen Herzens enthielt, die zu einem überlegten und vorgefaßten Kindermorde erfordert werden. — Das Zeugniß ihres Beichtvaters (Act.) ist vortrefflich. Auch ihre jetzige aufrichtige Reue bestärket alles dieses. Verstellung erfordert immer mehr Klugheit und Erfahrung, als diese einfältige Person besitzen kann. Man sehe sie jetzt, wie innig betrübt, und gebeugt sie ist. Das kann nur die Reue einer überraschten und verleiteten Person seyn. Den Bösewicht reuet zwar auch die Sache nach der That, aber Verzweiflung und Wuth sind ihre Spuren. Hier ist nur ruhige, aber tiefe Betrübniß, stille Unterwerfung in die traurigen Folgen ihres erkannten Unrechts. Dieser Kindermord war die Wirkung der schrecklichsten Lage, in der sich eine Person befand, welche der Verführung nachgegeben hatte. Sie mußte zwischen ihrer Schande und dem Tode eines Geschöpfes, das den Verlust des Lebens zu fühlen unfähig war, Wahl treffen. Wie sollte sie nicht den letzten wählen, um ihre eigene, und die Schande ihres unglücklichen Kindes zu verbergen? — Viele Rechtslehrer behaupten nicht ohne Grund, daß, wenn das Verbrechen vorher nicht überlegt ist, sondern die That, welche der Verbrecher zwar vorsätzlich, und wissentlich beging, unversehens, und plötzlich erfolgte, nur ein animus indirectus vorhanden sey. Dann würde auch in dieser Rücksicht nicht die Todesstrafe, sondern nur eine außerordentliche Bestrafung statt finden.

Gail in obseruat. Cameral. Lib. II. obs. 110. n. 38.

Und diese würde um so viel gelinder seyn müssen, da es auf ein Verbrechen ankommt, bey welchem die gradus doli et culpae so schwer zu bestimmen sind.

Hommel Rhaps. obs. 144.

§. 15.

Ich sage noch etwas von der wirklichen Vollziehung der That, und den Umständen, unter welchen sie vorgenommen ist. Oben §. 11.

12. trug ich Zweifel vor, ob das Kind gelebt habe oder nicht. Das Resultat war immer Ungewißheit über diesen wichtigen Punct. Jetzt will ich zugeben, das Kind habe gelebt, ich will zugeben, die Mutter habe die boshafte Absicht gehabt, dasselbe umzubringen. Demohnerachtet folgt noch nicht, daß der Kindermord wirklich, und so begangen worden sey, wie es die P. G. O. art. 131. erfordert, um eine Todesstrafe darauf folgen zu lassen. — Wann das also noch nicht einmal aus unerwiesenen, nur einstweilen für wahr angenommenen Sätzen folgt, wieviel weniger wird es wahr seyn, wenn man von diesen Sätzen, weil sie unerwiesen sind, abstrahiren muß? Die Inquisitin hat zu verschiedenenmalen versichert, sie habe nie Bewegungen des Kindes im Mutterleibe verspürt. Dieser Aussage kann man Glauben beymessen, theils, weil sie wichtigere Dinge zu ihrem Schaden bekennt, theils weil sie als eine sehr einfältige Person nie Schaden oder Vortheil daraus erwarten konnte. Die Aerzte halten es für das Zeichen eines ungesunden, und unvollkommenen Kindes, wenn solche Bewegungen mangeln, da gesunde Kinder sich schon im vierten Monate zu bewegen pflegen. Diese specielle Erfahrung hebt also das Zeugniß der Aerzte auf, die gesagt haben, daß das Kind äußerlich völlig gesund, und ausgewachsen gewesen sey. Ja es bleibt sogar einige Vermuthung übrig, daß es schon vor jener That wieder gestorben sey: 1) weil es nur ein einzigesmal geschrien, da neugeborne Kinder mehreremal zu schreien pflegen: 2) weil es sonst gar keine Spuren des Lebens von sich gegeben: 3) weil es bey einer heftigen Kälte unter freyem Himmel geboren wurde, ohne daß jemand zu Hülfe gekommen ist; 4) weil es aus Mutterleibe einen Fall auf

die Erde, und die harten Steine thun mußte, der hier stark seyn konnte, weil die Geburt so leicht vor sich ging. Daß das Kind dem allen ohngeachtet noch gelebt haben kann, würde man nur dann einwenden müssen, wenn jemand die gänzliche Unschuld der Inquisitin aus diesen Gründen behaupten wollte; nicht aber hier, da ich blos daraus zu erweisen suche, daß, weil Ungewißheiten zurückbleiben, die ordentliche Todesstrafe nicht statt finden könne. Es bleiben Vermuthungen für das Leben des Kindes übrig, aber niemand soll aus bloßen Vermuthungen, wenn sie auch noch so stark wären, zum Tode verurtheilt werden. — Das Bekenntniß der Mutter, daß das Kind gelebt habe, kann auch hier so viel Gewicht nicht haben, daß deshalb zu einer Todesstrafe zu gelangen seyn sollte; denn 1) ist solches nur auf die Zeit der Geburt gestellt, davon aber, daß das Kind beym Hintragen und Einwerfen ins Wasser noch gelebt habe, will Inquisitin ad art. 62. nichts gemerkt haben: sagt vielmehr ad art. 63. das Kind sey ganz stille gewesen, und habe sich in diesem Zeitpuncte nicht geregt. 2) Geht die Meinung der mehresten Criminalisten dahin, daß auch bey erfolgtem Bekenntnisse der Mutter, wenn das Leben des Kindes nicht außerdem gewiß sey, nur eine außerordentliche Strafe statt finde.

Berger elect. juris crim. obs. 122. Heil c. l. p. 509. Strubens rechtl. Bed. T. IV. Bed. 171.

§. 16.

Es sind auch einige Umstände vorhanden, welche noch außerdem verursachen, daß die gewöhnliche Strafe, wenn sie überhaupt applicirt werden könnte, wenigstens gemildert werden müßte. Ich rechne dahin

1) das minderjährige Alter der Inquisitin. Aus dem (Act.) befindlichen Taufscheine erhellet, daß dieselbe dermalen erst 23 Jahr alt sey. Es ist aber bekannt, daß theils in ausdrücklichen Gesetzen, theils in einer ungezweifelten Analogie auf das Alter in Bestrafung der Verbrechen Rücksicht genommen wird; insonderheit da man bey einer minderjährigen Person noch keine solche böse Absicht annehmen und voraussetzen kann, als bey denen, welche mit ihren wachsenden Jahren zugleich stärkere Gewohnheiten in Verbrechen erlangt haben. Es läßt sich zwar nicht läugnen, daß diese Person, da sie schon 23 Jahr alt ist, einer bösen Absicht fähig sey. Allein demohngeachtet muß ihr dieß Alter noch zu einiger Entschuldigung gereichen, da man nicht einmal auf den Terminum minorennitatis, sondern vielmehr auf Umstände, die vom Alter, und der Erziehung abhangen; z. B. auf Sitten, Lebensart, Gewohnheiten, u. s. w. Rücksicht nehmen muß.

de Boehmer ad art. 131. §. 32.

Besonders würde dieß hier billig seyn, da mit dem minderjährigen Alter die größte Dummheit der Inquisitin in Verbindung tritt. Es kommen so viele Beyspiele derselben in den Acten vor, daß es überflüßig wäre, mich länger dabey aufzuhalten. Ich erinnere nur an ihre Leichtgläubigkeit bey der Versicherung des Riemenschneiders, der Beyschlaf würde ihr nichts schaden: an die Unwissenheit, daß sie schwanger sey, u. s. w. Sie war immer gewohnt, erst zu handeln, und dann die Sache so zu beurtheilen, wie es ihre eingeschränkten Einsichten zuließen. Da man nun bey allen Verbrechen auf die Dummheit des Delinquenten Rücksicht nimmt,

F. A. Hommel de temperandis poenis ob imbecillitatem intellectus. Lips. 1755.

so wird solches um so mehr bey einem Verbrechen geschehen müssen, welches zwar auf der einen Seite unnatürlich ist, wo aber auf der andern Seite öftere Gelegenheit, und nähere Veranlassung zur bösen That reizet, und um deswillen mehr Entschuldigung verdient, weil der Verbrecher jenen Reizen weniger widerstehen konnte.

Leyser sp. 599. m. 5. sq.

Die Inquisitin handelte bey aller ihrer Einfalt zwar ungerecht, aber nicht so ungerecht, als jene boshafte vorsätzliche und muthwillige Mörderin, von welcher die P. G. O. art. 131. redet.

§. 17.

2) Dazu kommt die äußerste Schärfe eines rohen und wilden Vaters, der seinen Kindern, wenn er aufgebracht ist, nicht Furcht, sondern Grauen und Entsetzen einjagt. Es ist der unwissenden Inquisitin bey einem Ueberfalle von Reue und Schmerz nicht zuzumuthen, daß sie eine schickliche und überlegte Wahl zwischen der ungewissen entfernten Strafe anstellte, sondern es ließ sich erwarten, daß sie der menschlichen Natur gemäß auf das gegenwärtige sah. Zukünftige Folgen mit Schnelligkeit zu überdenken, erfordert selbst bey Dingen, die vor Augen liegen, gewisse Fähigkeit, und einigen Scharfsinn. Daß es aber daran der Arrestantin ganz fehle, ist öfter erinnert worden, und ein

jeder wird sich aus ihrem ganzen Betragen bey der Inquisition davon überzeugen können. — Solche den Kindern fürchterliche Gesinnungen ihrer Eltern geben bey vorfallendem Kindermorde allerdings eine Milderungsursache ab; sobald sie erwiesen worden.

Lynker in Resp. et decis. N. 1270.

An dem Erweise ist hier aber nicht zu zweifeln, wenn man an das ungestüme Betragen denkt, mit welchem der Vater der Erdmannin selbst vor Gericht aufzutreten sich nicht entblödete. (Act.) — Nicht weniger trug unter diesen Umständen zu dem schleunig gefaßten Entschlusse ihr Kind umzubringen, der heftige Schmerz, und die äußerste Verzweiflung bey, in welcher sich die Inquisitin bey der Geburt befand. Bisher hatte sie immer auf die Betheuerungen des Riemenschneiders, der sie schwängerte, geglaubt, daß sie nichts zu befürchten habe, und nicht schwanger sey. (Act.) — Eine plötzliche Geburt überzeugt sie auf einmal von dem Gegentheil. Mit unendlichen, noch nie erfahrnen Qualen, wacht das Gewissen auf. Traurige Aussicht einer nothvollen Zukunft, schwarze Gedanken drängen sich an Verzweiflung und Unmuth. Wer kann ihr zumuthen, daß sie bey einem so corrumpirten, besonnenlosen Zustande nicht einige Minuten der menschlichen Schwäche unterliegen sollte? Ist es zu verwundern, daß sie in diesen unglücklichen Augenblicken ein Mittel wählt, welches dem Scheine nach so geschwind und sicher hilft — das Umbringen ihres Kindes! Und länger, als so kurze Zeit, billigte sie diesen schwarzen Gedanken nicht. Erkenntniß des nicht mehr gut zu machenden Unrechts kehrte sehr bald in ihre verfinsterte Seele zurück. Sie sahe nun wohl, wozu sie schiefe und übereilte Urtheile verleitet hatten!

§. 18.

3) Darauf gründet sich das aufrichtige und ungekünstelte Bekenntniß, vom Anfang der Inquisition bis auf diesen heutigen Tag, welches ohne Rührung nicht gelesen werden kann. — Eine böse Handlung, wenn sie erst erkannt wird, kann oft gute Triebfedern rege machen, die sonst nicht entwickelt worden wären. So fing diese trauervolle Inquisitin an, edle Neigungen zu zeigen, die sie sonst nicht gehabt hätte. Edelmuth und Standhaftigkeit im Geständniß der ganzen Sache, über Umstände, die sie hätte verschweigen können, wenn sie wollte. Abwesenheit des natürlichen Triebes, andern die Schuld beyzumessen, die man auf sich hat. Sie sagt: (Act.) „es habe ihr niemand dazu gerathen, noch sie verführt. Sie habe es aus ihrem eigenen Kopfe gethan. Sie habe es nicht besser verstanden.“

Keine Klage hörte man über ihren harten Vater, der ihre schlechte Erziehung auf seinem Gewissen hat. Geduldige Ergebung in alles das, was ihre Richter über sie beschließen dürften. — Es ist eine natürliche Vermuthung, in Zukunft von solchen Personen alles Gute zu erwarten. Besserung und richtigere Gesinnungen, Vermeidung des Bösen sind Folgen davon, daß sie diese harte Schule der Züchtigung durchgehen mußte. — Das freywillige Bekenntniß ist schon ein allgemeiner Grund zur Milderung der Strafe bey allen Verbrechen.

l. 5. §. 7. Cod. ad leg. Jul. Majest. l. 2. C. de his qui latrones. Berger elect. juris crim. p. 135.

In Ansehung des Kindermordes sehen es insonderheit dafür an

ICti Tubingens. Vol. IV. cons. 49. n. 4.

bey gegenwärtigem Falle muß es um so mehr in Betracht kommen, da die Nebenumstände so günstig für die Inquisitin ausfallen, und da sie durch ihr Bekenntniß den peinlichen Proceß so sehr erleichtert und abgekürzt hat.

§. 19.

Es ist noch übrig, daß ich von dem Rechte des Richters, über die auf den Kindermord gesetzte Strafe zu dispensiren, und daran zu ändern, auf gegenwärtigen Fall eine Anwendung mache, um dadurch zu zeigen, daß die Inquisitin auf eine andere, als Todesstrafe zu hoffen Ursache habe.

Eben die Gesetze, welche dem Richter aufgeben, nach den vorhandenen Rechten zu entscheiden, und nicht durch Abänderungen neue Gesetze zu machen, geben ihm zu gleicher Zeit die Befugniß, nach Befinden der Umstände von der gewöhnlichen Strafe abzugehen; dieselbe in concreto gelinder und schärfer einzurichten, als es das Gesetz in abstracto wollte.

l. 13. ff. de poenis, judex potest grauiorem et leniorem poenam infligere, modo non excedat rationem.

Insonderheit wird der Richter in der merkwürdigen

l. 16. ff. eod.

angewiesen, und die ganze Philosophie des peinlichen Rechts stimmt hiermit überein, keine Strafe wörtlich zu iniungiren, sondern beym Verbrechen auf Grund, Person, Ort, Zeit, Beschaffenheit, Größe und Ausgang Rücksicht zu nehmen. — Diese Gewalt des Richters schränkt sich nicht auf leichte Verbrechen ein, sondern geht auch auf solche, worauf in thesi juris eine Lebensstrafe steht.

Puffendorf introd. ad Process. Brunsuic. Luneb. Crim. C. 25. §. 1.

Es ist daher eine den Gesetzen ganz zuwider laufende Meynung, wenn man behauptet, der Richter habe diese Gewalt blos bey Verbrechen, worauf eine willkührliche Strafe folgen soll. — Die P. G. O. giebt bey den wichtigsten Verbrechen dem Richter dieses Recht, auch die poenam ordinariam nach vorgedachten Umständen zu mildern, oder zu schärfen. So geschieht z. B. art. 160. 172. 176. nach verordneter gesetzlicher Strafe immer die Bedeutung; es solle alles nach dem Rathe der Rechtsgelehrten bestimmt werden.

G. B. Hoffmann de poena ordinaria nonnunquam mitiganda. Lips. 1762.

Was würde auch ohne dieses richterliche Ermessen der peinliche Proceß und die Bestrafung der Verbrechen für eine Gestalt annehmen? Eine Sache, wo es so sehr auf die kleinsten Nebenumstände ankommt, welche alles dergestalt umändern können, daß sich der Gesetzgeber entsetzen würde, wenn er sähe, man wende seine Verordnungen auf Dinge an, welche er sich nie dachte, welche nie zu den Voraussetzungen gehörten, unter denen er der gesetzlichen Strafe allein Platz verstattet wissen wollte.

§. 20.

Diesem zu Folge geben die oben angeführten Umstände schon genug Gründe an die Hand, warum ein billiger Richter geneigt seyn kann, die auf den Kindermord gelegte Todesstrafe zu remittiren. Es sey mir aber erlaubt, noch diejenigen anzuführen, welche aus den Absichten der Strafe, und deren Erreichung hergenommen sind.

Bey unserm Falle, da Wiedergutmachung des begangenen Fehlers nicht mehr statt finden kann, bleiben nur drey Hauptabsichten einer Strafe übrig:

1) Andere von ähnlichen Missethaten abzuschrecken.

2) Dem Staate in Zukunft vor der Verbrecherin Sicherheit zu verschaffen.

3) Die eigene Besserung derselben zu befördern.

Wenn man nun ganz davon abstrahirt, daß es das alleräußerste Recht des Regenten ist, seine Unterthanen am Leben zu strafen, welches er aus Politik so selten als möglich gebrauchen muß: so läßt sich doch deutlich zeigen, daß in vorliegendem Falle durch eine gelindere Strafe jene Endzwecke der Strafen nicht allein eben so gut, sondern noch viel besser erreicht werden können. Und sind nicht härtere Strafen ungerecht, so lange die gelindern hinreichen? Es solle an der Missethäterin eine exemplarische Strafe ausgeübt werden! Gut! — Aber die Strafe macht ja nicht durch ihre Heftigkeit, sondern durch ihre Dauer den größten Eindruck! Zu heftige Eindrücke überraschen, rühren, und erregen Mitleid, auch wohl Unwillen; — aber selten überlebt der vortheilhafte, überspornte Eindruck das Blutgerüste länger, als um einige Tage!

In dem Maße, wie die Strafe härter wird, verhärtet sich auch die Seele der Zuschauer, und setzt sich mit der Grausamkeit der Gesetze ins Gleichgewicht. — Der beleidigte Staat verlangt Sicherheit für die Zukunft. Aber soll er sie denn eben in dem Tode einer unglücklichen Person suchen? — Die gegenwärtige Inquisitin giebt die aufrichtigste Reue zu erkennen. Sie fand mit ihren bösen Thaten zugleich den Weg zur Besserung; und so gebessert fordert sie ihre gnädigen Richter auf, daß sie sehen und urtheilen, ob der Staat, der sie zu Richtern setzte, noch etwas in Zukunft von ihr befürchten kann. — Man könnte einwenden: böse Gewohnheit greife leicht um sich: fiele die Strafe weg, so fange der Verbrecher seinen Weg von neuem an. Allein wenn das noch befürchtet werden darf, so verwahre man die Inquisitin so lange in einem sichern Arbeitshause, bis sie in ihrer gebesserten Denkungsart mehr bekräftiget, und standhafter wird. Dann hat sie Zeit sich aufrichtig zu bekehren, ihre Grundsätze der Vernunft und Moral gemäßer einzurichten, und den Weg zu verlassen, worauf sie schlechte Erziehung, böse Beyspiele, und der Leichtsinn der Jugend irre geführt hatten.

In aller Absicht also die beste Strafe, welche der Richter nach seiner erhaltenen Gewalt einer Verbrecherin zuerkennen kann, die nicht unter die boshaften, und muthwilligen Creaturen gerechnet werden darf, wovon der Gesetzgeber im 131 art. der peinlichen Gerichtsordnung redet, und, daß solche mit der Todesstrafe belegt werden sollen, verordnet.

§. 21.

Ich submittire jetzt im Namen der Inquisitin, die ihr Verbrechen gesteht, bereuet, und es so gern ungeschehen machen möchte, auf ein gnädiges Strafurtheil, unter der gehorsamsten Bitte:

Ew. wollen geruhen, aus den angeführten Gründen, die in dem Articulo 131. der peinlichen Gerichtsordnung auf den Kindermord gesetzte Todesstrafe in eine Zuchthausstrafe von einigen Jahren zu verwandeln.

Schutzschrift für Samuel Gottfried Magern, Halbhüfnern zu Werra, zu Abwendung der wegen eines ihm beygemessenen homicidii culposi bevorstehenden Strafe.

Es ist nach Fol. 3. gegenwärtiger Untersuchungsacten im Jahr 1784. von den Milkauischen Gerichten zu Werra durch das gemeine Gerücht in Erfahrung gebracht worden: „daß S. G. Mager ein Mädchen von 13 bis 14 Jahren, Namens Marie Steinerin, welches sich von seiner Heimath verirret zu haben, vorgegeben, und krank nach Werra gekommen, bey der im Monat Januar 1784. gewesenen heftigen Kälte auf dem Schlitten mit in den Lichtensteiner Wald genommen, hier in einem hohlen Baume zurückgelassen, und dem Lichtensteiner Verwalter, welcher ihm auf dem Rückwege begegnet, gesagt haben solle: daß ein krankes Mädchen in seinem Holze liege, das Mädchen aber, ehe es durch die Veranstaltungen des Verwalters nach Lichtenstein gebracht werden können, Todes verfahren, mithin Mager an ihrem Tode Schuld gewesen sey." Auf Veranlassung dieses Gerüchts haben vorgedachte Gerichte zuvörderst Fol. — über die wahre Beschaffenheit dieses Vorfalls nähere Erkundigungen eingezogen, und da hierdurch die Wahrheit sothanen Gerüchts in einigen Umständen bestätiget worden, Fol. — mit den summarischen Vernehmungen des inculpirten Mager, sowohl Fol. — mit Abhörung einiger Zeugen gesetzmäßig verfahren; hierauf die Versendung der Acten nach rechtlichem Erkenntnisse resolvirt, zuvor aber Inculpaten nachgelassen, gegenwärtige Schutzschrift den Acten beyzufügen. — Da die Absicht derselben auf Abwendung aller Strafe gerichtet ist: so wird sich Defensor hauptsächlich mit Erörterung des Satzes zu beschäftigen haben:

Daß der Tod der Marie Steinerin nicht in der Nachläßigkeit des Inculpaten, sondern in zufälligen Ursachen gegründet sey.

Um diesen Satz gegen alle dawider erregte Einwendungen behörig rechtfertigen zu können, wird er

1) den richtigen Begriff eines homicidii culposi festsetzen,
2) Die Handlungen,. welche Mager mit der Steinerin vorgenommen hat, den Acten gemäß, erzählen.
3) Aus der Vergleichung beyder Puncte zeigen, daß jener Begriff auf diese Handlungen nicht anwendbar sey; und hieraus
4) die Folgerung herleiten, daß der Tod der Steinerin nicht in der Fahrläßigkeit des Inculpaten, sondern in andern Ursachen gegründet liege,

Erster Satz.

Was gehört also zu dem wesentlichen Begriffe eines verschuldeten Todes nach den Grundsätzen der Vernunft und der peinlichen Gesetze? — Die Halsgerichtsordnung und deren Ausleger,

P. G. O. art. 146, und de Boehmer und Kress daselbst.

so wie bewährte Rechtslehrer:

Jo. Schilter in prax. jur. rom. in suo Germ. exerc. 49. §. 124. Leyser de homicidio culpabili, in meditt. ad π. spec. 602. Quistorp a. a. O. Th. I. §. 224.

erfordern als wesentliche Bestandtheile jenes Begriffs, daß der Tod eines Menschen von einem andern Menschen ungeverlich (ohne Vorsatz) aus Geylheit (Leichtsinn) und Unvorsichtigkeit bewirkt worden sey; das heißt,

a) es muß ein Mensch an dem andern Handlungen unternommen, oder unterlassen haben, wodurch dessen Tod veranlaßt worden ist, statt daß er durch deren Unterlassung, oder Vollziehung gewiß würde verhindert worden seyn. Es müssen

b) diese Handlungen von der Natur gewesen seyn, daß ihr Urheber bey Anwendung einigen Nachdenkens über ihre Wirkungen, und mehrerer Aufmerksamkeit auf seine desfalsigen Pflichten leicht hätte in den Stand gesetzt werden können, ihren Einfluß auf Tod oder Leben eines Menschen einzusehen, und dieser Einsicht gemäß sie einzurichten. Es muß

c) aber eben dieser Urheber jener Handlungen, dieses Nachdenken und diese Aufmerksamkeit anzuwenden, aus Leichtsinn und Nachlässigkeit unterlassen, deshalb das, was Ursache des Todes werden müssen, gethan, das aber, was ihn hätte verhindern können, verabsäumt, mithin durch wirkliche Fahrläßigkeit den Tod verschuldet haben.

Aus dieser Entwickelung des wahren Begriffs eines verschuldeten Todes fließt also die natürliche Folge; daß, wenn ein Mensch die Handlungen, welche auf Tod und Leben des andern Einfluß haben, mit dem Maase von Aufmerksamkeit, und Ueberlegung unternimmt, oder unterläßt, welches seinen Verstandeskräften, und der jedesmaligen Lage der Umstände, unter denen er handelt, angemessen ist, wenn er durch dieses Nachdenken zu der Ueberzeugung gelangt, daß das, was er thut, oder unterläßt, auf den Tod des andern nicht den mindesten Einfluß haben könne, vielmehr zu dessen Wohlfahrt gereichen werde, der Erfolg aber dieser Ueberzeugung nicht entspricht, sondern durch Einwirkung gewisser Ursachen, welche von jenem, in Ermangelung des dazu nöthigen Maases von Scharfsinn und Erfahrung gar nicht vorausgesehen, weniger unwirksam gemacht werden konnten, anders gelenkt wird, als jener wollte und dachte, daß, sage ich, diese gegentheilige Wirkung dem Leichtsinne und der Unachtsamkeit jenes Menschen, keinesweges zugerechnet werden dürfe.

Zweyter Satz.

Um die Handlungen, welche Mager an dem verunglückten Mädchen unternommen, und wodurch er ihren Tod verschuldet haben soll, nach diesen Grundsätzen prüfen zu können, will ich nunmehro die Geschichte derselben den Acten gemäß kürzlich erzählen. — Nachdem das verirrte Mädchen mehrere Tage in dem Gemeindehause zu Werra verlassen, und hülfsbedürftig gelegen, und den sehnlichen Wunsch, auf Kosten der Gemeinde in ihre Heimath nach Trebis begleitet zu werden, so oft vergeblich geäußert hatte, kam Mager eines Tages ins Gemeindehaus, und fand es in der elendesten Verfassung, ohne die nöthige Verpflegung und Hülfsleistung, ohne eine nur dürftige Bekleidung, ohne die ihren Umständen angemessene Beköstigung, ohne einen Strahl von Hoffnung, diesem Sammelplatze alles Elends durch hülfreiche Hände baldigst entrissen, und in ihr mütterliches Trebis wieder versetzt zu werden! Ihr Anblick bewegte ihn sogleich zum thätigsten Mitleiden. Er brachte sie, nach Versicherung der Zeugen Fol. — nicht nur augenblicklich in ein wärmeres Behältniß, sondern erquickte sie auch durch angemessene Nahrungsmittel. Er that hierauf, nach Fol. — den Dorfgerichten wegen Vernachläßigung der Steinerin die ernsthaftesten Vorstellungen, und ermunterte sie, schleunige Anstalten zu ihrer Begleitung nach Trebis vorzukehren. Die Gerichten äußerten nach Fol. — diesen Wunsch selbst; aber nicht in der Absicht, das Schicksal der Elenden zu mildern, sondern um sich der Last ihrer Unterhaltung zu entledigen. Magern belebte dagegen das Gefühl des Mitleids nur allein. Er that nach Fol. — den Vorschlag, zur Erleichterung ihres Fortkommens, soviel in seinen Kräften stånd, selbst beyzutragen. Er erbot sich, da er Tags darauf in den Lichtensteiner Wald nach Holze fahren wolle, und dieser von Trebis mehr nicht, als eine halbe Stunde entfernt sey, das Mädchen bis dahin auf dem Schlitten bringen zu wollen, von da aus aber den übrigen Weg bis Trebis zu Fuße vollenden zu lassen. Dieser Vorschlag ward nach Fol. — von der ganzen Gemeinde gebilligt; man eröffnete ihn nach Fol. — dem Mädchen selbst, und dieses erklärte sich sogleich bereit, diese Gelegenheit zu ihrem längst gewünschten Fortkommen benutzen zu wollen. Mager nahm sie also nach Fol. — an besagtem Tage auf den Schlitten, verwahrte sie gegen die Kälte in zwey Bündel Stroh, und brachte sie baldigst bis dahin, wohin er sie zu befördern sich anheischig gemacht hatte. Als er hier angekommen war, begann die Steinerin ihren fernern Weg nach Trebis zu Fuße anzutreten, Mager aber beschäftigte sich immittelst mit Ladung seines Holzes. Kaum hatte jene einige hundert Schritte zurückgelegt, als sie nach Fol. — inne hielt, und nicht weiter zu können vorgab. — Mager holte sie sogleich wieder zurück, verwahrte sie in Stroh, und beschloß, sie mit zurück ins nächste Dorf zu nehmen. Auf diesem Rückwege begegnete ihm der Lichtensteiner Verwalter. Um diesen zum Unterbringen des Mädchens in seinem Dorfe desto sicherer zu bewegen, wendete er nach Fol. — vor, die Steinerin im Lichtensteiner Holze halb erfroren gefunden zu haben. Der Verwalter ließ sich daher bereit finden, das Unterkommen der Elenden bey der Gemeinde Lichtenstein zu vermitteln, nahm sie vom Schlitten herab und lehnte sie an einen Baum. Mager glaubte hierdurch seiner Pflichten gegen das Mädchen entledigt zu seyn, und fuhr fort. — Indeß jedoch der Verwalter zu ihrem Unterkommen die schleunigsten Verfügungen traf, gab sie ihren Geist auf, und ward nach Fol. — von den Lichtensteiner Gerichten todt gefunden!

Dritter Satz.

In wiefern ist nun also wohl der Eingangs entwickelte Begriff eines homicidii culposi auf diese Handlungen anwendbar? In wiefern kann behauptet werden, daß Mager die Handlungen, worinnen die Ursachen zum Tode der Steinerin gesucht werden wollen, aus Mangel an Nachdenken über ihre Folgen, und an Aufmerksamkeit auf seine Pflichten unternommen, oder unterlassen, und dadurch diesen Tod verschuldet habe? Ich muß zu Entkräftung aller Beschuldigungen, welche dem Inculpaten hierunter etwa zur Last gelegt werden möchten, ins Licht setzen: daß er bey allen den Unternehmungen, wobey man ihm Unvorsichtigkeit beymessen will, mit der Vorsicht und Ueberlegung zu Werke gegangen sey, welche dem Maaße seiner Einsichten, und den jedesmaligen Umständen angemessen waren. Man dürfte nämlich gegen diese Handlungen einwenden:

1) Mager hätte, da er die kränklichen Umstände der Steinerin vor Augen sah, und die Kälte so groß war, deren Fortschaffung gänzlich unterlassen sollen! Ich antworte! Mager verrieth dadurch, daß er die Fortschaffung des Mädchens unternahm, keinen Leichtsinn, keine Nachläßigkeit; weil er nicht verrieth eine Gedankenlosigkeit in Hinsicht auf die Folgen, welche die Reise für die Gesundheitsumstände der Steinerin haben könnte, sondern durch Erforschung derselben überzeugt worden war, daß ihr diese Reise weit weniger schädlich, als zur Milderung ihres elenden Schicksals heilsam seyn müsse, und dieser Ueberzeugung zu Folge ihre Fortschaffung bewerkstelligte. Man darf nur, um sich von der Vorsicht zu überzeugen, mit der Mager auf die Gesundheit der Verunglückten Rücksicht nahm, in Erwägung ziehen, daß ihm, wie er Fol. — versichert, ihre Krankheit deshalb nicht von Bedeutung scheinen können, weil sie noch am Tage ihrer Abreise die ihr gereichten Nahrungsmittel einem völlig Gesunden gleich zu sich genommen hatte, mit ihm ohne sonderliche Anstrengung zu dem Richter gegangen war, fast täglich um ihre Fortschaffung gebeten, und noch am Tage derselben, auf ausdrückliches Befragen: ob sie

mit wolle? sich hierzu bereit gefunden, und fähig gefühlt hat. — Auch die Kälte war nach Fol. — jenes Tages erträglich, und ihren schädlichen Wirkungen war durch Verwahrungsmittel dawider hinlänglich vorgebeugt. — Wie sicher mußte sich also Mager vor aller Verantwortung seines Unternehmens glauben, und wie schwerlich konnte er ahnden, daß diese Reise dem Mädchen tödtlich seyn werde? — Erwog also Inculpat die Gefahren, welche seine Handlungen für die Steinerin nach sich ziehen könnten, so sorgfältig, fand er dabey nichts Bedenkliches, mußten ihm gegenseitig die traurige Lage, in der sich die Verirrete zeither befunden hatte, ihr so dringendes Verlangen nach Rettung und Hülfe, die stärksten Bewegungsgründe zur Ausführung seines wohlgemeinten Vorhabens seyn; wer wollte es noch wagen, ihm hierbey Leichtsinn und Fahrlässigkeit anzusinnen, und mit diesen Beschuldigungen seine menschenfreundlichen Thaten zu vergelten?

2) Dürfte man Magern besonders den Vorwurf machen: daß, als er im Lichtensteiner Walde angekommen sey, und die bedenklichen Umstände des Mädchens bemerkt habe, er es demohngeachtet den Weg nach Trebis habe antreten, und, als es diesen nicht vollenden können, eine Stunde lang in der Kälte liegen lassen, statt daß er es entweder unmittelbar hätte nach Trebis fahren, oder sogleich in das nächste Dorf zurückbringen sollen! Jedoch auch dieser Beschuldigung läßt sich zur Vertheidigung des Angeschuldigten folgendes entgegensetzen. Ich behaupte nämlich:

a) Mager hatte keinen Grund, die Steinerin an dem Fortgehen nach Trebis zu verhindern, ist also deshalb, daß er solches geschehen ließ, zu keiner Verantwortung zu ziehen. Denn eines Theils glaubte er nach Fol. — daß diese Bewegung ein besseres Mittel zu ihrer Erwärmung seyn werde, als wenn er sie unbeweglich auf dem Schlitten liegen ließ, und sie in ein Dorf führ': andern Theils aber handelte er ihrem eigenen Verlangen gemäß, da sie sich nach Fol. — selbst dazu erboten hatte, den übrigen, ihr gar wohl bekannten Weg nach Trebis zu Fuße zu vollenden! Welche Betrachtungen konnten also stark genug seyn, ihn zur Verhinderung dieses Fortgehens zu bewegen?

b) Auch dann, als die Verunglückte sich zu schwach fand, ihren Weg fortzusetzen, unterließ Inculpat nichts von alle dem, was seiner Ueberzeugung nach für sie das beste, für ihn aber unter den diesmaligen Umständen das thulichste, und möglichste war. Er sah nämlich an einer Seite die Unmöglichkeit vor den Augen, daß das Mädchen durch eigene Kräfte das Ziel ihrer Reise erreichen könne, an der andern Seite aber hatte er sich nach Fol. — mit Ladung seines Holzes in der Maase bereits beschäftiget, daß es ihm eben so unmöglich war, sich zur Fortschaffung der Steinerin mittelst seines beladenen Fuhrwerks sogleich in Bereitschaft zu setzen. Was konnte also wohl Mager in dieser Lage der Umstände anders thun, als das Mädchen zurückzuholen, sie einstweilen gegen die Kälte in Heu zu verwahren, und auf dem Rückwege in dem nächsten Dorfe zur Verpflegung unterzubringen? That er dies alles nach Fol. — wirklich, verabsäumte er also hierbey keine seiner Pflichten: so mag ihm auch in dieser Rücksicht einige Fahrlässigkeit nicht beygemessen werden. Daß er aber mehr nicht

c) als soviel that, daß er nicht vielmehr die Unglückliche unmittelbar nach Trebis fuhr, kann eben so wenig für eine strafbare Vernachläßigung seiner Pflichten angesehen werden. Denn wenn ich auch zugeben will, daß Mager dann, wann er aus den Umständen der Steinerin nur mit einiger Wahrscheinlichkeit ihren nahen Tod hätte muthmaßen, und glauben können, daß die schleunigste Beförderung derselben an den nächsten Ort zur Erhaltung ihres Lebens nothwendig sey, die strengste Verbindlichkeit auf sich gehabt hätte, sie mit Hintansetzung aller seiner Berufsgeschäfte fortzuschaffen: so kann doch die Voraussetzung dieser Umstände in vorliegendem Falle ohnmöglich Platz ergreifen. Denn welcher Mensch, wär er auch der scharfsinnigste und vorsichtigste, würde wohl aus dem Unvermögen eines Mädchens von 13 Jahren zur Ueberwindung einer mit Schnee bedeckten Bahn, sogleich auf einen ihr bevorstehenden Tod geschlossen, wer ihr nicht so viel Lebensgeister zugetraut haben, daß sie noch eine Stunde wohl verwahrt werde erhalten, und in das nächste Dorf glücklich gebracht werden können? Wie sollte also Inculpaten, auch bey der sorgfältigsten Prüfung der Gesundheitsumstände des Mädchens, davon ein Gedanke haben zu Sinnen steigen können, daß vielleicht dieser Verzug eine Beschleunigungsursache ihres Todes werden könne, und ihm der Erhaltung ihres Lebens halber obliege, sie ungesäumt an den Ort ihrer Bestimmung zu bringen? Konnte demnach aller Aufmerksamkeit auf seine Pflichten, alles Nachdenkens über die Folgen seiner Verweilung ohngeachtet, die Besorgniß eines hierdurch zu verschuldenden Todes in ihm nicht erregt werden: so ist auch nicht zu behaupten, daß er diesen Tod durch seine Schuld und Fahrlässigkeit verursacht, oder beschleuniget habe.

3) Verschuldete aber nicht etwa Inculpat dadurch, daß er das Mädchen unverzüglich in das Dorf Lichtenstein selbst nicht abführte, sondern sich erst hierzu einer langweiligen Vermittelung des Verwalters bediente, die Hülfsbedürftige vor dem Dorfe abladete, liegen ließ, und sorgenlos fortfuhr, deren Tod? Auch diese Beschuldigung ist mehr scheinbar, als gegründet, enthält eher einen Beweiß von Magers Sorgfalt, als Nachläßigkeit. — Ihm war es äußerst angelegen, dem Unterkommen des Mädchens von Seiten der Lichtensteiner Gemeinde keine Hindernisse entgegengesetzt zu finden, Hindernisse, welche nach Inculpatens Ueberzeugung bey hereinbrechender Nacht das Schicksal der Steinerin ohnfehlbar noch härter gemacht hätten, als es nach seiner Vorstellung bey dem Gebrauche jener verzögerlichen Maaßregeln werden konnte. Er glaubte nämlich, die Gemeinde zu Lichtenstein zur Aufnahme des Mädchens am stärksten dadurch zu verbinden, wann er vorwendete, eine erkrankte Person auf ihrem Grund und Boden gefunden

zu haben, wann er ein Mitglied der Gemeinde davon benachrichtigte, diesem die weitern diesfalls zu treffenden Verfügungen überließ, und, ohne sich mit der Gemeinde selbst in weitläuftige Rechtfertigungen seines Vorgebens einlassen, und dadurch das Unterkommen des Mädchens noch länger verzögert sehen zu müssen, dieses sogleich an dem Orte verließ, wo die Pflicht ihrer Erhaltung als die strengste Gemeindeverbindlichkeit angesehen, und zur schleunigsten Vollziehung gebracht werden mußte. — That also Mager auch bey Anwendung dieser langweilig scheinenden Maaßregeln das, was das kräftigste Mittel zur Erleichterung des Schicksals der Steinerin nach seiner Ueberzeugung werden sollte; wo mag man die Nachläßigkeit suchen, wodurch er ihren Tod verschuldet haben soll?

Vierter Satz.

Beruht es demnach außer Zweifel, daß die Ursache des Todes der Steinerin in der Fahrläßigkeit des angeschuldigten Magers nicht zu finden ist: so wird es zu mehrerer Bestätigung dieser Behauptung nützlich seyn, die außerdem möglichen Ursachen ihres Todes mit einiger Wahrscheinlichkeit zu erforschen. Es lassen sich aber deren zwo denken.

1) Können in dem Körper des Mädchens Ursachen vorhanden gewesen seyn, welche ganz unabhängig von den Handlungen, die Mager mit ihr vorgenommen hat, den Tod bewirkt haben. Die kränklichen Umstände der Steinerin machen diese Vermuthung sehr wahrscheinlich, und Inculpatens Unschuld wird auch in dieser Betrachtung um so gewisser, da die Abwesenheit jener Ursachen, in Ermangelung einer Section des

Leichnams, die doch auch diesfalls nothwendig gewesen wäre:

de Boehmer ad art. 147. §. 2. Koch jus crim. p. 518. 519. Hommel Rh. obs. 98. n. 5 — 7.

außer Zweifel nicht gesetzt worden ist.

2) Können die Wirkursachen des erfolgten Todes der Steinerin wirklich in der Kälte gegründet liegen, welche sie auf der mit ihr vorgenommenen Reise erdulden müssen. Aber gesetzt auch, dem sey also: so hängt doch die richtige Beantwortung der Frage: ob hierbey einige Schuld und Nachläßigkeit des Inculpaten mit gewirkt habe? lediglich von der Frage ab: ob dieser mittelst einigen Nachdenkens in Stand gesetzt werden können, einzusehen, daß die Kälte, welcher die Steinerin ausgesetzt war, für sie tödtlich werden könne; oder ob er diese Folgen seiner Unternehmung aus einleuchtenden Gründen nicht erkennen und ahnden mögen, mithin ohne alle seine Schuld, und bey der besten Meinung für die Glückseligkeit der Elenden ein Werkzeug des unglücklichsten Erfolges werden müssen? Wann ich nun mit Ueberzeugung voraussetzen kann, diese Fragen allenthalben zum Vortheil des Inculpaten entschieden zu haben: so muß ich es nunmehro der Einsicht der Herren Urthelsverfasser ganz überlassen, ob sie die Schwäche des menschlichen Verstandes, und die Trüglichkeit menschlicher Urtheile einer Bestrafung fähig erachten dürften!

FSC
www.fsc.org
MIX
Papier | Fördert gute Waldnutzung
FSC® C083411

Kolibri 360 GmbH
Ferdinand-Jühlke-Straße 7
99095 Erfurt, Deutschland
produktsicherheit@kolibri360.de